선인류의 삶과 수련 2

仙서

선인류의 삶과 수련

마음은 넉넉하게, 물질은 소박하게

2

수선재

불과 얼마 전까지 사회적 트렌드이자 키워드였던 '위로'를 뒤로 하고, 어느새 '힐링'이 없이는 이목을 끌지 못하는 세상이 되었습니다. '위로'를 넘어 자신을 '치유'하고 누군가를 '치유'하는 일에 관심을 가져야만 할 정도로 우리 사회는 '화火'가 넘쳐나고 상처받은 이들로 가득하기 때문이 아닌가 합니다. 위로라는 소극적 행위로는 문제를 해결할 수 없는 단계로 이미 접어들었다는 의미이기도 하겠지요.

어느 때보다 물질적으로 풍요로운 시대이지만 궁핍을 호소하는 이들은 점점 많아지고 있습니다. 미래에 대한 불안감은 청년들뿐만 아니라 모든 계층을 극단적 선택으로 내몰고 있습니다.

고통을 통해 인간은 좀 더 인격적, 영적으로 성숙해지지만 이미 한계를 넘어선 위기의 시대에는 이런 말조차 위로가 되기 어려운 것이 아픈 현실입니다.

좌절하고 상처받은 자신과 타인을 함께 치유해야만 살아갈 수 있는, 바야흐로 '힐링'의 시대입니다.

위로와 치유의 코드로 무장한 많은 전문가들과 백가쟁명식 대안들이 난립하고 있지만 그간의 수련과 마음공부를 통해 우리가 얻게 된 확신은 바로 '답은 쉽고 단순한 것에 있다'는 사실입니다.

그것은 '맑음', '밝음', '따뜻함'이며 그 과정에서 '하늘, 자연, 인간을 알고 사랑하는 삶'을 실천하는 것입니다. 단순하고 평범해 보이는 것들입니다. 하지만 그것은 우주가 나아가는 방향이기에 우주의 구성원인 인간이 살아가야 할 방향 역시 그 속에 해법이 있음을 알게 되었습니다. 그런 삶을 실천하며 살아가고자 하는 새로운 인류를 우리는 다소 생소해 보이는 '仙인류'라는 이름으로 지칭하고자 합니다.

仙인류는 기운을 맑게 하고, 표정과 지혜를 밝게 하며, 따뜻한 마음으로 타인의 기쁨과 아픔을 함께 함으로써 본성의 소리에 귀 기울이고 본성을 찾고자 하는 이들입니다. 이는 그 자체로 세상에 힘이 되는 것이며, 수련을 통해 자신의 상단, 중단, 하단의 삼단전을 강화함으로써 그 동력을 얻을 수 있습니다.

맑음, 밝음, 따뜻함은 홀로 존재하는 것이 아니라 관계 속에서 가능한 것이며 그 대상은 바로 하늘, 자연, 인간입니다. 그들을 이해하고 사랑하는 삶이 곧 '仙인류의 삶'이고 그 생활 속에서 만들어지는 仙인류의 문화가 곧 '仙문화'입니다.

맑고 밝고 따뜻함을 통해 仙인화를 지향하는 명상학교 수선재가 처음 문을 연 것은 1998년이었습니다. 엄청난 기운과 말씀의 축복 속에서도 많은 좌충우돌과 우여곡절을 거치며 어느새 15년의 세월을 살아내었습니다.

이제 문명의 대전환기로 일컬어지는 2012년의 마무리를 앞두고, 지난 15년의 仙서 말씀을 정리하여 『선仙인류의 삶과 수련』을 펴내게 되었습니다.

仙서는 깊은 명상을 통해 무파장 대역에서 길어 올린 조물주님의 음성이며 기운에서 엑기스를 뽑아 전해주는 仙계의 파장입니다. 지구 역사상 처음으로 전해지는 仙서에는 이 시대의 인류에게 하늘이 전하고자 하는 간절한 사랑이 있고, 메시지가 있습니다. 삶의 시작과 끝을 알려주고, 길을 헤쳐 나가는 힘을 얻을 수 있는 방법을 알려주는 지혜가 있습니다. 고단한 시대를 살아가는 인류에 대한 위로이자 어둠을 밝혀 길을 인도하는 등불입니다.

방대한 내용을 담고 있지만 그 말씀이 전하고자 하는 핵심은 단순하고 명쾌합니다.

우주의 창조 목적은 진화이며, 만물과 인간 역시 진화를 통해 완성으로 가는 과정에 있습니다. 우주만물 중에서도 특히 영장류인 인간의 역할이 중요한 것은 우주를 급속도로 진화시킬 수 있는 가능성과 역할을 부여받았기 때문이며 그 과정에서 우주를 이끌어가는 동력을 만들어내기 때문입니다.

지구는 인간의 공부를 위해 만들어진 학교입니다. 짧은 한 생의 공부를 통해 완전한 존재인 仙인이 될 수 있는 기회를 주기도 하지만 자칫 주어진 공부를 마치지 못하면 망각 속에서 끊임없이 윤회를 반복하게도 하는 고난도의 수련별입니다.

특히 지금 시대에 태어난 인류는 그간의 공부를 결산하고 지구의 후천시대를 이끌어가야 할 사명을 타고난 경우가 많습니다. 궁극적인 목적은 바로 완전한 존재인 仙인이 되는 것입니다.

仙인은 수련을 통해 본성을 만나고 본성과 하나 되어 우주와 일체가 되신 분들입니다. 우주 운행의 주체이고 별과 만물의 생성에 직접 관여하시며 자유자재하신 분들입니다.

仙인들이 계시는 仙계는 조물주님의 공간이자 완전기적完全氣的 공간입니다. 우주의 정점에 있으며 우주 운행의 사령탑 역할을 하는 곳입니다. 우주는 1차원부터 10차원까지 존재하는데 仙계는 10차원의 공간입니다. 고차원에서는 저차원을 알 수 있지만 그 역은 불가하기에 仙계는 진화된 우주인조차 그 존재를 잘 모르는 곳이기도 합니다.

지구에서의 공부를 잘 해낼 수 있도록 도와주고 우주와 지구의 창조 목적, 삶의 이유와 사후세계에 대해 알려주는 곳이 수선재이며, 仙인류의 징검다리를 거쳐 짧은 한 생에 仙인에 이르는 길을 안내해주는 수련이 바로 仙계수련입니다.

仙계수련은 부단한 겸손과 비움 공부를 통해 넘치는 부분은 덜어내고 부족한 부분은 채워서 전인에 이르는 과정입니다. 정공부, 돈공부 등의 기본과목을 거쳐 고난도의 마음공부를 통해 자신을 알고, 우주를 알며, 우주와 하나되는 과정을 거치게 됩니다.

仙계수련의 궁극적 지향점은 무심無心이자 우주심宇宙心입니다.

지난 15년간 전해주신 仙서에는 인류를 깨우는 지혜가 있고, 진화를 염원하는 사랑이 있으며, 그것이 가능하도록 이끌어주는 강력한 힘이 있다는 것을 책을 엮으면서 새삼 깨달았습니다.

살아가는 일이 힘들거나 풀리지 않는 삶의 문제로 고민할 때, 수련이 정체되거나 마음의 중심을 놓치고 있다고 느껴질 때, 한 발짝 떨어져 문제를 바라보고 해결책을 찾는 데 이 책이 큰 힘이 될 것임을 감히 확신합니다.

5권의 [명상학교 교과서 시리즈]를 포함하여 30여 권의 책으로 출간될 만큼 방대한 말씀이 있습니다. 하지만 仙인류의 나아가야 할 방향과 仙계수련에 대해 좀 더 명확하고 간결하게 전해드리기 위해 말씀의 핵심적 내용을 추리고 집대성하여 『선仙인류의 삶과 수련』 2권으로 출간하게 되었습니다. 관심 있는 분들에게는 훌륭한 안내서가 되어 줄 것입니다.

원 말씀 속에 담긴 넘치는 사랑과 풍부한 지혜가 편집과정을 통해 훼손되지 않았는지 걱정되지만 이렇게 세상에 내어 놓을 수 있게 되어 행복합니다. 인연이 되는 분들에게 가 닿을 수 있기를 간절히 기원드립니다.

15년 세월 동안 한결같은 사랑으로 깨워주시고 이끌어주시며 함께 해주신 仙계와 선생님께 깊이 감사드립니다.

2012년 10월 수선재 仙서연구실

| 해제 |

• 이 책은 仙계수련의 안내자이신 문화영 선생님께서 지난 15년간 仙계수련생들에게 글이나 말씀, 대화를 통해 전해주신 내용과 영적 스승이신 천강 仙인님께 직접 받으신 仙서를 편집하여 엮은 책입니다.

• 직접 말씀하신 내용을 중심으로 구성하되, 관련 仙서는 박스로 삽입하였습니다. 삽입된 仙서의 출처는 기존 출판물을 중심으로 표기하되 책 제목의 '仙서'와 '仙인'은 한자로 표기하였습니다.

• 독자들이 쉽게 접근할 수 있도록 仙인류에 대한 개념 정립에서부터 시작하였으며 仙인류의 삶, 仙인류의 수련에 이어 근본적 개념인 仙과 우주에 대해 정립하는 순서로 서술하였습니다.

• 주제별로 좀 더 깊이 있는 내용을 알고자 하시는 분은 기존 출판물을 참고하시기 바랍니다.

| 차례 |

1장

仙계수련의 **과정**

1절 | 교육과정

1. 仙계수련의 과정

仙계수련의 4가지 과정

仙계수련은 기공氣功, 신공身功, 신공神功, 심공心功을 한꺼번에 하는 수련법입니다. 仙계수련은 이 4가지를 병행함으로써 궁극적으로 깨달음으로 가는 수련법입니다.

일반적인 기수련은 소주천 몇 년, 대주천 몇 년 등 시간이 굉장히 많이 소요됩니다. 그러다 보니 육십 평생에 깨달음까지 가기가 쉽지 않습니다. 그러나 仙계수련은 한꺼번에 하기에 수련 진도가 빠릅니다. 이 넷 중 기공, 신공身功, 신공神功은 심공 즉 마음공부에 들어가서 깨달음의 길에 들기 위한 준비 과정이라 할 수 있습니다.

(1) 기공氣功 과정

인체의 상실됐던 DNA를 복원시켜 잃어버렸던 기능을 되찾게 해주며 기를 알고 운용하는 과정입니다.

기감 개발 氣感開發	우리가 말로만 듣고 실제로는 느끼지 못하던 기에 대한 확인 과정이다. 기감 개발이 가장 쉬운 방법은 장심掌心을 열어 장심을 통하여 두 손바닥에서 서로 끌어당기고 밀어내는 인력引力을 강화시키는 방법이다.	장심개혈법
축기蓄氣	기氣를 수련 등에 사용하기 위해 몸 안의 일부에 모으는 과정이다. 초심자의 경우 주로 단전에 축기하게 되며 수련 초기 단전의 형성은 이 수련의 진도에 절대적인 영향을 미친다. 단전에서 주먹 크기의 기체氣體를 형성한 후 점차 강화하면 기운이 생기게 되며 이 기운으로 인체 내부의 기혈을 연다. 단전호흡의 방법이 사용되며 단전이 축구공만큼 커지면 경락이 열리는 기반이 조성된다. 오랜 기간 수련을 했는데도 진전이 없다면 이 단계를 소홀히 했기 때문이다. 단전은 자신의 것이 아니라 안테나와 마찬가지로 仙界의 물건이다.	하단축기법
수기 受氣	내 안의 기운을 모으는 것만이 아닌 외부의 기운을 받는 수련이다. 외부의 기운 중에는 우주기宇宙氣, 천기天氣, 지기地氣, 인기人氣가 있는데 이 수련은 주로 우주기와 천기의 수기 수련이다. 우주기와 천기를 지구의 주파수에 맞게 바꾸어 주는 안테나는 仙界의 물건으로 수련 지도자가 仙界의 도움으로 설치한다.	—
소주천 小周天	기운으로 임·독맥 등 인체 내의 기운이 흐르는 모든 길을 여는 과정이다. 인체 내에 기운이 모이면 흐르게 되며, 이 흐르는 기운을 정상적인 통로로 유통하여 주요 혈을 여는 기법이다. 평소 사용하지 않던 기맥을 연결하여 다음의 대주천에 대비한다.	중단개혈법 독맥개혈법
대주천 大周天	소주천 과정이 끝난 수련생이 외기와의 유통 경로를 여는 것이다. 천지 기운을 모두 받아들일 수 있는 경락이 열리게 되며 이 과정을 거치면 진정 하늘공부를 할 수 있는 사람이 된다. 수련을 열심히 할 경우 기공 과정을 일 년 안에 마치게 된다.	대주천수련법

(2) 신공身功 과정

몸을 통해 마음을 깨우기 위한 자세를 취하는 과정입니다.

1) 기변법 (氣變法 ; 몸 안의 기운을 바꾼다)

천지유통 天地流通	하늘은 땅이 있으므로 있고, 땅은 하늘이 있으므로 있는 것이다. 하늘과 땅은 둘이 아니고 하나요. 하나이면서도 둘인 것이다. 하나이면서도 둘이고 둘이면서도 하나인 원리를 터득하기 위한 수련이다.
지수화풍 地水火風	모든 기운은 하나이다. 그 하나 속에서 자신의 기운을 점차 하늘의 기운으로 바꾸어 간다. 이 단계를 익히면 마음이 평온해진다.
건곤일척 乾坤一擲	하늘을 우러러 자신의 모든 허물을 벗어버리는 수련이다. 이 과정을 겪음으로 인해 모든 것을 대함에 떳떳해진다. 자신이 겪고 있는 업에 대한 인식이 바뀌고 이 업이 정당한 것이며 이 업을 금생에 벗어나기 위해 어떻게 해야 하는가를 생각하며 하는 수련이다.

2) 신변법 (身變法 ; 몸을 바꾼다)

화룡점정 畫龍點睛	기적인 세계를 보는 안목을 키우는 수련이다. 이 수련을 거치면 기적인 세계를 보고 이것을 인간세계에 이용하는 법을 배운다. 기안氣眼을 열고 이 눈으로 기계氣界를 보며 기계의 선진기술을 인간세계에 이용하도록 하는 것이다. 하늘을 알고, 하늘의 법도를 배우며, 하늘의 뜻을 실천하는 사람이 되기 위해 필요한 과정이다.
육기조화 六氣調和	인간의 몸을 가장 조화로운 상태로 만드는 수련이다. 육기란 오장육부의 모든 기운을 말하며 이 모든 기운들이 조화됨으로 가장 강력하고 균형 잡힌 인간이 형성되는 것이다.

3) 기운법 (氣運法 ; 몸 안의 기운뿐 아니라 주변의 기운도 바꾼다)

관운기화 官運氣化	자신의 주변을 둘러싸고 있는 기운을 바꾸어 좀 더 편히 수련에 임할 수 있는 분위기를 만들어주는 수련이다. 이 수련을 함으로써 자신이 당하고 있는 문제를 객관적으로 보고 내가 겪어야 할 이유에 대해 알게 된다. 이유를 알았다는 것은 자신의 일을 알게 되는 것으로서 체념이나 포기와는 다른 벽을 넘게 된다. 마음이 불편할 때 하면 좋다.
상비조화 上飛調和	사람의 모든 기운은 우주의 모든 기운과 조화되어 일체를 이루도록 되어 있다. 상비란 사람이 수련을 하여 인체의 기운이 하늘 기운이 되는 것을 말하며, 하늘 기운이 된 상태에서 조화를 이루는 것을 말한다. 몸이 맑아지며 판단을 함에 실수가 적게 된다.
구룡비상 九龍飛上	이상의 수련을 정상적으로 한 사람이 천상세계를 직접 관찰하며 수련의 의미를 다지는 수련이다. 현재의식에서 탈피하여 무의식으로 들어가며, 무의식에서 천상의 파장과 일체를 이루어 방송국에서 보내는 주파수를 텔레비전으로 보듯 천상세계의 일을 손에 잡힐 듯 볼 수 있다. 이 단계에서는 호흡수련의 강화가 더욱 필요하다.
강화신천 强化神川	현재까지의 수련을 강화하는 단계이다. 사람의 기운은 마음이 바탕이며 몸이 표현수단이므로 몸을 가꿈은 마음과 일체가 되어야 가능한 것이며, 몸과 마음이 일체가 되고 나서 진정한 기운의 변화가 일어나는 것이다. 이 수련은 몸과 마음을 변화시켜 수련자 자신은 물론 주변까지도 평안하도록 하는 것을 목표로 한다. 이 단계를 거치면 내기가 강화되고 자신의 주변 기운도 강화되므로 어떤 사기邪氣도 범접치 못하게 된다.

상식오비 尙式娛譬	현재까지의 신법을 총 정리하는 수련이다. 이 수련은 바뀐 몸과 몸 주변의 기운을 다 지는 것이다.

이상과 같은 신법身法수련으로 수련의 중급 과정은 끝나게 되며 다음은 고급 과정인 신법神法이나 심법心法으로 들어가게 됩니다. 신법은 영靈으로, 심법은 마음으로 가는 수련이므로 기에 관한 기반이 조성되어 있지 않으면 진전이 불가능하며 효과가 나타나지 않으므로 안 한 것만 못한 결과가 됩니다.

(3) 신공神功 과정

신공身功 과정을 통해 영적인 눈이 열리고 몸과 마음이 준비된 상태의 사람에게만 시키는 수련으로서 이 단계를 거치면 신과 우주인 및 타 영들과의 대화가 가능합니다. 수련생들이 옆길로 빠지게 되는 확률이 높은 수련이므로 필수 과정은 아니나 보이지 않는 세계에 대한 확신을 가질 수 있게 됩니다.

(4) 심공心功 과정

이상의 과정을 통하여 몸과 기운이 정화된 사람이 깨달음을 얻기 위하여 본격적으로 마음공부에 들어가는 수련입니다. 경우에 따라 금촉수련이 요구되기도 하나 각자의 스케줄에 의해 다른 경우도 있습니다. 자신이 누구이며 자신의 역할과 사명에 대해 알게 됩니다. 이 과정에서 본성本性을 만나게 됩니다. 기운뿐 아니라 모든 해결 방법을 자신 속에서 찾는 수련이므로 기초 작업을 완전히 다진 후 들어가지 않으면 수십 년이 걸리거나 실패하는 수도 있습니다. 일단계의 심공은 인간세계에서의 마음자세를 배우고, 이단계의 심공은 천상계에서의 마음자세를 배웁니다. 이 과정을 끝내면 천인天人이 됩니다.

(위의 과정 중 기공 단계는 모든 이에게 공통되는 과정이며 나머지 과정은 각자의 수련 스케줄에 따라 순서가 변경될 수 있습니다.)

仙계수련 자체가 심법

仙계수련 자체가 심법心法이니 마음공부라는 뜻의 심법이다. 초기에 몸을 다듬고 후에 마음을 다듬고 그와 동시에 기氣를 비축하고 이 모든 것으로 영靈을 깨고 영으로 심心을 깨서 우주에 가는 것인바 이 마음을 다듬는 과정을 심법으로 말하기도 하나 사실상 仙계수련 자체가 마음을 깨는 법이므로 심법이라고 불릴 수 있는 것이다. 마음에도 줄기가 있고 가지가 있어 그 다듬는 과정이 정성스럽지 못하면 후에 한 번에 깰 수 있는 것을 수차례 반복해야 하는 번거로움이 따른다. 그래서 정리 단계에서 확실한 정리가 필요한 것이다. 마음공부란 수련의 시작이자 끝이며 어느 부분에서 구분되는 것이 아닌 것이다.

– 『仙계에 가고 싶다』에서

기초 필수과목

우리가 해야 되는 공부의 95%는 비움에 대한 공부입니다.

그런데 대부분 인간의 95%를 차지하고 있는 것은 '정情공부'와 '돈공부'입니다. 나머지 4%에는 정직, 하심, 겸손과 같은 여러 가지가 있습니다. 또 나머지 1%는 항심, 정심, 집심과 같이 마음공부에 들어가는 것입니다.

비중으로 따지면 그 1%와 99%가 힘든 것이 똑같습니다. 아주 정교하게 다듬고 세공하는 단계의 공부가 1%인데, 비중은 99%와 1%가 같아 50대 50입니다. 수선재는 기초단계의 공부를 빨리 하고, 나머지 1%를 하기 위해서 있는 곳입니다. 그런데 그게 안 되고 들어가지 못해서 계속 앞에서 왔다 갔다 하고 있습니다.

정공부, 돈공부라고 했는데 어떤 사람은 정공부가 어렵고 어떤 사람은 돈 공부가 어렵습니다. 사람에 따라 반드시 비중을 달리 두었습니다. 둘 다 어렵다면 그분은 수련하기가 힘듭니다. 평생 그것 하나도 하기가 힘든 것이지요.

기초 과정은 여러 개를 한꺼번에 하게 되는데 돈공부, 정공부 외에 '정직'이 있습니다. 정직하지 않은 것, 공부를 가짜로 하고 눈속임으로 하는 것은 걸립니다.

다음은 '겸손'이 있습니다. 겸손은 도를 담는 그릇이어서 마음공부를 하려면 먼저 겸손해야 하고 그래야 법을 전수받을 수 있습니다.

또 '주인이 되는 공부'가 있습니다. 내가 공부를 해야 합니다. 옆에 공부하는 사람이 백 명, 백만 명이 있어도 소용없고, 이 공부는 내가 해야 하는 것입니다.

다음으로 '자립'이 있습니다. 정서적, 경제적, 신체적으로 자립해야 합니다. 세 가지 자립은 수련을 위한 전제조건이지만 준비가 덜 된 채로 수련을 시작했다면 반드시 이수해야 하는 과목입니다.

이 과목들이 필수과목입니다. 전공 필수가 아니라 기초 필수과목입니다.

초기 백일 동안의 수련

수선재에 입회하시면 최소 3개월•은 초급반에 머물게 하는데 거기에는

• 이 규정은 바뀔 수 있으며, 현재는 6개월 과정을 거치게 되어 있습니다.

이유가 있습니다.

우선 단전이 자리를 잡는데 최소 3개월은 걸립니다. 수선재에 입회하시면 안테나가 설치되고 단전이 지급되는데, 단전을 지급받고 나서 초기 백일 동안은 그 단전을 내 것으로 만들기 위해 집중해야 합니다. 금욕을 하면서 하루 2시간 정도는 수련을 해야 합니다. 그래야 단전이 제대로 착상을 하고 자리를 잡습니다.

단전이라는 것은 기운이 어느 정도 쌓여 있어야 기운을 받을 수 있는 것입니다. 기운을 못 느끼겠다, 수련을 해도 기운이 안 들어온다 하시는 분들은 본인의 단전에 마중물이 없어서 그런 것입니다. 기운을 못 느끼는 분일수록 백일 정도 지극 정성으로 수련을 해서 기운을 받을 수 있는 마중물을 만드셔야 합니다. 그렇게 하면 정성을 갸륵하게 여겨서 기운이 들어오게 해주십니다.

그런 노력은 안 하고 비 맞듯이 기운을 쉽게 받으려고만 하면 기운을 영영 못 느끼게 됩니다. 기운을 받기 위한 최소한의 정성과 노력을 보여 줘야만 거기에 응해 주시는 것입니다.

그 다음으로 기운을 바꾸는 과정이 최소 3개월은 걸립니다. 仙계수련은 우주기로 하는 수련인데 타 단체에서 수련했던 분들은 그동안 다른 기운을 받아왔기 때문에 기운을 우주기로 바꾸는 시간이 필요합니다. 그 기간이 3개월이라는 얘기입니다.

단전은 수련 초기에 크기가 결정

원래 수련을 하지 않은 사람에게 단전이란 없으며, 수련을 시작하면 단전이 형성됩니다. 단전은 대부분 수련 초기에 크기가 결정됩니다. 초기 100일간 집중 수련을 요하는 것은 바로 이 기운 저수지의 크기와 강도(내외부의 압력을 견디는 힘), 용량 결정에 가장 중요한 요인 중의 하나입니다.

따라서 이 기간을 충실히 넘기는 것은 어떠한 단전을 갖느냐 하는 것에 아주 밀접히 관련됩니다. 단전 역시 정신계의 물질이므로 마음이 어떠한 상태로 변화하였는가에 따라 상당한 차이를 보이게 됩니다. 초기 100일간의 금욕수련은 정신적인 기반 조성에 상당히 중요한 역할을 하는 것입니다.

단전이 강화되면 단전에 들어갈 수 있는 기운의 양이 결정되고 이 기운의 양에 따라 족, 부족이 결정되며, 이것에서 단전의 역량이 결정됩니다. 단전의 크기가 우주만 하면 우주 크기의 일을 할 수 있으며, 지구만 하면 지구 크기의 일을 할 수 있는 것입니다.

그러나 평소 기운의 소모가 심한 가운데 단전 형성 수련을 하면 그 크기가 작고, 내력이 약하여 부실한 단전이 되므로 장차 큰 수련을 할 수 없는 것입니다.

－『다큐멘터리 한국의 仙인들』1권에서

지도 仙인님의 배정

仙계수련에 인도되신 분들은 처음부터 끝까지 다 가야 하는 스케줄입니다. 한 생에 仙계까지 가는 스케줄로 오셨습니다. 이미 그전에 이런저런 경험을 통해 노하우를 많이 습득했고, 그걸 바탕으로 이번에는 장거리를 가야 하는 스케줄입니다.

한꺼번에 많은 공부를 해야 하기 때문에 지도를 위해 독獨선생님이 필요합니다. 그것도 유치원 과정부터 박사 과정까지 전부 가르칠 수 있는 선생님이 필요한데 바로 仙인이 그런 분입니다. 이런 이유로 수선재에서는 수련생들이 중급반으로 승급하면 수련생마다 지도 仙인님이 배정됩니다. 수련생들이 해야 하는 공부가 너무나 길고 다양하기 때문에 그 과정을 전부 인도하려면 仙인 한 분이 배정되어야 하는 것입니다.

수련생마다 공부 내용이 다른것은 넘치고 모자라는 부분이 각기 다르기 때문입니다. 어떤 분은 재능은 넘치는데 덕이나 겸손은 부족합니다. 어떤 분은 덕은 넘치는데 재능이 부족합니다. 어떤 분은 기운이 달려서 만사 의욕이 없는데 머리는 좋습니다. 어떤 분은 몸은 건강하게 타고났는데 머리가 부족합니다. 그래서 스케줄이 다 다릅니다. 어떤 한 선생이 지도하기에는 너무 다양합니다.

그래서 저는 기운을 받을 수 있는 여건을 조성하고 하늘의 뜻을 전하는 기본적인 역할만 담당하고, 개별 지도는 지도 仙인님들께 맡깁니다. 그러니 그분들도 바쁩니다. 수련생의 모든 것을 맡았기 때문입니다.

그분들은 수련생의 금생의 스케줄을 전부 꿰고 계십니다. 관심 없는 것처럼 멀찍이 떨어져 있지만 늘 깨어 계십니다. 평소에는 직접 관여를 안 하시는데 수련생이 해야 할 일을 제대로 안 하여 차질이 생기면 어떤 충격을 주어 각성시킵니다. 예를 들어 교통사고가 나게 합니다. 이런 경우 차는 폐차를 해야 할 정도로 크게 부서져도 수련생은 거의 다치지 않더군요. 몸이 다치지는 않게끔 보호해 주시기 때문입니다. 아무튼 이분들은 무서워지기 시작하면 엄청 무섭습니다. 사랑을 주실 때는 또 엄청 사랑하시고요.

대주천이 된다는 것

仙계수련에서 대주천大周天이 된다는 것은 내경(內徑, 체내의 기경팔맥)과 외경(外徑, 우주의 기가 흐르는 경락)이 연결되어 외기外氣와의 유통 경로가 열린 것을 말합니다.* 온몸의 경락과 경혈이 다 열려 천지의 기운을 모두 받을 수 있는 상태가 되는 것입니다.

거기에 마음도 함께 열려 진정 하늘공부를 할 수 있는 사람이 되면 仙계에서 '대주천 인가'를 내주십니다. 그렇게 대주천 인가를 받은 수련생을 '수사 修士'라고 부릅니다.

仙계수련에서는 본성을 만나는 것은 수련의 '입학'이라고 하고, 대주천이 되는 것은 수련의 '예비입학'이라고 합니다. 대주천이 됐다는 것은 仙계수련의 1차 관문을 통과했다는 의미가 있습니다.

대주천 인가를 받으면 명부에 쓰여 있는 자신의 이름이 은박에서 금박으로 바뀝니다. 명부에서 빛이 나서 그 사람은 仙계에서 직접 관리하게 됩니다. '이 사람은 수련을 할 만하다' 하고 인정해주신 것입니다. 그래서 대주천이 되면 천기를 마음대로 가져갈 수 있는 권한이 부여됩니다.

대주천 인가를 받으면 이후 수련을 그만두더라도 다음에 태어날 때는 대주천 직전의 상태에서 연결이 됩니다. 仙계수련에 입문했던 인연도 소중하려니와 입문해서 소정의 과정을 이수했으니 검증을 받았다고 보시는 것입니다. 대주천 인가를 받은 사람에 대해서는 하늘에서도 괜찮은 사람이라고 보시는 것입니다.

---

* 仙계수련의 개념으로 볼 때 자신의 내부에서 기운을 유통하는 것은 소주천이며, 우주의 기운과 교류하는 것이 대주천입니다. 따라서 타 수련단체에서 말하는 대주천은 仙계수련에서는 소주천에 해당합니다.

천기의 소중함을 알라

천기(팔문원을 통한 우주기운 포함)란 완성 그 자체이며 완성에 이를 수 있는 방법을 제시해 줄 수 있는 기운으로서 인간이 받을 수 있는 기운 중 가장 높은 경지의 기이다.

이 천기로써 인간의 불완전성을 비롯한 모든 것이 해결되며 완성됨으로 仙인이 되는 것이다. 하늘은 천기를 통하여 인간에게 모든 것을 전달하며, 인간은 이 천기를 통하여 자신이 가장 필요로 하는 것을 받아들일 수 있다.

완성되고자 하는 인간이 가장 필요로 하는 것은 바로 하늘과의 일체화를 이끌 수 있는 방법을 기록한 비서秘書이며, 이 비서가 바로 천기 속에 있는 것이다. 이 천기를 받기 위해서는 인간으로서 천기를 받을 수 있는 기본적인 조건을 타고나야 하는 것이며, 이 위에 상당한 노력을 더하여야 한다.

천기란 아무나 받을 수 없는 것이며, 받아서 아무렇게나 사용할 수 없고, 천기를 받았다면 금생에 자신의 임무를 끝내고 향천함으로써 하늘의 일부가 되어야지 그렇지 않고 대충 천기의 맛을 보고 그만둔다는 것은 가난하게 살아가던 사람이 어느 날 부자 친구들과 어울려 주지육림에서 황홀경을 헤매다가 갑자기 원래의 상태로 돌아와 외톨이가 되는 것보다 더 비참한 처지가 되는 것이다.

하늘은 진실로 받아야 할 사람에게는 어떠한 방법을 통해서든 천기를 전달하는 것이나 받아서는 안 될 사람에게는 이미 내려준 천기까지도 거두어 간다.

　이러한 벌을 당한다는 것은 눈보라 치고 삭풍이 부는 한겨울 벌판에서 입고 있던 솜털 옷을 벗겨가 버리는 것과 같은 것이다. 천기란 그만큼 소중한 것이요, 따라서 관리능력이 없는 수련생에게는 연결이 중단되고 회수되는 것이다.

　이 천기가 바로 천서로, 스승의 말과 행동으로 수련생들에게 내려오는 것이니 수련을 통하여 천기를 받을 수 있으면 하늘의 진정한 제자로서 자신의 몫을 다할 수 있는 가능성의 길이 열린 것이며, 천기를 받을 수 없으면 범인凡人으로 돌아가는 것이다.

　대주천이 된 수련생은 이미 천기와 자신의 내기(內氣 : 본래 자신의 내부에 자리하고 있던 인기人氣로서 지기地氣와 사람의 기운이 혼합된 것. 기운은 크게 지기地氣, 천기天氣, 인기人氣가 있음)가 하나로 연결된 것이며, 이를 통하여 서서히 중화(中和 : a. 치우치지 않는 것. b. 다른 성질의 물질이 섞여 각각의 특성을 상실하게 되는 것으로서 여기에서는 천기와 내기의 혼합으로 기운이 천기에 가까워지는 것을 가리킴)의 길을 가기 시작한 것이다.

　따라서 대주천이 된 이후의 행동은 자신이 이미 천기의 범위 내에 들었음을 알고 다른 때보다 더욱 조심스러워야 하는 것이다. 보통 사람으로 있을 때와 판서가 되었을 때의 몸가짐도 달라야 하는 것이거늘 하물며 일시적으로 가지고 있다가 버리고 가는 속俗의 벼슬도 아닌 하늘의 기운과 중화 단계에 진입한 仙계수련생이 범인과 동일한 마음가짐을 가지고 행동한다는 것은 이미 그 자체가 자격 미달이라고 할 수 있는 것이다.

10원을 주머니에 넣고 다니던 사람과 1억을 주머니에 넣고 다니는 사람의 마음가짐이 다르지 않다면 그 사람은 이미 1억을 지닐 자격이 없다고 할 수 있다.

그러나 인기人氣의 성장 과정을 자연스럽게 받아들일 수 있도록 만들어 무리가 없도록 하는 것이 바로 수련이며, 이 과정을 거침으로써 인간은 천기의 세계로 진입하는 것이다. 천기의 소중함을 알라.

— 『천서 0.0001』 3권에서

2. 정성과 항심

정성이란 같은 행동을 되풀이하는 것

대개 보면 '정성'이라고 하면 거창한 것을 생각하기 쉽습니다. 그러다 보니 아예 엄두를 못 내기도 합니다.

그런데 꼭 백일기도를 해야 하고 새벽같이 정화수를 떠 놓아야 정성이 아닙니다. 정성은 작은 것입니다. 아무리 작은 일일지라도 매일 같은 일을 반복해서 하는 것, 예를 들어 '새벽 다섯 시에 수련을 하겠다'라고 마음을 정하면 무슨 일이 있어도 다섯 시에 일어나서 하는 것입니다. 너무 피곤하면 일어나서 인사만 하고 다시 눕는 한이 있더라도 일어나는 것이지요. 이렇게 자기가 이루고자 하는 목적을 위해 매일 같은 행동을 되풀이하는 것이 정성입니다.

수련에 대해 스트레스를 많이 받는 분이 계십니다. 왜 스트레스를 받는가? 학교 다닐 때 보면 숙제를 잘 하면 스트레스가 안 생기는데 안 하면 스트레스가 생기지 않습니까? 숙제를 해놓지 않고 자면 자도 잔 것 같지가 않고 비몽사몽이고요.

안 하면서 스트레스 받지 마시고 매일 꾸준히 하십시오. 기운 받는 재미, 기운 타는 재미로 하시면 됩니다. 수련한 걸로 시험 보는 게 아니고, 머리로 하는 수련이 아니잖아요? 우리 수련은 공부 못하는 사람이 오히려 더 잘할 수 있습니다. 늘 일정한 시간에 수련을 하면 됐지 스트레스 받아가며 하지는 말라는 말씀입니다.

몇 달을 안 하다가 갑자기 불이 붙으면 7시간, 8시간, 10시간을 수련하는 분도 계시는데 그렇게 하면 몸이 감당을 못합니다. 금식했다가 밥 먹을 때도 물만 마시다가, 주스 마시다가, 죽 먹다가 하지 않습니까? 오늘 10분 수련을 했으면 내일 20분, 모레 30분 이렇게 해야지 죽기 살기로 하지는 마시라는 말씀입니다. 이런 게 다 수련의 요령입니다.

죽기 살기로 한다는 말의 참뜻은 꾸준히 한다는 것입니다. '오늘은 피곤하니까 자야겠다' 하는 게 아니라 피곤해도 하는 것입니다. 수련이 어려운 이유는 매일같이 꾸준히 해야 하기 때문입니다.

최상의 컨디션을 유지하기 위한 노력

수련이 어려운 또 하나의 이유는 수련할 때 최상의 컨디션을 유지하기가 어렵다는 것입니다. 수련 시의 컨디션은 최상이어야 하는데 매일 그렇게 유지한다는 게 결코 쉬운 일이 아니기 때문입니다.

그러기 위해서는 우선 쓸데없는 에너지를 안 써야 합니다. 내가 저녁에 수련해야겠다, 맑은 정신으로 최상의 컨디션으로 해야겠다 하면 낮에 어떻게 지내야 할까요? 더러 화나는 일이 있어도 '수련을 해야 하는데 이러면 안 되지' 하고 털어버리고, 밥을 많이 먹고 싶다가도 '수련해야 하는데 이러면 지장이 있지' 하고 적당히 먹고, 이렇게 매사가 수련 위주로 돌아가야 합니다. 그런 걸 조절하기가 어렵다는 것입니다.

그 외에는 어려울 것이 없습니다. 꾸준히 하는 것, 최상의 컨디션으로 수련하기 위해 생활을 조절하는 것, 수련에서 어려운 것은 이 두 가지뿐입니다.

더도 말고 덜도 말고 꾸준히

수련에 진전이 없는 이유는 대개 수련으로 쌓은 것을 '까먹기' 때문입니다. 무리해서 까먹고, 화내서 까먹고, 스트레스 생겨서 까먹고…. 그렇게 하면 까먹은 것을 보충하느라고 진도가 잘 나가지 않습니다. 보충은 못해도 최소한 까먹지는 말아야 합니다.

그릇이 크다는 것은 꾸준히 변치 않고 한다는 것입니다. 야심 많고 기운이 장한 게 그릇이 큰 게 아닙니다. 그릇이 큰 사람의 특징은 항심恒心, 흔들리지 않는 것입니다.

평론하는 분 중에 저서가 수백 권 되는 분이 계십니다. 그렇게 엄청나게 글을 많이 쓰시는 분이 또 없습니다. 남의 작품을 읽고 평론을 쓴다는 것이 참 어려운데요. 특히 교수라는 생업을 가지고서 말입니다.

그분의 비결은 매일 원고를 20매씩 쓰는 것입니다. 더 써도 병나고 덜 써도 병난다고 합니다. 더 쓰면 리듬이 깨져서 병나고, 덜 쓰면 '내일 더 써야 하는데' 하는 스트레스 때문에 병나기 때문에 매일 20매씩만 쓴다고 합니다. 하루에 원고지 20매씩 쓰면 한 달이면 600매입니다. 두 달이면 1,200매입니다. 그 정도면 책 한 권이 나옵니다. 두 달에 책 한 권이면 일 년이면 여섯 권이 나옵니다. 간단한 일 같은데 그렇게 하면 작품이 계속 나오면서 성취가 되는 것입니다.

수련의 비결도 그런 것입니다. 더도 말고 덜도 말고 꾸준히 하는 것입니다. 처음에는 견디면서 하는데 나중에는 좋아서 하게 됩니다. 하다 보면 몸에 익어서 두세 시간이 휙 갑니다. 한 20분 앉아 있었나 보다 하고 시계를 보면 2시간이 지나가 있습니다. 몸에 익으면 그렇게 시간 가는 줄 모르게 수련할 수 있습니다. 수련이 몸에 익도록 하는 것이 비결입니다.

3. 집중과 무심

무심으로 들어가 봐야

저는 보이지 않는 스승의 인도를 따라 어둠을 헤치면서 갔습니다. 제 노력으로 그렇게 해냈습니다. 그런데 제가 너무 열심히 지도를 해서인지 다들 엄두를 못 내시더군요. 다들 하노라고 하고는 있지만, 그저 앉는다고 되는 게 아니라 직접 들어가야 되는 것입니다. 무심으로 들어가야 본성을 만납니다. 본성은 무심이기 때문에 잡념이 있는 채로는 못 만납니다.

저도 저절로 그렇게 된 것은 아니었습니다. 저처럼 잡념이 많은 사람이 없었는데 해냈습니다. 처음에는 저도 무심으로 들어갈 때마다 한 30분씩 걸렸습니다. 잡념 속을 헤매다가 어렵게 들어가곤 했지요. 그런데 이제는 앉으면 들어갑니다. 훈련의 결과입니다.

수련은 무심으로 들어가는 훈련

수련은 방법만 터득하면 쉽습니다. 들어가는 방법을 몰라서 그렇지 무심으로만 들어가면 쉽습니다. 그리고 무심으로 들어가야 수련이라고 볼 수 있습니다. 무심으로 들어가기 전에는 진전이 없습니다. 보면 다들 그전 단계에 있는데 무슨 수를 써서라도 무심으로 들어가야 합니다.

무심은 요가에서는 사맛디라고 하고 불교에서는 입정入定이라고 하는데 20~30년을 수행해도 무심의 경지에 들어가기가 참 어렵습니다. 죽기 전에 한 번만이라도 무심에 빠졌으면 좋겠다고 소원하기도 합니다.•

───────

• 무심無心에는 웬만해선 흔들리지 않는 마음의 평온함, 기대하지 않는 마음, 감정이입 하지 않는 것, 마음에 간직하지 않고 이내 잊어버리는 것 등 다양한 의미가 있습니다. 여기서는 호흡에 깊이 빠짐으로써 얻어지는 고도의 집중 상태를 의미합니다.

저도 생각이 몹시 많은 사람이었습니다. 너무 생각이 많아서 수련도 하기 전에 생각만으로 지쳤지요. 아침에 눈뜨면 오만 가지 잡생각이 다 떠오르는데, 30분 정도 누워있다 보면 생각이 꼬리에 꼬리를 물다가 지쳐서 다시 자야 하는 지경이 되곤 했습니다. 출근이고 뭐고 다 귀찮고요.

얼마나 생각이 많은지 터질 것 같았습니다. 걱정도 많고 인정도 많아서 무슨 얘기를 들으면 다 접수가 되는 것입니다. 남 아픈 것까지 참견하고, 사돈에 팔촌 걱정까지 다 하느라고 감당을 못해서 쓰러질 지경이었습니다.

수련을 시작하고도 처음 4~5년 동안은 잡념이 얼마나 많은지 무심으로 들어가지를 못했습니다. 매일 커피 마신 것처럼 기운이 붕 떠 있었고요. 머리로 기운이 떠서 얼마나 힘들었는지 모릅니다. 수련을 하루에 열 시간씩 해도 기운 뜬 것을 잡지를 못했습니다. 집중하는 수련법을 배우지 못해서 그랬던 것이지요.

그렇게 잡념이 많은 가운데도 계속 버텼습니다. 생각은 생각대로 하고, 숨은 숨대로 쉬면서. 괴로운데도 그렇게 했습니다. 그러다 보니 잡념이 걷혔습니다. 잡념을 너무너무 많이 하니까 그 다음에는 안 나오더군요.

잡념을 없애는 방법은 두 가지입니다. 하나는 아예 끝을 따라가 보는 방법이고, 두 번째는 떠오르면 잊어버리고, 떠오르면 잊어버리고 하는 방법입니다. 사람마다 달라서 어떤 사람은 이렇게 해야 하고 어떤 사람은 저렇게 해야 하는데, 저는 잡념이 워낙 많아서 끝을 따라가 봤습니다. 그랬더니 더 이상 생각이 안 나는 시점이 있더군요. 생각을 하도 하다 보니까 생각이 안 나는 것입니다.

인간의 한계를 뚫는 일
그런데 한 번 되고 나면 쉽습니다. 지금은 아무리 복잡한 일이 있어도 앉으면 금방 파장이 연결되고 다른 차원으로 갑니다. 인간으로서 능력의 한계를 뚫는 일입니다. 초능력이 아니라 인간이 원래 가지고 있는 능력을 발휘하는 것이지요. 다 가지고 있는 능력인데 못 찾아서 못하는 것입니다. 저만 할 수 있는 일이 아니라는 것입니다.

그렇게만 되면 수련이 너무나 재미있습니다. 정말 목숨 걸고 해볼 만한 가치가 있는 일입니다. 그렇게 되지 못하면 수련을 했다고 볼 수가 없고요. 10년을 해도 그 상태가 되지 않으면 수련을 헛한 것입니다. 앉아서 흉내만 낸 것입니다.

방법을 모르면 10년을 해도 안 됩니다. 제가 "생각하지 마라, 버려라, 가벼워져라" 하고 수없이 방법을 얘기했는데 직접 해봐야 합니다. 이론이 아닌 실기이기 때문입니다.

안 되는 것은 습관 때문입니다. 좋지 않은 습관을 안 고치니까 안 되는 것입니다. 뒤통수에 매달고 있는 생각들 때문에 안 되는 것입니다. 아무리 대단한 일이 있다 해도 앉으면 잊어버릴 수 있어야 합니다. 그걸 훈련하자는 게 수련입니다. 수련이란 다른 것이 아니라 앉으면 잊어버리는 훈련을 하는 것입니다.

많이 앉아야 합니다. 저같이 산만한 사람이 얼마나 앉았으면 무심으로 들어갔겠는지요? 앉은 자리에 뿌리가 내릴 만큼 앉아야 합니다. 그래야 무심으로 들어가는 방법을 터득하실 수 있습니다.

몰입, 소리가 안 들리도록

저는 직장을 그만두고 집에 있게 된 후부터는 무조건 저녁에 일찍 잤습니다. 우리 집은 가족들이 모두 야행성이어서, 12시도 좋고 1시도 좋고 들어오는 시간이 제멋대로였습니다. 가족들이 들어오거나 말거나 밤 9시나 10시쯤에 자고, 새벽 3시가 되면 정확히 일어났습니다. 일어나서 그때부터 아침까지 약 4시간 동안 열심히 수련을 했습니다. 직장 다닐 때도 내내 그랬습니다.

날이 새면 아침 밥상을 차려 주고 직장에 나갔는데, 수련하면서 밤샌 날은 피곤하지 않더군요. 참 이상했습니다.

일요일 같은 때는 식구들 밥만 차려주고, 설거지하고 나서 하루 종일 수련을 했습니다. 저는 의식수련은 많이 안 하고 주로 와공과 자세수련을 많이 했습니다. 와공을 주로 하고 그 다음에 자세수련을 했습니다. 그렇게 하고 나서 의식수련을 하면 5분, 10분 정도에 금방 깊이 들어가거든요. 수련으로 단련된 결과였지요.

제가 감각이 굉장히 예민합니다. 눈도 시야가 굉장히 넓어서 한눈에 다 보고, 청각도 굉장히 범위가 넓어서 한꺼번에 소리를 다 듣습니다. 아파트 현관에서 집 대문까지 이어지는 복도가 매우 긴데, 현관문 밀고 들어오는 소리까지 다 듣고, 저쪽 동네에서 나는 소리까지 동시에 듣습니다.

그렇게 예민한 사람인데 수련할 때는 전화벨이 열 번씩 울려도 모릅니다. 남편이나 애들이 불러도 모르고요. 수련을 하면서 깊이 들어가면 소리가 안 들리는 것이지요.

수련지도를 할 때는 한 사람 한 사람을 다 보기 때문에 몰입을 안 합니다. 수련생들이 하는 행동을 다 보고 들어야 하니까요. 그런데 개인 수련을 할 때는 몰입을 합니다. 그 비결은 기초를 확실히 한 데에 있었습니다.

2절 | 전인이 되는 마음공부

1. 자기 자신을 아는 공부

깨달음이란 자기 자신을 안다는 것

흔히 '깨달음'이라고 하면 멀고 우주적인 것을 떠올리기 쉬운데 꼭 그렇지만은 않습니다. 깨달음이란 자신에 대해 아는 것입니다. 자신에 대해 알면 우주에 대해 아는 게 되는 것이고요. 자기 자신이 우주이기 때문입니다.

대개 남에 대해서는 잘 압니다. 저 사람은 어떻고 이 사람은 어떻고 하면서요. 그런데 정작 알아야 할 자기 자신에 대해서는 모릅니다. 그리고 남이 일깨워 주면 굉장히 싫어합니다. 아니라고 반박합니다. 자기 자신은 잘 모르면서 남에 대해서는 해박한 것이지요. 그런데 남에 대해서는 몰라도 자기 자신에 대해 안다면 그것이 깨달음의 시발입니다.

자기 자신을 안다는 것은 무엇인가? 현재의 자신에 대해 정확히 인식하는 것입니다. 전생까지 거슬러 갈 것도 없이 지금의 자신을 알면 다 알아지는 것입니다. 과거는 어떤 실마리일 뿐이지 중요한 것은 현재 자신의 모습입니다. 그것을 정확히 볼 수 있는 것이 깨달음입니다.

자각수련, 나는 누구인가?

자각自覺수련은 자기 자신을 깨달아 나가는 수련입니다. '나는 누구인가?'라는 주제로 글을 쓰는 숙제를 내드리는데, 이 질문은 수련에 드시는 분이라면 반드시 한 번은 짚고 넘어가야 하는 관문과도 같습니다. 이 질문을 통과하지 못하면 수련 과정에 제대로 들어갈 수 없습니다.

마치 집을 지을 때 주춧돌을 놓는 것과 같아서, 이 질문 단계에서 확실한 답안을 구해내지 못하면 다음 단계의 수련이 제대로 진전될 수 없습니다. 자신이 누구인지 모른다면 마치 출발지점을 모르고 어디로 가겠다는 것과 같아서 목표설정이 될 수 없기 때문이지요.

자각수련 숙제를 내드리는 데에는 잘 쓰고 못 쓰고를 떠나 자신에 대해서 진지하게 알고자 하는가를 보려는 뜻이 있습니다.

몇 살에 뭐 했고, 몇 살에 뭐 했고, 이렇게 이력을 쭉 써오시는 분도 있더군요. 그런데 그런 걸 원하는 게 아니라 자신이 누구인지 밝혀보라는 것입니다. 자신만이 가지고 있는 특질이 있습니다. 찾아보면 한두 가지는 반드시 있습니다. 남이 가지고 있지 않으면서 내가 많이 가지고 있는 것들이 있습니다.

솔직하게 털어놓을 수 있어야

자각수련에는 하늘에 자기가 살아온 과정을 솔직하게 고하는 의미가 있습니다. 마음자세에 따라 잘못한 것이 사해지기도 하고 덧붙여지기도 합니다. 살아온 과정을 한 번씩 정리해서 걸러내는 과정이 필요해서 하는 것인데 써내신 것을 보면 그분이 살아온 과정과 현재 마음가짐이 그대로 드러납니다.

수련하시는 분들은 많이 토해 내고 울어야 합니다. 중단에 많이 맺혀 있는 상태시거든요. 살아가면서 한 맺힌 것 없는 사람이 어디 있겠습니까? 한이라는 것이 금생에만 맺힌 게 아니라 전생에서부터 대대로 맺혀 온 것이거든요. 그게 다 풀려나가야 수련도 되고 개운도 되기 때문에 그런 기회를 드리려고 자각수련을 하시라는 것입니다.

"나는 이런 사람입니다"하고 털어놓을 수 있는 마음가짐이 되어야 합니다. 스승에게도 자신의 어떤 부분을 못 보이겠다는 마음을 갖고 있는 분은 수련하기가 어렵습니다. 자신의 부끄러운 부분까지도 다 털어놓을 수 있어야 법이 전수됩니다. "나는 아무래도 털어놓지 못하겠다"하신다면 아직은 수련할 준비가 안 된 상태입니다. 본인이 일단 털어놓은 이상 거기에 대해서 더이상 묻지 않습니다. 대개 용기가 없어서 털어놓지 못하시는데 자기 자신에 대해서 스스럼이 없어야 수련할 수 있습니다.

잘한 일과 잘못한 일

살아오면서 잘한 일과 잘못한 일을 써 보시라고 말씀을 드렸더니 어떤 분은 잘못한 일은 꼭꼭 숨기고 '나는 이렇게 잘 살아왔다' 하면서 자랑 위주로만 쓰시고, 어떤 분은 이 세상에 태어나서 잘한 일은 하나도 없는 것처럼 쓰십니다. 그러나 잘 찾아보세요. 곰곰이 생각해 보면 그럴 리가 없습니다. 잊어버렸거나 자기 자신을 너무 비하하는 것입니다.

그리고 주로 인간관계에서 잘못한 일을 많이 쓰시는데 정작 자기 자신에게 잘못한 일은 생각을 못하시더군요. 자기 자신을 속이고, 그 속인 것을 정당화하기 위해서 스스로에게 스트레스 준 일들은 잊어버리고 남에게 잘못한 일만 쓰십니다. 그런데 자기 자신을 해롭게 하는 일처럼 나쁜 것은 없습니다.

한 가지 거짓말을 정당화하기 위해서는 일곱 가지의 거짓말이 필요하다는 말이 있습니다. 거짓말이라는 게 꼬리에 꼬리를 물게 되어 있습니다. 거짓을 감추려고 한 겹 두 겹 껴입다 보면 허물이 생깁니다. 계속 무장을 하기 때문에 벗으려면 아주 힘이 듭니다. 감추려 하다 보니 껍질이 두꺼워져서 벗기가 힘든 것이지요.

자꾸 벗으세요. 마음에 지고 있는 짐을 다 벗고 홀가분하고 가벼워지세요. 용서받지 못할 과오는 없습니다.

자신을 두루 볼 수 있는가?

자기 자신을 여러 각도에서 조명해 볼 수 있어야 합니다. 자신이 누구인지 이런저런 시각으로 보는 안목을 가져야만 나를 찾는 길로 들어설 수 있습니다. 자기 자신 속에 있는 여러 가지 요소들을 포괄적으로 다 볼 수 있어야 하고, 그중 중요한 부분을 놓치지 않아야 합니다.

어떤 시점에서 자신을 바라보는가를 보면 그분에 대한 판단이 섭니다. '이분은 공정하구나', '이분은 상당히 치우쳐 있구나', '껍질을 벗으려면 오래 걸리겠구나', '이번 생에 못 벗겠구나' 등을 알 수 있습니다.

시점이 꼭꼭 묶여 있는 분은 참 어렵습니다. 자연인이 아닌 사업가로서의 자신을 위주로 쓰신 분이 계시더군요. 인간 누구는 사라져 없고 사업가 누구만 남아 있는 것입니다. 그런 시각을 가진 분을 보면 '벗기가 참 어렵겠구나' 하는 생각이 듭니다.

처음부터 끝까지 온통 사랑 이야기를 쓰신 분도 계십니다. 그런 분은 사랑이 자기 자신을 너무 많이 차지하고 있는 것이지요. 인간으로서 위엄과 격을 갖추고 태어나서 살아가는 과정에 사랑만 있지는 않습니다. 그런데 처음부터 끝까지 실연을 당했고 그래서 어떻게 했고, 이렇게 사랑으로 점철된 인생인 양 씁니다. 그런 것도 너무 치우친 시각입니다.

두루 보면서 원인을 정확히 끄집어낼 수 있어야 합니다. 자신의 삶에 대해 '나는 괜찮은 사람이다, 괜찮은 삶을 살았다' 이렇게 보는 분도 계시고, '어렸을 때는 참 무난하고 사랑도 받고 재능도 있었는데 어떤 시점에서부터 내 인생이 일그러져서 길을 잃어버렸다' 하고 정확하게 알아내시는 분도 계시는데 바로 그런 걸 찾아내시라는 것입니다. '언제부터 내 인생이 궤도를 이탈했다, 그리고 지금은 어느 시점에 와 있다' 하는 것을 정확히 볼 수 있어야 합니다.

한없이 낮아지고, 한없이 귀해지고
자신이 태어나서 부여받은 것보다 훨씬 과대평가하는 분도 계시고, 훨씬 과소평가하는 분도 계십니다. 자신에 대해 너무 자신만만한 분도 계시고, 또 너무 자신이 없는 분도 계시는데 둘 다 바람직한 것은 아닙니다.

수련을 하다 보면 알아집니다. 자기 자신을 과대평가했던 분들은 '나는 정말 미물이구나' 하고 알아지고, 자신을 과소평가했던 분들은 '내가 별 볼일 없는 사람인 줄 알았는데 대단한 사람이구나' 하고 알아집니다. 그렇게 알아지고 받아들여지는 과정이 참 감동적이더군요. 기존의 자신에 대해 다 잊어버리고 다시 만들어 가는 것입니다.

가장 좋은 것은 스스로 자신에 대해 생각할 때 있는 듯 없는 듯한 존재로 생각하는 것입니다. 자기 자신에 대해 일견 자랑스럽기도 하고 일견 부끄럽기도 한 상태입니다. 어느 한쪽으로 치우친 상태가 아니라 때로는 한없이 자랑스럽고 때로는 한없이 부끄러운 상태로 자신을 인식하는 것입니다.

처음에는 점점 자신이 낮아집니다. 낮아지면서 한없이 초라해지고, 우주의 기운과 말씀 앞에 한없이 무력해집니다. 그렇게 무장해제를 하게 됩니다. 무력해져서 아무 하잘 것 없는 존재로 자신을 인식합니다.

그러다가 점점 귀해집니다. 수련을 해나갈수록 자신이 귀한 존재였음을 깨닫게 됩니다. 원석에서 보석을 발견하여 세공해 나가는 듯한 과정이 시작됩니다. 저와 함께, 또 도반들과 함께 서로 지적해 주면서 보석을 세공하여 쓸 만한 상태로 만들어 가는 것입니다.

내가 가진 보석은 무엇인가?

자신에 대해 관심을 갖고 내가 어떤 것을 가지고 있는지 찾아보세요. 찾아보면 다 귀한 면이 있습니다. 아무도 가지고 있지 않은 귀한 면, 자기만 갖고 있는 보물 같은 면이 있습니다. 그런 것들을 찾아내어 드러내 보세요.

지금은 복잡하고 불필요한 부분이 많아서 귀한 것들이 꼭꼭 숨어 있습니다. 불필요한 부분을 계속 버리다 보면 그런 것들이 드러납니다. 제가 그것들을 발견해서 얘기해 주고 끄집어내 주는 역할을 하기도 합니다. 그런 게 바로 선생의 역할이지요. 본인도 모르고 있던 가능성, 잠재력을 드러내고 닦아주는 역할입니다. 진가를 드러낼 수 있도록 같이 노력하는 것입니다.

2. 중용을 찾는 공부

중용이란

중용이란 이쪽저쪽을 골고루 다 본다는 것입니다. 아래, 위, 옆을 두루 다 보되 가운데 길로 가는 것이 중용입니다. 옳다고 해서 선善으로만 가는 것도 한쪽으로 치우친 것이지요. 가운데 길로 가야 하는 것입니다.

지구가 모든 것이 반반 섞여 있는 별인 것은 바로 이 중용을 배우기 위해서입니다. 선과 악도 정확히 반반 섞여 있습니다. 선의 끝과 악의 끝을 알아야만 중간 자리를 알 수 있기 때문입니다.

예를 들어 아랍권에서는 여자들이 차도르를 쓰고 다니고 외간 남자와 눈도 안 마주칩니다. 만일 손이라도 잡고 외도를 하다가 잡히면 사형을 당합니다. 아주 극단적인 세계이지요. 그런데 지구를 반 바퀴 돌아서 미국으로 가면 매우 개방적입니다. 똑같은 행위도 아랍의 기준에서 보면 엄청난 죄악이고 미국의 기준에서 보면 아무것도 아닙니다. 인간의 기준으로는 선과 악을 구분하기 어렵다는 것입니다.

사람도 천차만별입니다. 동물보다 못한 사람부터 신의 경지에 이른 사람까지 고루 섞여 있어서 다 공부의 교재가 됩니다. 이곳 수선재도 반반 섞여 있습니다. 똑똑하고 잘난 사람만 있는 곳도 아니고, 못나고 바보 같은 사람만 있는 곳도 아닙니다. 중간입니다. 명상을 배운다, 수련을 배운다 하니까 특별한 걸 기대하기도 하는데 그렇지는 않습니다.

옳고 그름, 강한 자와 약한 자, 남자와 여자, 이렇게 고루 섞여 있는 가운데 중용을 터득하면 곧 깨닫게 되는 것입니다.

치우치지 않는 마음으로

동물은 한 가지 특징만 가지고 있습니다. 여우는 여우의 특징을, 뱀은 뱀의 특징을 가지고 있습니다. 반면 인간은 한 인간 안에 두 가지 마음이 공존합니다. 선한 마음과 악한 마음, 어떤 것을 하고 싶은 마음과 하기 싫은 마음이 공존하고 있습니다.

그걸 인정할 수 있어야 합니다. 어떤 한 면이 과도하게 노출되었을 뿐이지 자기 마음속에 다 있는 것입니다. 자신의 기운이 어떤 한 쪽으로 치우쳐 있어서 한 면만 계속 표현되는데 다른 한 면도 자기 안에 갖고 있습니다.

본성이란 그런 것이지요. 인간이 가지고 있는 여러 가지 특성, 본래의 다양한 모습을 다 지니고 있는 것이 본성입니다. 그러기에 치우치지 않는 사고방식을 가질 때라야 본성을 볼 수 있습니다. 착하고, 열심히 하고 이런 걸 떠나서 어느 쪽에도 치우치지 않는 중심이 잡힌 마음이 되었을 때 본성을 만난다는 것입니다.

중용, 가운데 자리를 향하여

수련으로 달성해야 할 것은 중용입니다. 양쪽이 다 있는 데서 가운데 자리를 찾아야 합니다. 어느 한쪽만 있는 데서는 가운데 자리를 찾을 수 없습니다. 선과 악, 아래와 위, 안과 바깥 등 모든 것이 있어야 합니다.

중용을 잡기란 굉장히 어렵습니다. 감정적인 면에서는 오욕칠정을 다 알면서 중심으로 가야 합니다. 지식적인 면에서는 두루 다 알고 받아들일 수 있어야 합니다. 불교면 불교대로 기독교면 기독교대로 장단점을 인정하면서 편견을 갖지 않고 보는 것입니다. 성격적인 면에서도 지적으로 치우치거나 감정적으로 치우치거나 의지만 강하게 치우치거나 하지 않아야 합니다. 고루 갖춰진 상태가 되어야 합니다.

누가 보더라도 이상하지 않고, 특별히 두드러지지 않고, 두루 갖추면서 부드러운 사람이 되고자 하는 것입니다. 다 가지고 있되 그것들이 내부에서 서로 충돌하거나 삐죽삐죽하지 않고 조화가 되어 두루 통하는 사람이 되려는 것입니다.

비 오면 비 오는 대로, 눈 오면 눈 오는 대로

최근에 어떤 노老수행자의 책을 읽어 보았습니다. 반쯤 읽을 때까지는 상당히 좋았습니다. 그런데 뒤로 갈수록 답답해지더니 책을 덮을 때는 허전한 마음까지 들더군요.

그분이 30권 가까이 책을 내셨다고 합니다. 필명이 상당하지요. 참 잘 쓰시는 분입니다. 문학적으로 향기롭고 좋은 글을 많이 쓰셨습니다. 그분으로 인해 한 종교가 많이 포교되었다고 해도 과언이 아닐 정도로 수십만의 독자들이 그분으로 인해 신자가 됐습니다. 그 종교에 대해 좋은 인상을 갖게 만드는 역할을 했습니다.

대단한 분이고 많이 훌륭하신 분이지요. 따라갈 수 없는 부분이 많이 있습니다. 그런데 왜 답답한 마음이 들었는가? 그분이 중용에 가까이 있다는 생각은 안 들었기 때문인 것 같습니다.

자연에 대해서는 굉장히 존중하고 사랑하시는데 인간은 참 싫어합니다. 특히 권력자라든가 매스컴에 종사하는 분들을 굉장히 싫어하십니다. 오염될까봐 신문, 방송은 아예 안 접한다고 하시고요. 그래도 살아가는 데 아무런 지장이 없으시답니다.

또 문명을 아주 싫어하십니다. 오죽하면 전기도 안 들어오는 곳에서 사시겠습니까? 그런 극단적인 방법을 취하는 분입니다. 시내에 나오면 볼일 보기 무섭게 다시 산으로 돌아가신다고 합니다. 21세기 정보화 사회인데도 "나는 컴퓨터의 마魔에서 벗어났다"고 말씀하시고요.

그리고 육식하는 사람을 아주 싫어하십니다. 무말랭이를 그렇게 좋아하시는데 씹으면서 느껴지는 그 맛은 육식을 한 사람은 죽었다 깨도 모를 거라고 하시더군요.

물론 이런 분도 계셔야 한다고 생각합니다. 꼬장꼬장하고 시퍼렇게 살아 있는 분이지요. 일흔이 넘으셨으니까 어쩔 수 없이 구세대이기도 하고요. 그러나 만인을 품고 받아들이고 교화해야 하는 입장에서 한쪽으로 치우친 모습이 아닌가 하는 생각도 좀 들었습니다.

우리 수련하는 사람들의 태도는 좀 달라야 합니다. 비 오면 비 오는 대로, 눈 오면 눈 오는 대로, 또 외국에 가면 그 나라의 법을 따르면서 가야 합니다. 시대에 맞춰서 이런저런 방편을 쓰면서 눈높이를 같이해서 가야 하는 것이지요.

수련과 현실 사이의 중용 찾기

저는 수련지도를 하면서 이분이 물어보면 이렇게 대답하고 저분이 물어보면 저렇게 대답하기도 합니다. "선생님이 왜 이랬다저랬다 하십니까?" 하고 의아해 하기도 하시는데, 이분에게는 이것이 필요하고 저분에게는 저것이 필요해서 그러는 것입니다. 이쪽으로 치우친 분이 물어보면 이렇게 대답하고 저쪽으로 치우친 분이 물어보면 저렇게 대답합니다. 중용이란 그런 것이지요.

계속 남의 신세만 지고 한 번도 독립해서 생활해 보지 못한 사람, 사회에서 설 자리가 없어서 정처 없이 붕 떠다니는 사람은 사회에 뿌리내리고 두 다리로 서는 공부를 해야 합니다. 이런 분에게는 수련보다는 생활에 더 비중을 두라고 말씀드립니다.

반대로 땅에서 그만 일어나야 하는 사람도 있습니다. 일에 너무 많이 집착하고 버리지 못하는 사람은 그 일을 버려 봐야 합니다. 일을 실제로 그만두라는 게 아니라 마음에서 차지하는 비중을 낮추라는 것입니다. 그래야 균형 감각을 잃지 않고 수련을 할 수 있습니다.

비판과 긍정 사이의 중용 찾기

좌측으로 기울어지면 매사에 비판적입니다. 누구는 어떻고 누구는 어떻고 하면서 계속 부정적으로 얘기합니다. 입만 열었다 하면 삐딱하게 말하고 절대 칭찬을 안 합니다. 사물을 계속 치우치게 보는 것이지요. 그런 사람들은 똑같은 일을 해도 스트레스를 받습니다.

반대로 우측으로 기울어진 사람은 매사가 좋고 만족스럽습니다. 이 사람은 이게 좋고 저 사람은 저게 좋고 하면서 계속 칭찬만 합니다. 봄에는 살랑거려서 좋고, 여름에는 따뜻해서 좋고, 가을에는 낙엽이 떨어져서 좋고, 겨울에는 눈이 와서 좋고, 이렇게 매사가 좋습니다. 그런데 맨날 좋기 때문에 발전의 여지가 별로 없습니다. 스트레스가 없기 때문에 개선하고자 하는 욕구가 없는 것이지요.

바람직한 것은 이쪽저쪽을 다 볼 수 있는 가운데 길로 가는 것입니다. 너무 좋지도 너무 싫지도 않고 늘 같은 것입니다. 비판만 하지도 않고 칭찬만 하지도 않으면서 늘 적당히 섞여 있되 약간 긍정적입니다. 어느 한쪽으로 눈이 멀어서는 안 되며, 양쪽을 다 보되 약간 긍정적인 시각을 갖는 것이 중용입니다.

선함을 지향함에 있어서의 중용

인간은 완전히 선하지도 완전히 악하지도 않은 존재입니다. 악한 면을 많이 타고나거나 선한 면을 많이 타고나거나 하는 차이가 있을 뿐입니다. 그러나 후천적인 교육이나 본인의 노력으로 비율을 개선할 수 있습니다. 타고난 그대로 살 수도 있고 오히려 더 악화시킬 수도 있는 것이고요.

우리 수련하는 사람들은 선함을 지향하는 데 있어서도 중용이어야 합니다. 전체를 다 볼 수 있되 방향은 선한 쪽이어야 합니다. 이쪽저쪽을 다 보면서 '아, 저래서 살인을 했구나. 저래서 야반도주를 했구나' 하고 어떤 일이라도 이해할 수 있어야 합니다. 인간이 그런 면들을 다 가지고 있기 때문입니다.

착하게만 살아온 분들은 자기와 다른 사람을 이해하지 못합니다. 남과 잘 지내다가도 어떤 한 가지가 마음에 안 들면 도저히 상대를 못하겠다 하고 등을 돌립니다. 자기는 안 그렇기 때문에 그런 사람을 이해할 수 없는 것입니다.

그런데 인간이 가지고 있는 심성은 다 같습니다. 어쩌면 사람이 이렇게 서로 다를까 하다가도, 다시 보면 거기서 거기입니다. 이 사람은 이런 면이 드러나 있고 저 사람은 저런 면이 드러나 있을 뿐이지 인간이 가진 속성은 다 같습니다. 그러니 누굴 봐도 남이라고 볼 수 없습니다.

선악의 판단 기준은 무엇인가?

옳고 그른 것도 없다는 말씀을 많이 드리는데, 왜 그런가 하면 이 사람의 기준으로 보면 이게 옳고 저 사람의 기준으로 보면 저게 옳기 때문입니다.

제가 광개토대왕이 仙인이셨다고 했더니 어떤 분이 "나라를 위해 좋은 일을 했지만 결과적으로 많은 인명을 살상했는데 어떻게 仙인입니까?"라고 묻더군요. 앞서 말씀드렸듯이 어떤 마음으로 했느냐가 중요합니다. 그리고 전쟁에 대해 "사람이 나가서 죽으니까 악이다"라고만 볼 수는 없습니다. 전쟁을 통해 인간들이 많이 배웁니다. 극한 상황에서 어떻게 처신해야 하는가를 배웁니다. 6·25 전쟁을 보면 3년이라는 짧은 기간에 육십 평생 사는 것보다 더 많은 경험들을 하지 않았습니까? 죽고 사는 차원에서만 볼 수가 없는 것이 학습으로서의 의미가 있기 때문입니다.

큰 눈으로 보면 선과 악이 따로 있는 것이 아닙니다. 거기서 무엇을 배웠느냐에 달렸습니다. 좋은 쪽으로 배워 진화하면 선이 되고, 나쁜 쪽으로 배워 퇴화하면 악이 되는 것입니다.

지구에서의 역리와 순리

지구의 스케줄은 항상 순리順理와 역리逆理가 절반씩 되도록 짜여 있습니다. 순리란 기운의 흐름대로 가는 것입니다. 순리로 흐를 때는 기운의 흐름이 부드러우며, 역리로 흐를 때는 기운의 흐름이 사납습니다.

순리와 역리는 평범한 사람들의 생각을 기준으로 합니다. 평범한 다수의 사람들이 원하는 방향이 순리이며 그 반대가 역리입니다.

그런데 지구는 역리로 되어 있는 것들이 상당히 많습니다. 예를 들면 대통령에 당선되었으면 하고 평범한 다수의 사람들이 바라는 사람이 대통령이 되지 않고 의외의 사람이 대통령이 되는 것입니다.

왜 이런 일이 벌어지는가 하면 인간들은 태평성대에는 현실에 안주하려 하여 발전이 더디지만, 극한 상황에서는 진화의 여건이 한꺼번에 마련되기 때문입니다. 하늘은 공부를 위해 일부러 힘든 상황을 초래하기도 하는 것입니다.

지도자들이 정치를 잘못하여 나라가 위기에 빠지면 국민들의 의식은 한결 성장하게 됩니다. 좋지 않은 모델을 보면서 '저렇게는 하지 말아야지, 이렇게 해야지' 하는 판단이 생깁니다. 이것이 바로 역리이며 대중을 한꺼번에 교화시키는 방법으로 그 이상의 교재가 없습니다. 전쟁이나 정치경제적으로 극한 상황에 처하는 것도 마찬가지 교재라고 할 수 있습니다.

역리와 순리는 인간으로 태어나고 지구에 온 이상 어쩔 수 없도록 작성되어 있는 프로그램입니다. 당연히 되도록 되어 있는 것이 안 되는 것들은 프로그램이 그렇기 때문입니다. 이러한 과정을 통하여 우주는 인간에게 보다 깊은 진리를 전하고 있는 것이지요.

모든 것이 공부라고 생각한다면 역리라도 순리로 받아들일 수 있을 것입니다. 역리일지라도 그것을 통해 교훈을 얻는다면 하늘의 뜻 즉 순리가 되는 것입니다.

3. 업을 해소하는 공부

내가 한 일은 내가 책임진다

사람은 모두 자신이 해온 결과에 따라 나아가게 됩니다. 지금까지 해온 것들을 돌려받으며 살게 되는 것이지요. 내가 해온 결과는 내가 돌려받는 것이지 다른 사람이 받는 것이 아닙니다.

이처럼 내가 한 일에 대하여 그 결과를 내가 책임지는 것을 업業이라고 합니다. 철저한 자기 책임주의요, 타인에 의해 내 영역이 침범당하지 않는다는 약속입니다. 따라서 사람은 자신의 일을 소신껏 추진할 수 있으며 자신이 이루어낸 일의 결과에 대하여 겸허히 받아들일 수 있습니다.

자신의 일은 모두 자신에게서 시작되며 자신에게로 돌아옵니다. 이 흐름은 막을 수도 피할 수도 없습니다. 이 세상의 이치는 허술한 것 같아도 전혀 허술하지가 않아 한 치의 빈틈도 없습니다. 설령 남의 일의 결과를 내가 돌려받는 것 같은 생각이 들지라도 다시 돌아보면 원인이 자신에게 있음을 알게 될 것입니다. 작든 크든 1%의 원인이든 99%의 원인이든 내게서 원인이 시작되고 있습니다. 남의 탓이 없습니다.

남을 잘못 인도하면

제가 회원님들께 수선재에 와서 때를 묻히지는 말라고 여러 번 당부 드리는데, 간혹 보면 '수련합네' 하면서 오히려 때를 묻히는 분이 계십니다. 스님이면 스님의 때가 있고 성직자면 성직자의 때가 있습니다. 사람들이 받드는 것에 젖어 자기도 모르게 거들먹거리는 것이지요.

깨달은 사람 행세하면서 아는 척하기도 합니다. 잘 알지도 못하면서 "자네는 어떻고, 진로는 어떻게 해야 하고…" 하면서 잘못 인도합니다. 남을 인도해야 하는 위치에 있는 사람이 길을 잘못 인도하는 것은 대단한 죄입니다. 공功보다 과過가 더 많습니다.

기수련 좀 했다고 섣불리 차리고 나와 업을 더하기도 합니다. 차라리 가만히 있으면 죄는 안 짓지요. 남을 잘못 인도하거나 모범을 보이지 못하고 상처를 주는 행위는 어마어마한 죄가 될 수 있습니다.

타인의 마음을 흔들어 놓은 업

가장 큰 업은 타인에게 실망을 주었을 때입니다. 상대방의 마음을 흔들리게 만들어 놓는 것이야말로 가장 큰 업인 것입니다.

사람이 하는 일이기에 실수가 있을 수 있지만 납득될 수 있는 범위여야 합니다. 납득될 수 있다는 것은 인간으로서 그럴 수도 있다는 뜻입니다. 하지만 '인간이 그럴 수는 없다'고까지 생각되는 경우는 납득이 되지 않으므로 타인의 감정을 손상시켜 업이 됩니다.

예를 들어 부부가 살아 보다가 끝끝내 안 될 때는, 너무나 공부에 방해가 되고 에너지를 뺏기고 서로 스트레스를 줄 때는 이혼할 수도 있습니다. 하지만 이혼할 때 상대방에게 업을 남기지 말아야 합니다. 납득이 되도록 이해시키면서 이혼을 해야지 원수처럼 헤어져서는 안 됩니다.

아이 문제에 있어서도, 아이가 그 부부 사이에서 자라는 것보다는 이혼해서 한 부모 가정에서 자라는 편이 더 낫다고 판단이 될 때 이혼하는 것입니다. 아이 입장에서도 이혼을 납득할 수 있어야 하고요. 그렇게 업을 남기지 않는 선에서 이혼해야 합니다.

함부로 참견하지 마라

말로 짓는 업이 많습니다. 저도 남의 일에 가타부타하면서 지은 죄가 커서 수련하면서 많이 혼났습니다. 주변 사람들에게 상담을 많이 해줬는데 현명한 판단을 내려 줌으로써 당사자가 당연히 겪어야 할 일을 피하게 한 것도 업이 되더군요.

사람은 우주이며 한 사람에 관한 정보는 우주에 관한 정보만큼이나 방대합니다. 그러기에 함부로 타인의 일에 참견할 수는 없는 것입니다. 우주에 참견하는 것만큼이나 엄청난 일이기 때문이지요.

얼핏 생각하면 좋게 참견하여 좋게 인도했다고 생각할 수도 있습니다. 그러나 좋게 참견했는지 나쁘게 참견했는지는 알 수 없는 일입니다. 우주만큼 방대한 그 사람의 정보를 다 알기 전에는 섣불리 판단할 수 없는 일입니다.

어떤 마음으로 했는가?

같은 행동이라도 어떤 마음으로 했느냐에 따라 업이 될 수도 안 될 수도 있습니다. 똑같은 살인도 왜, 그리고 어떤 마음으로 했느냐에 따라 평가가 달라집니다. 즐기는 마음으로 했는가, 심심풀이로 했는가, 아니면 자신이 살기 위해 정당방위로 했는가?

또 누가 했느냐에 따라 업의 무게가 다릅니다. 인간계의 법도 과실과 고의가 다르듯 하늘의 법도 선한 자가 저질렀느냐 악한 자가 저질렀느냐에 따라 같은 행동이라도 업의 무게가 다릅니다. 착한 학생의 한 번 잘못과 악한 학생의 또 한 번의 잘못이 다르듯 본성의 차이에 따라 같은 행동의 업이라도 다른 결과를 가져오는 것입니다.

　모기나 파리 같은 생명체를 죽이는 것도 상황과 의도에 따라 다르게 말씀 드릴 수 있습니다. 생물이란 있어야 할 곳, 있어야 할 시기에 있어야 하는 것입니다. 있지 않아야 할 곳, 있지 않아야 할 시기에 있으면 자리를 잘못 잡은 것입니다. 왜 죽게 됐는가 하면 모기가 있어야 할 자리에 있지 않았기 때문입니다. 제자리가 아닌 곳에 있으면서 남을 훼방 놓고 병균도 옮기고 하니까 죽게 된 것입니다. 그렇기 때문에 죄가 아닙니다.

　이 경우도 의도가 중요합니다. 수련에 방해가 되기 때문에 잡는가, 심심풀이로 잡는가에 따라 평가가 달라집니다. 같은 살생이라도 의도에 따라 평가가 달라지는 것이지요.

　물론 되도록이면 살생을 하지 않는 것이 좋습니다. 옛날 스님들은 산길을 갈 때 지팡이로 땅을 똑똑 두드리면서 갔다고 하더군요. '밟혀 죽지 말고 미리 피해라' 하는 뜻이 있었다고 합니다. 사랑이 있으면 그렇게 하는 것입니다.

　그런데 모기나 파리 같은 미물은 아무리 말을 해도 못 알아듣더군요. 파장을 보내어 "다른 곳으로 가라" 해도 못 알아듣습니다. 대화가 통하려면 어느 정도 지능이 있어야 하는데 안 그런 것이지요. 지능이 너무 낮으니까 막무가내입니다. 그러니까 할 수 없이 죽이는 겁니다.

알고 지은 죄, 모르고 지은 죄

　사람마다 단계에 따라 죄의 무게가 다릅니다. 어느 정도 공부가 된 사람은 알고 지은 죄가 더 크고, 공부가 안 된 사람은 모르고 지은 죄가 더 큽니다.

　이렇게 하면 안 되는데 하면서 지은 죄는 그래도 양심의 가책이라도 받습니다. 왠지 편치가 않습니다. 그런데 무슨 죄를 지었는지도 모르고 지은 죄는 막무가내입니다. 남한테 어떤 죄를 지었는지, 자기 자신에게 어떤 죄를 지었는지도 모르고 쿨쿨 잡니다. 더 무지한 것이지요. 이처럼 인간 진화의 초기 단계에는 모르고 지은 죄가 더 큽니다.

그런데 어느 정도 공부가 되고 나면 그때는 알고 지은 죄가 더 큽니다. 이미 무지를 벗어난 단계에서는 알면서 안 하는 게 더 괘씸한 것입니다. 가르침을 통해 무지에서는 벗어났습니다. 판단할 수 있는 능력은 주어진 상태입니다. 그런데도 실천을 안 한다면 그때부터는 죄입니다. 갓난아기가 불인지도 모르고 장난치다가 불을 지르는 것보다 성인이 재산도 타고 인명도 죽는다는 것을 알면서 불을 지르는 게 더 큰 죄인 것과 같습니다.

어떻게 하면 업을 해소할 수 있는가?

그렇다면 업을 해소할 수 있는 방법은 무엇일까요?

첫째, 자신의 과오를 인식하고 사죄해야 합니다. 자신의 과오를 인식하는 순간 업장의 반은 소멸됩니다. 자각수련 숙제를 내드리는 것에는 그런 의미가 있습니다. 숙제를 하면서 자신의 잘못을 통감하고 사죄하라는 것이지요. 그 과정에서 업이 많이 감해집니다.

둘째, 내 탓으로 생각해야 합니다. 업은 스스로 짓는 것이지 전혀 남의 탓이 아닙니다. 이것은 어떤 업이 온 것이고, 저것은 어떤 업이 온 것이고 하는 것까지는 알 수 없더라도 자신의 업이 자신에게 온 것입니다.

내 탓이 아니라고 생각하는 한, 짐은 계속 내려오게 되어 있습니다. 받아서 내가 지고 간다고 생각하지 않는 한, 업을 덜 수 있는 일이라도 업을 쌓고 마는 식으로 처리하게 됩니다. 같은 일로도 어떤 사람은 업을 덜고, 어떤 사람은 업을 쌓습니다. 닥쳐오는 모든 것을 내 탓으로 생각해야 업을 소멸시킬 수 있습니다.

셋째, 겪을 만큼 겪겠다는 마음가짐을 가져야 합니다. 인생은 원래 고해이며 고해의 의미는 본인의 업을 소멸시키는 과정이라는 데 있습니다. 겪어야 하는 모든 것은 겪을 만큼 겪어야 하는 것이므로 피하는 것은 더 좋지 않은 결과를 가져올 수 있습니다. 꾀를 부리거나 원망을 하면 더 큰 매가 올 수 있습니다.

병으로 겪어 넘기는 경우

갚아야 할 업이 있을 경우 사고를 당하거나 돈을 잃거나 직장에서 좋지 않은 일을 겪거나 하는 여러 가지 해업의 방법이 있는데, 제일 좋은 방법은 병입니다. 예기치 못한 사고를 겪는 것보다는 본인이 아파서 고통 받으며 겪어넘기는 게 더 낫다는 것이지요.

그러니 갑자기 병이 발견되어 수술을 하게 되었다면 비관적으로만 생각할 것은 아닙니다. 금년이 좋지 않은 업이 드러날 시기인데 병으로 때우는 것일 수 있습니다. 질병이 자신의 업을 해소하는 방법일 수 있음을 이해한다면 불청객을 맞이하듯 하지 말고 담담하게 맞이하세요.

전생의 업에 의해 평생 불완전한 건강을 감수해야 하는 분이 계십니다. 마음공부 수준은 상당히 높은데 몸이 부실해서 문제인 분입니다. 이분의 경우 완전한 건강이 찾아지면 그때는 이미 본성을 만나는 단계일 것입니다.

제가 이분께는 "대주천은 아예 생각도 마십시오"라고 했습니다. 마음속에서 버리라고 말씀드렸습니다. 평생 불완전한 건강과 친구처럼 함께 가야 하는 스케줄이기 때문입니다. 건강이 웬만해졌다 하면 그때는 이미 상당한 차원입니다. 부실한 몸을 거부하지 말고 친구처럼 맞이하라고 말씀드렸습니다.

정확하게 계산해서 갚는 경우

아는 분이 병석에서 3년을 보내고 돌아가신 일이 있었습니다. 그 시절에 유학을 다녀오시고 박사까지 하신 분이었습니다. 살아생전 종교생활을 열심히 하시고 주위에 덕도 많이 베푸신 분이셨는데 넘어져서 허리를 다친 후 일어나지 못하셨습니다.

그런데 누워계시는 3년 동안 온갖 수모를 다 겪으셨습니다. 아들 내외가 모셨는데 인간적으로 모욕을 당하며 사셨습니다. 수발들기가 귀찮으니까 음식을 아주 적게 드리더군요. 그래서 사람만 보면 배고프다고 하소연하셨습니다. 그러면서도 원망을 안 하고 끝까지 아들과 며느리를 옹호하셨고요.

그분을 보면서 참 이상했습니다. 저렇게 선량하고 평생 베풀며 산 분이 어떻게 말년에 그런 수모를 겪게 되었는가? 왜 3년 동안이나 저런 고통을 당하고 돌아가셨을까? 알고보니 그분이 전생에 자기 일 한다고 병석에 계신 시아버지를 안 모셨습니다. 그렇게 내버린 것 때문에 금생에 아들과 며느리로부터 수모를 당한 것이지요.

업이라는 게 그렇게 정확한 것입니다. 지금 죽는 게 나은가? 반신불수가 되는 게 나은가? 식물인간이 되는 게 나은가? 그런 것을 다 따지면서 부채관계가 정확하게 계산됩니다. 몇 년, 며칠, 몇 시간 겪어야 하는지 시간까지 정확하게 나옵니다.

그러니 죽는 것도 자기 마음대로 못한다는 말이 맞는 것입니다. 자기는 죽고 싶은데, 이렇게 살 바에는 죽고 싶은데 남을 공부시켜야 하기에 못 죽는 이치가 있습니다. 누워 있으면서 가족들에게 시중드는 공부를 시켜야 하기에 못 죽는 것이지요. 생사가 인간의 소관이 아니라 신의 소관이라고 하는 것은 이렇기 때문입니다.

다른 방법으로 갚는 경우
그런데 업해소가 반드시 '눈에는 눈, 이에는 이'는 아닙니다. 예를 들어 어떤 남자가 여자들을 희롱하고 마음에 상처를 주는 업을 지었다면 자신도 똑같이 실연을 당함으로써 갚는다고 생각하기 쉽잖습니까? 그런데 다른 방법으로 갚게 합니다.

이유도 모르게 자꾸 기운이 빠지는 분이 계셔서 알아보았더니 바로 이런 업 때문이더군요. 특별히 아픈 데도 없는데 몸이 무겁고 기운이 없습니다. 병원에 가면 만성피로라고 할 뿐 이유를 모릅니다.

잘 나가다가 갑자기 이유도 모르게 돈을 떼이거나, 배우자나 가까운 사람이 아파서 뒤치다꺼리를 하게 되거나, 이렇게 다른 방법으로 갚게 하는 경우도 있습니다.

수련을 하시는 분들도 똑같은 일로 겪게 하지는 않습니다. 수련을 하면서 반은 상쇄가 되고 반은 본인들이 겪는데 다른 일로 겪게 합니다. 그 사람으로서는 제일 고통스러운 일을 겪게 합니다. 다들 취약한 부분이 있잖아요? 예를 들어 마음의 고통을 받으면 못 견디는 사람은 마음의 고통을 겪게 합니다. 뾰루지 하나 못 견딜 만큼 몸 아픈 것을 못 견디는 사람은 몸의 고통을 겪게 합니다. 돈 없으면 쩔쩔매는 사람은 돈이 없게 합니다. 제일 치명적인 허점을 노리는 것이지요. 그래야 빠르니까요. 고통이 극심하지만 제일 빠른 방법입니다.

금생과 전생의 모든 업을 해소하는 수련

仙계수련은 업을 모두 해소하는 수련입니다. 그래서 수련을 하다 보면 업이 몰려올 수 있습니다. 전생, 전 전생, 몇 생 전의 업이 몰려 와서 해업해야 하는 과정이 있습니다. 그 과정에서 현실적인 일들이 오히려 더 꼬일 수도 있습니다.

수련을 하면 일이 더 잘 되어야지 왜 안 되는가? 왜 자꾸 주변 환경이 어려워지는가? 업을 풀고 가야 하기 때문입니다. 업은 수련으로만 해소되는 게 아니며 생활 속에서 겪어 나가야 하는 것이기 때문입니다.

수련하시는 분들, 특히 수사 이상의 분들은 자신에게 다가오는 일들이 그냥 오는 게 아니라 다 이유가 있어서 오는 것입니다. 그것을 어떻게든 갚아 나가야 합니다. 몸으로 아파서 겪든 주변에 사고가 나서 겪든 경제적인 손실이 있어서 겪든 다양한 형태로 겪어 나가야 합니다.

금생에 지은 업만 겪어 나가려고 해도 상당히 많이 고통을 겪습니다. 그런데 수련하시는 분들은 금생뿐 아니라 몇 생 전의 업까지 다 갚아 나가서 아예 '제로(0) 상태'가 되어야 합니다. 그 다음에는 덕을 베풀어서 플러스(+)가 되는 과정이 있고요. 그렇게 하면서 갚아 나가는 겁니다.

업을 다 풀어야만 깨달음으로 진입할 수 있습니다. 우리 수련은 본성으로 돌아가는 길인데 본성으로 돌아가려면 반드시 자신이 걸어온 길을 다시 거치면서 가야 합니다. 출발했던 원점으로 돌아가려면 지금까지 걸었던 그 길을 되돌아가야 하는 것이지요.

그 길을 걸어오면서 술을 먹고 외상값을 내지 않았던 일들, 남을 비웃은 일 등 잘못했던 일들에 대하여 되돌아가면서 갚고 사과함으로써 모든 것을 복구해야 하며 이것이 바로 업의 해소입니다.

업 해소를 위한 지도 仙인님의 인도

수련을 계속하고 있으면 지도 仙인께서 업해소를 하도록 인도해 주십니다. 자신이 맡은 수련생의 수련 스케줄과 해소해야 할 업이 무엇인지 다 알고 계시기 때문에 정확한 타이밍에 상대를 만나게 해주십니다.

우리가 우연이라고 생각하는 일들이 우연이 아닌 것입니다. 특히 천수체의 경우는 우연이 없습니다. 우연히 어떤 사람을 만나는 것 같은데 알고 보면 풀어야 할 일이 있는 것입니다.

내가 어딘가에 전화를 걸고 싶어서 걸었는데 그게 내 마음이 아닐 수도 있습니다. 스케줄을 전부 알고 있기 때문에 오늘은 전화를 걸게 하고, 내일은 어디 가게 하고 그렇게 프로그램을 짜주시는 것입니다. 그래서 만 번을 관여

한다고 하는 것입니다.

전생에 무슨 일을 저질렀고, 저 사람한테는 뭘 빚졌고 이런 부채 관계를 내가 무슨 수로 알겠습니까? 그러나 지도 仙인들은 仙계에 있는 기록을 보고 다 알고 계십니다. 해결해야 할 일들을 제때 해결하도록 해주십니다. 해결을 못하면 진도가 안 나가기 때문입니다.

아침부터 밤까지 일어나는 모든 일들이 수련 안에서 일어나는 일들입니다. 그러니 항상 깨어 있어야 합니다.

4. 하심 공부

겸손은 도를 담는 그릇

마음공부의 첫째는 마음을 낮추는 것이라는 말씀을 드렸습니다.

마음을 낮춘다고 표현했는데, 겸손은 최상의 수련법이자 고도의 수련법입니다. 여기 들어오면서 모든 것을 버리고 새로 시작하는 마음을 가져주십사 부탁드리는 것은 바로 이 겸손을 공부하기 위해서입니다. 마음공부를 하려면 먼저 겸손해야 하기 때문이지요.

겸손은 도道를 담을 수 있는 그릇입니다. 도는 겸손이라는 그릇이 아니면 담을 수가 없습니다. 그래서 '그릇이 되었다'는 말에는 '비로소 겸손해졌다'는 뜻이 있습니다. 고사古事에도 나오듯이 옛날에는 겸손하지 않으면 법을 전수해 주지 않았습니다. 3년 나무하게 하고, 3년 물 긷게 하고, 3년 밥 짓게 하는 것은 도를 담을 수 있는 겸손이라는 그릇을 만들기 위한 과정이었습니다.

마음을 낮출 수 있는 자만이 천하를 얻을 수 있다고 했습니다. 유비라는 분이 제갈공명에게 삼고초려三顧草廬한 얘기는 다들 아시지요? 유비는 왕손이었지만 제갈공명을 모셔오기 위해 세 번이나 찾아가서 마음을 낮추고 가르침을 청했다는 것입니다.

그렇게 해서 제갈공명을 모셔 올 수 있었기에 유비라는 인물이 있을 수 있었고 삼국지가 유비의 삼국지가 될 수 있었습니다. 만약 유비가 마음을 낮추지 못했다면, 그래서 제갈공명을 얻지 못했다면 삼국지는 아마 조조의 삼국지가 되었을 것입니다. 마음을 낮출 수 있을 때 천하를 얻는다는 얘기입니다.

그릇이 되어야만 법을 전수한다

우리는 흔히 자신에게 필요한 것을 갖고 있는 사람에게 마음을 숙이고 겸손한 척합니다. 다른 곳에서 세상살이를 할 때는 그렇게 행동합니다. 하지만 하늘을 배우는 이곳 수선재에 와서는 그렇게 해서는 안 됩니다. 사회적인 지위나 재산에서는 자신보다 훨씬 낮은 자리에 있지만 마음 면에서는 자신보다 높으신 분들일 수 있습니다. 함부로 대하거나 잘난 척해서는 안 되는 것입니다.

하늘에서 보실 때는 지위나 재산으로 우열을 가리지 않습니다. 저도 들어오신 회원님들의 나이, 지위, 남녀, 직업 같은 걸 따지지 않고 다 같이 대합니다. 아무리 가진 것이 없고 낮은 자리에 있는 분일지라도 마음이 겸손하고 비워져 있으면 제가 대단한 관심을 가지고 바라보는 것을 보셨을 것입니다. 많이 가졌지만 마음이 비워지지 않고 건방진 분에게는 한없이 냉정하게 대하는 것도 보셨을 것이고요.

'비인부전非人不傳'이라는 말이 있습니다. 중국의 서성書聖 왕희지라는 분이 제자들에게 하신 말씀인데 '인간이 아니면 법을 전수하지 않는다'는 뜻입니다. 우리 수련도 마찬가지여서 초급 과정에서는 기운을 널리 전해도 고급 과정으로 들어가면 반드시 인간이 되어야만 법을 전수합니다.

가끔씩 "제가 수련이 되는 겁니까? 아무리 해도 수련이 안 되는 것 같습니다"라고 질문하는 분이 계시더군요. 그렇게 질문할 때 저를 쳐다보는 얼굴을 보면 꼭 빚쟁이가 빚 달라고 조르는 표정입니다.

수련이란 마음을 갈고 닦는 것입니다. 그런데 질문하시는 분의 마음속에는 갈고 닦는다는 생각보다는 어떤 능력에 대한 기대가 더 많은 것 같았습니다. 왜 수련을 열심히 해도 파장연결이 안 되는가? 의통연결이 안 되는가? 눈이 안 열리는가? 이런 뜻으로 질문을 하시는 것 같습니다.

그런데 우리 수련에서는 겸손이라는 그릇이 되지 않으면 아무리 노력을 해도 되지 않습니다. 필요에 의해 연결을 해드려도 겸손이라는 그릇이 되지 않으면 다시 끊깁니다.

앞으로는 "제가 수련이 되고 있습니까?" 하는 질문보다는 "제가 좀 겸손해졌습니까? 마음이 좀 비워졌습니까? 마음이 좀 열렸습니까?" 하고 질문해 주시면 반갑겠습니다. 그러면 제가 기꺼이 어느 정도 열렸다, 어느 정도 비워졌다 말씀드릴 것입니다.

무엇을 안다고 할 수 있겠는가

우리는 아는 것이 없습니다. 인간을 모르고 자연도 모르고 하늘도 모릅니다. 전생도 모르고 앞으로 어떻게 될지도 모릅니다. 모르는 것투성이입니다. 의사가 자신의 몸도 모르잖습니까? 어떤 암 전문의가 있는데 자신은 대장암 4기랍니다. 다른 사람 암 수술은 많이 해줬는데 본인은 자기 몸에 암이 4기가 될 때까지 모른 것입니다.

아무리 논리적이고 많이 아는 분이 있다 해도 지금 지구인의 지식은 우주의 입장에서 보면 영점 몇 퍼센트에 불과합니다. 그 잣대로 무얼 어떻게 잴 수 있겠는가 하는 것입니다. 아예 자를 꺾는 것이 낫습니다. 하늘을 아는 순간 이미 내 자는 자가 아닌 것입니다. 도저히 잴 수가 없습니다.

내가 잔뜩 안다고 생각할 때는 지금 알고 있는 것만도 버거워서 뭘 더 알려고 하지 않습니다. 그런 것들을 자꾸 버리다 보면 정말 몰라집니다. 내가 아는 것이 다가 아니었다, 근본을 몰랐다는 생각이 듭니다.

사람이 왜 죽는지 모르잖습니까? 더 살고 싶어도 죽어집니다. 아무리 발버둥을 쳐도 죽어진단 말이지요. 그런 원리도 모르고 살면서, 살아지는 대로 살면서 뭘 안다고 얘기할 수 있겠는가 하는 것입니다. 그렇게 모르는 것투성이이기 때문에 그냥 밑에서 겸손할 수밖에 없습니다.

모래 한 알의 역사가 우주의 역사

인간이 벌레보다 낫다고 할 수 있을까요? 벌레로서 살아간다는 것이 굉장히 어려운 일입니다. 하루 이틀이면 밟히거나 먹힙니다. 동물의 세계라는 게 약육강식이잖습니까? 하루 이틀 살아있으면 잘 살아있는 것입니다. 벌레의 고통이 있습니다. 수련을 하다 보면 어느 순간 벌레가 그렇게 커 보일 수가 없는데 그 고통의 무게 때문입니다. 벌레 이전에는 뭐였겠습니까? 그 역사가 굉장히 깁니다.

인간이 잘났다고 하지만 인간의 삶을 살펴보면 벌레만도 못한 경우가 많습니다. 이상한 생각, 이상한 짓을 많이 합니다. 벌레는 죄는 안 짓는데 인간은 얼마나 많이 죄를 짓습니까? 그러니 벌레가 참 위대하다 이런 생각을 합니다.

바위 하나의 역사만 봐도 우주의 역사와 맞먹습니다. 인간은 나와서 60~70년 살다가 가지만 바위는 수억만 년을 그렇게 있습니다. 우주의 역사를 보며 같이 해왔습니다. 온갖 풍상을 겪어 왔습니다. 비바람을 맞고, 이끼가 끼고, 파내어 글이 새겨지고, 깎여서 집이 되고…. 바위로 살아가는 고통이 엄청납니다. 그 앞에서 머리를 숙일 수밖에 없습니다.

누구에게나 머리를 숙일 수 있어야

어린아이한테도 숙일 수 있어야 합니다. 사람은 소우주이기에 어린아이에게도 내가 배울 점이 있습니다. 어린아이같이 순수한 사람이 어디 있습니까? 어디 가서 그런 순수함을 배우겠습니까? '아, 참 맑고 순수하구나' 하고 숙일 수 있어야 합니다.

나이 드신 분들을 존경해야 하는 이유는 그분들이 겪은 고통의 무게 때문입니다. 만고풍상을 겪으며 그 나이까지 오신 분들입니다. 가슴에 피멍이 들고 가슴이 재가 되었을망정 그 고통을 견뎌왔다는 것입니다. 이런 것에 대해 인간으로서의 존경심을 가지고 예우를 해드려야 합니다.

어떤 회원님이 "하심 하십시오"라는 인사의 말을 듣고 "하심은 우주를 향해 하는 것이지 사람에게는 안 한다"고 하셨다지요.

풀 한 포기, 나무 한 그루, 기어 다니는 벌레 한 마리에게도 그 생명의 신비로움에 절로 머리가 숙여지지 않는 사람은 우주를 향해서도 하심할 수 없습니다.

하물며 소우주인 사람에게 머리가 숙여지지 않는다니요. 바보에게도, 어린아이에게도 종종 머리가 숙여지는 것이 수련생의 마음입니다. 자신이 지니지 못한 천진난만함을 지닌 분들 아닙니까? 동냥하는 거지는 또 어떤가요? 노숙하는 분들은 또 어떤지요?

자신으로서는 도저히 하지 못하는 행동을 하는 용기를 지닌 분들입니다. 어리석음은 있을망정 살려고 몸부림치는 분들입니다.

'하심'에는 대상이 없습니다. 대상이 있는 것은 계산이요 흥정이지, 겸손함이 아닌 것입니다.

하루하루 살얼음을 딛듯이

저도 참 건방지기 짝이 없는 사람이었는데, 그래도 제가 좀 겸손할 수 있었던 것은 하늘을 알고부터였습니다. 하늘은 절대 머리로는 알 수 없습니다. 가슴으로 알아야 합니다.

중단이 막히신 분들이 어떻게 하면 중단이 열릴 수 있는가를 묻는 경우가 있습니다. 중단은 마음입니다. 하늘을 느껴보면 마음이 열리고 중단이 열립니다.

하늘을 알지 못하면 겸손할 수가 없습니다. 하늘을 조금이라도 알고 느끼면 그때 비로소 겸손할 수 있습니다. 겸손하고 싶고 마음을 비우고 싶다면 하늘을 느끼려고 노력하시기 바랍니다.

저도 수련지도를 하러 들어오면서 매번 '내가 이 자리에 앉을 수 있는가? 수련지도를 할 수 있는가?'라는 생각을 합니다. 회원님들과 얘기를 나누고 돌아가서는 '무슨 실수를 하지 않았는가?' 하고 검토해 봅니다. 피곤해서 그냥 자면 다음 날에라도 반드시 점검합니다.

한마디 한마디가 너무 중요하기 때문입니다. 인간적인 말이 툭툭 튀어나왔을 수 있습니다. 그러면 그것을 정정합니다. 최소한 지금부터라도 업을 짓지는 말아야지요. 본성을 만났다고 해서 장담할 수는 없습니다. 업을 짓지 않을 수 있는 지혜에 닿았다는 것뿐이지 늘 자신만만할 수는 없습니다. 어떤 분이 질문을 했는데 잘못 대답해주기라도 하면 남을 잘못 인도하는 업을 짓는 것입니다. 그 말대로 따라 하면 그분도 업을 짓는 것이고요.

그렇게 하루하루가 살얼음을 딛듯 쉽지가 않습니다. 자신만만하게 '공부 끝났다' 하는 마음이 아니라 죽는 순간까지 계속 깨어 있으면서 한순간도 실수하지 않고자 하는 마음입니다. 남을 안내하는 위치는 너무나 중요하기 때문입니다.

겸손한 마음을 가질 때까지

우리 수련의 시작은 자신을 낮추는 것입니다. 자신을 계속 낮추어서 아예

바닥까지 닿았을 때 수련이 시작된다고 봅니다. '내가 많이 안다', '내가 상당한 수준에 있다'고 여기는 분에게는 계속 관심을 갖지 않습니다. 마음을 굽힐 때까지 내쳐 둡니다. 그런 것은 저도 알거니와 같이 공부하시는 도반들도 이심전심으로 다 느낍니다.

그렇게 되기까지는 계속 내치고, 바닥으로 계속 떨어뜨리면서 그래도 수련을 하는지 지켜보면서 기다리는 방법을 씁니다.

그런데 혈이 거의 열리고 대주천이 되기 직전 상태에서 더 이상 견디지 못하고 나가시더군요. 이제는 못하겠다, 자존심 상해서 못하고, 기분 나빠서 못하고, 섭섭해서 못하고…. 조금만 더 견디면 그걸 깨고 진전을 할 텐데 중도에 그만두시더군요. 본인 스스로는 상당히 수련이 되었다고 여기는데 그만큼 인정받지는 못했다고 생각하시는 것이지요. 타 명상단체에서는 상당히 인정을 받고 내로라하는 위치에 있었는데 여기서는 그걸 몰라주고 관심을 안 가져 주니까 소외감과 섭섭함을 느끼는 것입니다.

그럼에도 격려하거나 달래주지 않는 것은 겸손한 상태가 되기를 기다리기 때문입니다. 혹시라도 그런 섭섭한 마음이 드신다면 '내가 아직 마음을 굽히지 않고 있구나', '내가 아직도 많이 안다고 생각하고 있구나'라고 생각해 주시기 바랍니다.

5. 비움 공부

본성을 만나려면

仙계수련에서 해야 하는 공부의 95%는 비움에 대한 공부입니다. 仙계는 비워야만 갈 수 있는 곳이기 때문입니다.

『仙계에 가고 싶다』에도 썼듯이, 본성을 만나고 우주로 진입할 때는 CD처럼 가늘고 얇은 상태가 되어야 합니다. 마음 상태가 그렇게 가벼워져야 합니다. 한없이 가벼워지고 한없이 맑아져야만 들어갈 수 있습니다.

그러려면 잡념 같은 것들이 얼마나 없어야 하겠습니까? 머릿속이 잡념으로 가득 차 있고 마음속이 애증으로 가득 차 있어서는 도저히 진입할 수 없습니다. 우주로 들어갈 때는 가벼워져야 합니다. 아무 생각도 안 나는 상태, 감정적인 것들이 정화된 상태가 되어야 합니다.

어느 정도 건망증 환자가 되어야 하냐면, '내가 그 사람을 좋아했었나?' 하고 기억이 안 날 정도가 되어야 합니다. 그런 사람이 있었는지 없었는지조차 모르는 상태가 되어야 합니다.

비어 있는 곳으로 돌아가기 위해

仙계는 비어 있는 곳입니다. 비어 있는 곳이기 때문에 비어 있는 자만이 갈 수 있습니다. 만일 우리 수련이 비우는 수련이 아니라 채우는 수련이라면 제가 이렇게 힘들지는 않을 것입니다. 종교단체에서 열심히 기도하면 복 받는다고 얘기하듯이 채워주는 수련이면 다들 너무나 좋아할 것입니다. 그런데 자꾸 비워내라고 하니까 이렇게 힘이 드는 것입니다. 비우는 걸 너무나 싫어하기 때문입니다.

仙계수련은 온갖 방법을 동원해서 비우는 방법을 알려드리는 고난도의 수련법입니다. 비움의 방편으로서 이런저런 과제가 내려오는 것입니다.

처음부터 비우는 방법, 채우다 채우다 비워지는 방법

비움에는 두 가지 방법이 있습니다. 가진 것을 몽땅 비워 처음부터 비우는 것과 채우다 채우다 지쳐 저절로 비워지는 것입니다.

손쉽게 돈과 성性, 권력 등에서 이 방법을 생각해볼 수 있습니다. 돈을 벌다 벌다, 쓰다 쓰다 지쳐서 돈이 별거 아니게 되는 것, 성을 채우다 채우다 지쳐서 성이 별거 아니게 되는 것, 권력이나 명예를 채우다 채우다 지쳐서 권력이 별거 아니게 되는 것 말이지요.

저는 금생에 돈 공부는 별로 해당이 안 되었고, 권력이나 명예는 채우다 채우다 별거 아닌 게 되었고, 성은 처음부터 있으되 없는 방법을 택했습니다. 그 같은 공부 과정에서 '채움에는 끝이 없다'는 것을 발견했고, 처음부터 비우는 것이 '더 빠른 길'이며 '고통도 더 적은 길'임을 알게 되었습니다. 그렇게 되면 아주 조금만 주어져도 감사함에 눈물이 나오더군요.

비우는 수련법

비우는 수련법에는 강물에 띄우는 법, 절벽에서 밑으로 떨어뜨리는 법, 공능으로 분해시키는 법, 잊어버리는 법 등이 있는데 잊어버리는 방법이 가장 자연스럽게 비워지는 법입니다. 무심으로 드는 방법이지요.

비우기 싫어서 자꾸 생각하고 쫓아가니까 안 비워지는 것인데 그냥 잊어버리고 생각을 안 하는 것입니다. 있다는 것조차 잊어버리면 저절로 사라지게 되어 있습니다. 잊어버리지 않는 한 언젠가는 다시 떠오르게 되어 있고요. 그러니 잊어버리도록 하십시오.

의념수련을 통해 비우기도 합니다. 단전 안에 넣고 태우고, 부수고, 절벽에서 떨어뜨리고 이렇게 여러 가지 방법으로 비웁니다. 의식으로 다 가능한 일입니다. 계속 호흡하면서 의념을 하면 호흡과 의식으로 비울 수 있습니다.

가볍게 생각하면 가볍게 넘어갈 수 있다

수도자들조차도 비움을 힘들어하는 이유는 '크다'고 생각하기 때문입니다. 예를 들어 성욕이라 하면 '나 이것 때문에 어떡하지? 이것 때문에 죽을지도 몰라' 하고 과대 포장하기 때문에 지는 것입니다.

그런데 아주 작은 것입니다. '어디가 좀 가렵군' 하는 정도로 가볍게 생각하면 가볍게 넘어갈 수 있습니다. 뭐든지 크게 보면 점점 커지는 것입니다. '별거 아냐!' 하면서 작게 보면 작아지는 것이고요.

저도 수련하면서 성욕 때문에 고생을 했는데 나중에야 '별것 아니구나!' 하는 것을 깨달았습니다. 미리 그걸 얘기해 주는 분이 계셨다면 그렇게 고생하지는 않았을 텐데 그런 분이 안 계셨던 것이지요. 많은 수도자들이 성욕을 못 넘고 걸려 넘어지는 것은 '크다'는 생각이 강하기 때문입니다. 어마어마하고 무지막지한 것이라고 생각하니까 걸려 넘어지는 것입니다.

그리고 성욕이 몸에 있는가 마음에 있는가 따져보면 결국 마음에 있습니다. 몸에 있는 것이 아닙니다. 몸은 습관이 들어서 반사작용을 할 뿐입니다. 맛있는 것을 보면 침 흘리는 것과 비슷합니다. 원인은 마음에 있는데 어떤 마음인가 하면 좋아 보이고 커 보이는 마음입니다.

6. 금촉수련

금촉, 기 교류를 멈추는 것

금촉禁觸이란 몸에 관한 일체의 접촉을 하지 않는 것, 기 교류를 하지 않는 것을 말합니다. 금촉에 금욕이 포함됩니다. 누구를 만나도 기운을 열지 않고 만나므로 공사公私가 분명합니다. 대화만 하고 상대방 일에는 참견하지 않으므로 기운을 섞지 않습니다.

단군 신화에도 곰과 호랑이가 백일 동안 동굴 속에서 견디는 이야기가 나오지요? 백일이란 어떤 수준에 도달하기까지의 기간을 이야기한 것이지 꼭 백일이 아닐 수도 있습니다. 그리고 금촉하는 데 있어 가장 큰 장애가 무엇인지도 사람마다 다릅니다. 근기가 낮으면 금촉을 하다가 튀쳐나가는데 튀쳐나가는 이유는 일률적이지 않다는 것입니다.

예를 들어 기운이 장해지면 자꾸 과시하고 싶어 하는 사람이 있습니다. 자신의 능력을 남들이 알아주기를 바라는 것입니다. 누구를 앉혀놓고 수련을 시키고 상대방이 완전히 제압당할 때까지 단전을 다 열어 놓아야 직성이 풀립니다. 그런 분에게는 그런 욕구를 꾹 누르는 것이 금촉입니다.

끊임없이 누군가와 얘기하고 싶어 하는 사람도 있습니다. 어떤 일이 일어나면 해소하는 방법이 대화라서 여기저기 전화를 겁니다. 그런 경우 꼼짝 안하고 집에 있다고 해서 금촉하는 게 아닙니다. 뭐든지 대화로 풀려고 하는 습성을 끊는 것이 그분에게는 금촉입니다.

먹는 것을 굉장히 즐기는 사람도 있습니다. 식도락 하시는 분들은 대충 먹지 않고 꼭 찾아다니지 않습니까? 맛있는 것을 먹으러 지방으로 원정도 갑니다. 금촉수련을 하면서도 먹을 것을 찾아다닙니다. 기운을 그쪽으로 자꾸 분출하는 것입니다. 흔히들 성적인 접촉만 안 하면 금촉을 하는 거라고 생각하는데, 알고 보면 에너지를 다른 쪽으로 쓰고 있는 것이지요.

눈으로 사치하는 사람도 있습니다. 계속 책이라도 보고 아이 쇼핑이라도 하고 번화가라도 거닐어야 직성이 풀립니다. 듣는 것을 굉장히 즐기는 사람도 있습니다.

이처럼 사람에 따라 금촉의 대상이 다른데 기존에 에너지를 분출해왔던 일들을 금하는 것, 혹 그 일을 한다 하더라도 반응하지 않는 것이 중요합니다.

안 해보면 새로운 차원이 열린다

금촉수련을 왜 해야 하는가? 말하라고 입을 만들어 주셨는데 왜 말을 안하는 수련을 해야 하는가 하는 의문이 들지 않으십니까?

그런데 말이라고 다 말이 아닙니다. 본다고 다 보는 게 아니고요. 내가 입이 달렸다 해서 과연 말다운 말을 하고 있는가? 귀가 있다고 해서 소리다운 소리를 듣고 있는가? 정말 들어야 할 소리는 듣지 않고 듣지 말아야 할 쓰레기 같은 소리만 듣고 있는 것은 아닌가? 금촉은 이런 것들을 한번 검토해 보는 시간입니다.

금촉하는 공부를 마치면 그 이후에 듣는 소리는 예전에 듣던 소리가 아닙니다. 그동안 정말 들었어야 했는데 듣지 못했던 새로운 소리를 듣게 됩니다. 모래 알갱이가 숨 쉬는 소리가 들리고, 화초 이파리가 벌떡벌떡 숨 쉬는 것이 느껴집니다. 차원이 달라지는 것이지요.

먹는 것도 잘 먹어야 하는데 왜 금식을 하는가 하면, 금식을 해보면 음식을 보는 눈이 생기기 때문입니다. 음식을 보면 그것이 나에게 이로운 음식인지 해로운 음식인지 본능적으로 압니다. 좋지 않은 성분이 들어 있다는 것을 혓바닥에 대는 순간 압니다. 아무리 포장을 잘 했어도 본능적으로 좋지 않은 것이라는 판단이 섭니다.

이런 것들이 전부 안 해봄으로써 터득이 됩니다. 전과는 다른 차원의 눈, 안목을 갖게 됩니다.

하던 것을 계속하면 익숙해져서 모릅니다. 그런데 안 해보면, 그것도 충분히 안 해보면 그런 눈이 열립니다. 변증법이란 게 그런 것이지요. 긍정, 부정을 거쳐 제3의 현상이 나타나는 것입니다. 기존에 해오던 것을 부정해보면 또 다른 차원으로 넘어갑니다.

인체의 숨겨진 감각이 열린다

인간에게는 열 가지 감각이 있습니다. 그중 다섯 가지는 시각, 청각, 후각, 미각, 촉각의 오감五感이고, 나머지 다섯 가지는 보이지 않는 세계를 보는 눈, 들리지 않는 세계를 듣는 귀, 맛이 없는 것을 맛보는 미각, 냄새 없는 것을 냄새 맡는 후각, 만져지지 않는 것을 만지는 촉각입니다.

이렇게 열 가지 감각을 가지고 나왔는데, 보이는 세계를 보는 눈에 너무 치중하면 보이지 않는 세계를 보는 눈은 계속 장님인 채로 가게 됩니다. 듣는 일에 너무 치중하면 들리지 않는 세계를 듣는 귀는 영원히 귀머거리로 가게 되고요.

두 눈 똑바로 뜨고 현실적인 것만 계속 응시하면 보이지 않는 세계는 영원히 못 봅니다. 숨어 있는 이치는 모르고 그림 보듯이 현상만 봅니다. 뒤로 가면 뒷면이 보이고 옆으로 가면 옆면이 보일 뿐 앉은 자리에서 입체적으로 꿰뚫어 보지는 못합니다. 보이는 세계를 보지 않아야 비로소 입체적으로 안까지 볼 수 있습니다.

왜 보이지 않는 세계를 봐야 하는가? 보이지 않는 세계가 더 많기 때문입니다. 비율로 따지면 보이는 세계는 1%이고 나머지가 보이지 않는 세계라고 말씀드렸습니다. 청각을 예로 들면 자연의 소리나 인간이 만들어 놓은 음악이 전부인 것 같지만 들리지 않는 세계의 소리가 더 많습니다. 그 소리를 들으려면 듣는 귀를 잠시 닫아야 합니다.

수련은 우리가 원래 가지고 태어난 감각을 열고, 인체에 부여된 여러 기능을 회복하기 위해 하는 것입니다. 그렇게 해내지 못하면 수련하는 의미가 없습니다. 현실적으로 한 사람이 모든 면에서 다 뛰어나기는 어렵습니다. 허나 어느 한 가지 능력이라도 제대로 갖추면 두각을 나타내게 되는데 이러기 위해 보이지 않는 세계에 대한 감각을 키우는 훈련을 하는 것입니다.

산속에서의 금촉, 속가에서의 금촉

가정에서 주부로 생활하면서 어떻게 금촉을 할 수 있었는가 묻는 분이 계시더군요. 그런데 할 일은 다 했습니다. 밥도 하고 살림도 하고 가족과 같이 밥도 먹었습니다. 그런 가운데 반응하지 않는 것이 금촉입니다.

아이들이 늦게 들어오거나 남편이 술 먹고 늦게 들어오거나 연락도 없이 안 들어오거나 할 때, 그것을 보지 않는 것은 아닙니다. 다 보는데 거기서 더 이상 들어가지는 않습니다. 그냥 그렇다 하고선 반응하지 않습니다. 반응해서 주고받으면 벌써 접촉을 하는 것이거든요. 기운을 섞는 것입니다.

차라리 산속에 들어가서 혼자 수련하면 쉽습니다. 속가俗家에서 할 일 다 하면서 반응하지 않는다는 것은 어떻게 보면 잔인한 일입니다. 허나 해낼 수만 있다면 훨씬 빠른 길입니다. 다 버리고 산속으로 들어가서 기껏 수련을 했는데, 어느 경지까지 갔는데 속으로 내려오면 다시 공부를 해야 합니다. 사람들 사이에서 살아가면서 아무 반응을 하지 않는 공부를 해야 합니다.

『仙계에 가고 싶다』의 서문에도 썼듯이, 테니스를 칠 때 백보드를 상대로 혼자 아무리 연습을 많이 했어도 선수를 만나면 다시 연습해야 합니다. 또 상대가 이 선수냐 저 선수냐에 따라 치는 스타일이 달라집니다. 아무리 잘 쳐도 특정 상대에게는 대책이 없는 경우가 있잖습니까? 다양한 선수와 연습하면서 점점 더 고수가 됩니다. 공이 어떤 선수로부터 어떻게 넘어와도 맞받아칠 수 있는 고수가 됩니다. 우리 수련은 그런 고수를 만드는 수련입니다.

마음을 통제할 수 있게 된다

자신을 통제하는 마음공부를 하는 가장 좋은 방법이 금촉입니다. 금욕수련이나 묵언수련 등 자신을 제어하는 수련을 강하게 함으로써 마음을 통제할 수 있게 되는 것입니다.

몸에도 의사가 있다고 말씀드렸잖습니까? 나는 안 하려고 하는데 오랜 시간 습관이 들여 있어서 몸이 저절로 당깁니다. 나는 마시고 싶지 않은데 술만 부으면 괜히 군침이 돌면서 몸이 반응합니다. 성적인 것도 마찬가지여서 이성이 개입하기 전에 몸이 먼저 반응합니다.

생각과는 반대로 행동이 나가거나, 가만히 있다가 갑자기 열이 뻗쳐 일을 저지르거나 하는 경우도 있습니다. 통제가 안 되는 건데 이런 분들은 금촉수련을 해보세요. 21일 정도 오전만이라도 금식을 해보거나, 말을 안 해보거나 하는 훈련을 통해서 자기 마음을 통제할 수 있는 능력이 생깁니다.

인간이 가지고 있는 본능을 한번 이겨보는 것은 대단한 일입니다. 죽을 때까지 하지 말라는 게 아닙니다. 그런 데 구애받지 않을 자신이 생기면 그때는 해도 되는 것입니다.

금촉으로 얻어지는 자신감

금촉을 해서 얻어지는 수확은 자신감입니다. 내가 해냈다는 자신감, 뭐든지 할 수 있다는 자신감입니다. 내가 일주일 동안 말을 안 해보겠다고 결심하고 일주일을 그렇게 해내면 별것 아닌데도 아주 자신감이 생깁니다. 그걸 어기고 실수로 말을 하면 패배감이 생기고요. '그것도 제대로 못한다' 하고 자신을 비하하게 됩니다.

자신을 불신하는 것처럼 비참한 일은 없습니다. 남이 자기를 못 믿어주는 것보다 '내가 생각해도 나를 못 믿겠다' 하는 게 더 비참합니다. 반대로 해냈을 때는 남이 나를 알아주는 것보다 훨씬 더 자신감이 생깁니다. 그렇게 일주일을 금촉하고, 삼 주일을 금촉하면서 '아, 내가 해냈다!' 하는 자신감이 쌓입니다. 어려운 분야의 금촉을 해내면서 스스로 자신을 믿게 됩니다. 엄청난 자신감으로 비축됩니다.

금촉만큼 빠른 길이 없다

금촉은 빠른 길입니다. 넉넉하게 할 것 다 하면서 하면 참 오래 걸립니다. 실제로 제가 해보니까 금촉만큼 빠른 길이 없더군요.

특히 색色에 대한 욕망을 끊는 것은 이 방법밖에 없습니다. 끝까지 가보면 아무렇지도 않아지는데 힘들다고 그때그때 해소하면 끝이 없습니다. 60~70살이 되어도 해결이 안 납니다. 평생 끄달리며 살게 됩니다. 그러니 한번 해보시라는 얘기입니다.

성욕이라는 게 굉장히 힘듭니다. 평소에는 아무렇지 않다가도 금촉하라고 하면 죽을 것 같습니다. 하지만 고비를 넘고 나면 달라집니다. 언제까지 해야 하는지 정해진 기한은 없습니다. 이성을 봐도 아무렇지 않고, 스스로도 아무 생각이 안 날 때까지 하면 됩니다.

보면 회음이 열려있는 사람들이 있습니다. 마음이 내내 그쪽으로 가 있기 때문입니다. 마음이 가 있으면 자나 깨나 그 생각이 납니다. 굉장히 괴롭습니다.

잊어버리려고 노력해야 합니다. 쫓아가지 말고 그 생각이 떠오르면 잊어버립니다. 떠오르면 잊어버리고, 떠오르면 잊어버리고…. 의도적으로 이렇게 하면 정말 잊게 됩니다.

외로움도 마찬가지입니다. 외롭다고 그걸 풀려고 누군가에게 전화 걸고 편지 쓰면 끝이 없습니다. 하지만 외로움이 끝까지 가면, 극에 달하면 통합니다. 묵언하는 이유가 그것입니다.

경험자로서 말씀드리는데 사람으로 태어난 이상 금촉은 한번 해봐야 한다는 생각입니다. 결혼하기 전에 해보면 더욱 좋습니다.

인간에게 성욕이 내려온 이유

인간에게 성욕이 내려온 이유는 두 가지이다. 하나는 종족보존을 통하여 인간의 윤회가 가능하도록 함이요, 두 번째는 仙인이 되기 위한 강력한 시험 도구로서이다.

따라서 종족보존은 본능의 선에서 출발하여 본능의 선에서 그치게 되나 仙인이 되기 위한 성욕의 활용은 본성을 추구하기 위하여 본성으로 향하여 나아가는 것이다. 종족보존은 성욕을 활용함으로써 가능하며, 仙인화는 성욕을 억제함으로써 가능하다. 양자는 이렇듯 상호 어긋나는 방향으로 진행되는 것이며, 이러한 반대 방향으로의 분열은 인간의 감정에 가장 큰 부담을 줌으로써 양단간에 무엇이든 결론을 내리도록 되어 있다.

인간이 '성욕이냐?', '수련을 통한 진화냐?'를 선택하는 것은 수련의 과정에서 절대 필요한 것이다. 수련이란 자신이 가지고 있는 모든 에너지를 총 집결하여 돌파하여야 할 난관이 중첩되어 있다. 잡념이 허용되지 않는 순도 100%의 집중으로 돌파하고자 해도 될까 말까한 관문이 수없이 존재하는바 이러한 난관을 돌파함에 잡념을 가지고 임한다는 것은 초고강도의 내耐마모성을 가진 금속으로 바위를 뚫고 나가고자 하여도 될까 말까한 것을 강도 미달의 금속으로 뚫어보고자 하는 것과 같아 가능할 수 없는 것이다.

이러한 성욕을 극복하고 본성으로 나아가는 수련법은 두 단계가 있다.

첫째는 자신의 내부를 성찰하는 과정을 통하여 잠재되어 있는 자신의 본성을 일깨우는 것이며, 둘째는 일깨워진 본성을 통하여 본능의 영역에 자리하고 있다가 외부로 표출되려는 움직임을 보이는 성욕 에너지를 순화시켜 단전으로 끌어들임으로써 仙인화의 에너지로 사용하는 것이다. 들판에서 날뛰던 들소를 길들여 논밭을 가는 순한 동물로 이용하는 것과 같은 현명함이 여기에 있다. 많이 날뛰던 소는 에너지가 충만하므로 더 많은 밭을 갈 수 있는 것과 동일한 것이다. 수련 과정에서 이러한 문제점을 극복하지 못하고 넘어간다면 나중에 반드시 재발함은 물론 재발 시에는 자신이 그동안 공들여 쌓아놓은 에너지마저 본능의 차원에서 소모하게 되므로 수련 과정에서 쌓은 에너지를 유지하기 위하여는 지속적으로 자신을 관리할 필요가 있다.

성욕은 부모의 재산을 가지고 가출하려는 탕아와 같아 항상 외부로 분출되려는 힘을 가지고 있으므로 기운을 안으로 받아들여 공들여 단련하여야 하는 축기와 항시 대립되는 각도에서 기운을 외부로 방출하려고 호시탐탐 노리고 있어 이를 어떻게 다루는가는 수련에 있어 가장 큰 적이면서 또한 수련을 가장 결정적으로 도와주는 기능을 하는 친구이기도 한 것이다.

1번 수련법: 내관법

2번 수련법: 순기법

- 『천서 0.0001』 2권에서

결혼과 금촉

수련을 하면 무조건 금욕을 해야 한다고 생각해서 가정에 문제가 생기는 분이 계십니다. 부부가 같이 수련하시는 경우, 백일수련이나 단전재건 수련을 하는 기간에는 금욕하시는 것이 좋습니다. 또 수련 진도에 따라 "지금부터는 금촉을 하십시오"라고 제가 개별적으로 말씀드리는 경우가 있는데 그럴 때 금욕을 하시면 됩니다.

그렇지 않은 경우에는 부부간에 서로 좋게 지내시는 것이 좋습니다. 너무 손기(損氣, 기운이 손상됨)되는 상황이 아니라면 그 문제로 인해 부부간에 스트레스 쌓일 정도로 지내지는 마세요.

또 부부가 같이 수련하지 않는 경우, 평소 잘 지내던 분이 갑자기 금욕을 하면 상대방에게 스트레스를 주게 되는데 그것 또한 도리가 아니지요. 적당한 선에서 유지를 하는 것이 좋습니다.

아무래도 손기가 되는 것은 사실인데 좀 늦게 가더라도 손잡고 같이 가야겠다면 그러셔도 됩니다. 그러나 한 사람이라도 빨리 가고 어느 정도 간 다음에 배우자와 같이 가야겠다고 생각하시는 분은 좀 내쳐 가셔도 좋습니다. 어디까지나 본인이 선택하실 문제입니다.

겪을 것은 겪어야

우리 수련이 금촉만 하는 것은 아닙니다. 금촉도 때가 있어서 어떤 때 어떤 부분에 관한 금촉을 하는 것이지, 처음부터 다 금촉을 하라고 하지는 않습니다. 많이 경험하지 못한 젊은 분들에게 무조건 금촉하라고 하지 않습니다.

처음 수련을 시작해서 백일 동안 단전을 형성할 때는 금욕을 해야 하지만, 그 다음부터는 금촉을 할 때가 되면 하라고 합니다.

왜냐하면 겪을 것을 겪지 않으면 공부가 안 되기 때문입니다. 겪으면서 배우는 것이 있기에 수련이 어려울 지경까지 가면 얘기를 해주지만 그렇지 않은 상태에서는 그냥 두고 봅니다.

항상 본인이 몸으로 부딪쳐서 터득하는 것이 공부가 크게 됩니다. 옆에서 얘기해 줘서 아는 것보다 훨씬 공부가 많이 됩니다. 뜨거운 맛을 봐야 단맛을 안다는 말이 있지 않습니까? 아무리 사랑이 어쩌고저쩌고해도, 본인이 부딪쳐서 뜨거운 맛을 봐야 느낌이 오는 것이지 남의 경험만 가지고는 모릅니다. 진짜로 겪어봐야 압니다.

3절 | 도반과 단체수련

1. 仙계수련의 도반

仙계수련의 도반3

도반이란 이 세상에서 가장 중요한 동반자이다. 끊임없이 무엇을 줄 것인가를 연구하여야 하고 상호간에 무엇을 더 도와주어야 할 것인가를 생각해야 하는 동료인 것이다.

이 도반은 인간의 습이 몸에 배어 있을 때는 더없이 소중한 것을 모를 수 있으나 나를 발전시키는 것은 바로 도반이며, 이 도반으로 인하여 내가 금생에 수련을 마칠 수 있는 것이다.

도반 중에는 소중해 보이는 사람만 있는 것은 아니며 이 세상에서 가장 미운 사람도 있을 수 있다. 이 세상에서 가장 미웠던 도반이 본인의 수련 단계가 높아짐으로 평정심을 찾고 나면 더없이 고마운 사람이 되는 것이다.

이러한 계기는 상호간에 양보하는 것에서 나온다. '미운 놈 떡 하나 더 준다'는 말은 하늘의 말이 인간의 입을 빌려 내려온 것이며 따라서 하늘의 말이지 인간의 말이 아니다.

仙인화를 지향하는 仙계수련은 미움의 끝이 고움의 끝과 일치함을 보여주는 것이며, 이것의 일치는 음과 양의 조화, 하늘과 땅의 조화와 유사한 것으로서 모든 것의 중화점이 어디에 있는가를 찾아 들어가는 수련인 것이다.

　금번 지부 개원 과정에서 보여준 상호간의 아낌과 배려는 한층 성숙한 수련생의 모습을 보여주고 있다. 아무리 수련이 많이 되어 선후배의 경지가 달라진다 한들 사형은 사형이며 사제는 사제이다.

　다만 역할이 달라질 수는 있는바 후배가 짐을 많이 질 수 있으면 선배의 짐을 나누어지고 가는 것이며 이것이 선배를 도와주고 수선재의 짐을 나누어지는 것이다. 후배가 지는 짐이 무거워 보인다면 선배가 또한 나누어지고 가는 것이며 이러한 모습이 진정 서로의 마음에서 우러나오는 것이 仙인화인 것이다.

　仙계수련에서 일꾼은 짐을 얼마나 질 수 있는 능력이 있는가에 달려 있는 것이며, 짐을 지려면 자신이 짐을 얼마나 질 수 있는가부터 먼저 검토해볼 것을 요한다. 짐을 지고 간다고 하면서 짐을 지고 출발해서는 중도에 내려놓아서 타 수련생이 지고 가는 일도 없어야 하거니와 지고 가야 할 시기에 지고 갈 힘이 없어서 못 지는 일이 있어서도 안 된다.

　지금까지 모든 수련생들의 마음을 모아 수련을 잘 하여왔거니와 이제부터는 수련의 결과가 가시적인 성과로 나타남이 필요한 시기로 접어들고 있다.

　이러한 시기로 접어들수록 수련생들의 상호 응원이 필요하다. 상호 응원이라 함은 서로 상대가 지고 가는 짐이 무거워 보여 서로 나누어지려는 마음가짐을 가지는 것이며 수련생 개개인이 자신의 역량으로 자신이 질 수 있는 만큼의 짐을 지고 갈 수 있도록 마음의 준비를 하는 것이다.

이제 준비단계가 거의 마무리되어 가고 있다. 어느 도반의 짐이 무거운가 살펴보고 나누어질 마음으로 간다면 동일한 노력으로도 더욱 먼 길을 갈 수 있는 것이 바로 수련인 것이며 이 과정을 함께 하는 자가 바로 도반인 것이다.

도반의 결점을 일찍 발견하여 정정해 주는 것이 바로 도반의 일이며, 이러한 노력이 수련생의 전인화에 한층 다가설 수 있도록 할 것이다.

－『천서 0.0001』1권에서

仙계수련의 도반4

도반이란 이 세상 최고의 가치이며, 가장 지향하여야 할 목표이다. 수련을 스승이 알려주는 것과 알려주지 않는 것이 다르듯, 수련에 있어 선배가 있는 것과 없는 것이 다르며, 후배가 있는 것과 없는 것이 또한 다르다.

한 명이 할 수 있는 수련이 있으며 서너 명 이상이 모여야 하는 수련이 있고 모든 수련생이 공동으로 하여야 하는 수련이 있으므로 동일한 수련이라도 한 사람이 하는 것과 여러 명이 하는 것이 그 효과가 다르다.

모든 수련생이 공동으로 하여야 하는 수련은 모든 수련생이 힘을 모아 하여야 하는 수련으로서 한 사람의 힘으로는 1층을 쌓을 수 있는 것을 열 명이 20층이나 30층을 쌓을 수 있는 것과 같은 것이다.

仙계란 시너지 효과 역시 극대화되는 곳이어서 수련생의 진심들이 모여 이것이 仙인을 움직이면 상상할 수 없을 만큼의 보답이 올 수 있는 곳이다. 한 사람이 벽돌 한 장을 쌓을 수 있다면 열 사람은 50장을 쌓을 수도 있는 것이며 100명이 모이면 1,000장을 쌓을 수도 있는 것이다.

이러한 효과는 J-커브Curve로 나타나 수련생들이 힘들이지 않고 수련을 할 수 있는 기반을 만들어 나갈 수 있는 것이다.

(*J-커브 : 발전 속도가 가속화하여 그래프의 선이 J자를 그리는 것을 말합니다.)

이러한 효과는 한 수련생이 한 사람의 천수체를 찾아내는 것에 비교한다면 10명이었을 때는 곱하기 2하여 20명이 되나 20명이 곱하기 2하면 40명이 되는 것이며 40명이 곱하기 2하면 80명이 되는 것처럼 엄청난 상승효과를 가져오는 것을 생각해 보면 알 수 있을 것이다.

수련생들이 처음 仙인이 되고자 공부를 시작하였을 때는 그 시작이 미약하기 그지없었으나 현 시점에서 돌아볼 때 당시로서는 상상할 수 없는 발전을 이룩하였으며 이러한 모든 움직임이 수련생 자체의 역량으로 이루어져 나가면 언제나 반드시 仙계의 지원이 있음을 알 수 있을 것이다.

모든 도반들의 역량이 수선재가 계획하고 있는 대로 발전해 나갈 수밖에 없는 이유는 도반의 역량이 결집될 수 있는 기반 조성이 완료되었음에 있다. 이 단계는 발전을 위한 첫 번째 도약 준비의 완료단계로서 이 단계를 성공적으로 통과하였으며 이미 수선재의 저수지에서 흘러넘친 氣가 주변의 농경지를 촉촉이 적셔주기 시작하였음을 의미하는 것이다.

이러한 원대한 목표가 달성되면 수선재의 각 대륙지부장들이 모여서 회의를 할 수도 있을 것이며, 모든 수선인들은 한 푼의 여비 없이도 마음 편히 전 세계의 각 지부에서 숙식을 하면서 仙계의 볼텍스를 돌아보며 수련할 수 있는 날이 올 것이다.

이러한 목표의 가능 여부는 모든 수련생들이 어떠한 생각으로 수련과 일상생활에 임하고 있는가에서 나온다.

인간 자체가 모범적이지 않으면서 단순히 타인에게 보이기 위해 모범적인 행동을 하려 한다면 본래의 인간과 보이려 하는 인간이 상호 다름으로 인하여 '두 개의 나' 사이에 갈등이 생기고 이것이 탁기로 주변에 뿌려질 것이나 수선재의 수련을 열심히 한 수련생의 경우 이러한 불필요한 갈등이 없이 스스로 자신의 내부에 자체 정화기능이 작동됨으로써 저절로 주변의 사람들이 천수체가 과연 다름을 알아볼 수 있도록 변화될 것이다.

본인의 노력에 비하여 하늘의 지원이 더욱 크게 내려오고 있으며, 이 지원을 받기 위한 부분은 본인이 스스로 자신을 돌아보고 타인이 보는 자신이 어떠한지를 확인하여 더할 것과 덜어낼 것을 찾아내어 이를 실천하는 것, 즉 수련을 하는 것이며, 이 과정에서 도반들끼리 상호간에 자신의 모든 것을 털어놓고 상의할 수 있는 마당이 바로 지부이며 이 지부를 많이 만들어 나감으로써 지구별을 정화해 나가는 것이 바로 도반 모두의 역할인 것이다.

이러한 수련의 결과 수선인들은 모든 생활에서 주변 사람들에게도 모범을 보이게 되며 이러한 모습이 하나의 표준이 되어 밤중에 불빛을 보고 미물들이 모이듯 주변의 천수체들이 수선인들을 보고 다가올 수 있도록 각자가 하나의 등불이 되게 된다.

범인들이 알아볼 수 있는 등불은 바로 모범적인 행동이다. 이 모든 것이 현재 수련하고 있는 수련생들이 자신과 도반의 역량을 어떻게 활용하는가에 달려 있는 것이며 도반의 힘이 모이면 상상할 수 없는 에너지가 활용 가능함을 명심하라.

도반들의 힘이 모이면 지구를 둘러싸고도 남음이 있다. 상호간에 가장 아껴야 할 가치는 바로 '도반의 마음이 하나로 모이도록 노력하는 것'이다.
도반들의 마음이 모이면 무엇이든 가능하다.

— 『천서 0.0001』 1권에서

도반은 천연

도반은 천연天緣입니다. 부부 간, 부모자식 간의 인연이 '사람의 인연人緣'
이라면 도반 간의 인연은 '하늘의 인연天緣'인 것입니다.

'인연'은 순간적입니다. 아무리 길어야 70~80년 같이 사는 사이입니다. 지
금 일가친척이 모여 사는 것은 잠깐인 것입니다. 반면 '천연'은 영속적입니
다. 사후세계에서는 진화의 급이 같은 사람들과 함께 사는 것이기 때문입니
다. 도반은 오래오래 영생을 같이 나눌 분들입니다. '일생에 천연 하나로 족
하다'고 하는 것은 그래서입니다. 인간으로 태어나서 영생을 같이 누릴 사람
을 단 한 명만 만나고 가도 성공한 인생이라는 얘기입니다.

그런데 여러분을 보면 주위에 도반이 너무나 많습니다. 저는 10년 이상 혼
자 외롭게 수련을 했는데 여러분에게는 수백 명의 동반자가 옆에 있습니다.
그러니 도반을 사랑해 주시기 바랍니다.

진짜 사랑이 무엇인지는 아무리 설명해도 실감이 잘 안 날 텐데 '같이 살
고 있다는 것만으로도 감사하다' 하는 마음입니다. 반드시 나와 함께여야 하
는 것도 아닙니다. 그 사람이 홀로 살아도 좋고 다른 사람과 함께 살아도 좋
습니다. 같은 시대, 같은 하늘 아래 도반으로 같이 살고 있는 것만으로도 고
마운 것입니다.

자신을 구하고, 도반을 구하고

어떤 분에 대해 천서를 받아 보니 "먼저 자신을 구하고 나아가서 주변의 도반들을 구하며, 다음으로 가족과 이웃을 구하고 세상을 구해야 하는 것이다"라고 하셨더군요. 순서가 가족보다 도반이 먼저입니다. 仙계에서는 천연을 제일 중요시 하시는 것입니다.

대부분의 사람은 가족이 제일 우선순위입니다. 자기조차 내팽개치며 목숨 걸고 가족만 위하는 사람도 있고요. 그러나 수련생이라면 자신 다음에는 도반을 위해야 하지 않겠는가 합니다.

만일 자기 가족이 노숙을 해야 하는 처지라면 혹은 허름한 판잣집에서 지내야 하는 처지라면 그냥 보아 넘기지는 못할 것입니다. 어떻게든 해결하려고 안간힘을 쓸 것입니다. 만일 도반이 그런 처지라면 어떻게 하겠는지요?

간디의 자서전을 읽어보니 37세부터 부부관계를 하지 않았다고 쓰여 있더군요. 아쉬람에서 같이 생활했지만 거처를 달리하면서 관계를 하지 않았다고 합니다. 부인과도 사제 관계로 지낸 것입니다.

왜 그렇게 했는가 하면 더 큰 사랑을 실천하기 위해서였습니다. 부인과 계속 부부로 남으면 편애를 하게 되기 때문입니다. '내 것'이라는 집착이 생기는 것입니다.

여러분에게도 그렇게 내 것이 없이 사랑하라는 당부를 드리고 싶습니다. 내 남편, 내 아내, 내 부모, 내 자식만 찾지 말고 두루두루 사랑해 주십시오. 가족보다 도반을 먼저 위하는 것은 그 시작입니다.

2. 백일수련과 천일수련

수련하고자 하는 뜻을 세운 후에

수선재에 처음 입회하신 분들을 보면 마음자세가 천차만별입니다. '한번 가보자' 그렇게 오신 분도 있고, '나는 이 수련을 꼭 해야겠다' 하고 작심하고 오신 분도 있습니다.

오고 나서도 처음부터 기운에 확 끌리는 분이 있는가 하면, 이슬비에 옷 젖듯이 서서히 젖어드는 분이 있습니다. 발동 걸리기가 어려워서 미적거리다가 어느 순간 발동이 걸리면 내쳐 가는 분이 있는가 하면, 발동은 빨리 걸리는데 가다가 금방 고장이 나는 분이 있습니다. 그게 다 본인들의 성격이기 때문에 일률적이지가 않습니다.

가방 들고 왔다 갔다 하기만 하는 것은 원치 않아서 입회비니 상담이니 하는 여러 절차를 통해 문턱을 높였는데 오신 분들을 보면 그래도 개인차가 있더군요. 일단 여기 왔으면 내쳐 수련하시는 것이 저의 바람이지만 그런 차이를 존중해서 일률적으로 몰지 않고 기다려 줍니다.

백일수련은 '내가 이 수련을 해야겠다'는 뜻을 확실히 세우고 나서부터 시작할 수 있습니다. 남이 하라고 해서 하는 것은 소용이 없고 때가 돼야 합니다. '한번 가보자'는 마음자세로 여기 올 수는 있어도, 백일수련을 그 마음으로 시작할 수는 없습니다.

백일 동안 한가지씩을 개선한다면

얼마 전 몇몇 회원님으로부터 편지를 받았습니다. 변함없이 여러 애환이 들어 있더군요. 그중에서 가장 안타까운 일은 수련 5년이 되어 가는데도 별 달라진 것이 없어 좌절을 느낀다는 한 분에 대한 것입니다.

먼저 그분에게는 달라지려고 노력해 본 적이 있는가 하는 점을 묻고 싶습니다. 달라지려면 달라지고 싶은 것이 무엇인지를 알아야 하며, 달라지고 싶은 것을 이루려면 어떻게 해야 하는지를 알아야 합니다. 즉 목표가 뚜렷해야 하며 그곳에 도달하는 방법을 알아야 합니다. 그 두 가지를 알고 있다면 실천하면 되는 것입니다.

예를 들어 '나는 우울하다, 가끔 우울한 것이 아니라 너무 자주 우울하며, 그것으로 인하여 나 자신이 괴롭고, 남들의 기분도 끌어내리고 아름다운 모습이 아니다'라고 느낀다면 우울한 것을 고치기 위하여 매일 30분씩 햇빛 속을 걸으며, 매일 10분씩 노래를 흥얼거리며, 매일 거울을 볼 때마다 웃는 연습을 해보는 것입니다. 그래도 달라지지 않는가?

백일이란 자신을 바꾸기 위한 최소한의 단위입니다. 백일 동안 너무 많은 것을 기대하지 말고 자신이 개선하고 싶은 한 가지를 정하여 실천해 보십시오. 백일 동안 한 가지씩을 개선하여 천 일 동안 열 가지를 변화시킨다면 仙인이 되는 길이 그리 멀지만은 않게 느껴질 것입니다. 수련이 어렵다는 것은 매일 꾸준히 한다는 것 한 가지가 어려운 것이며 이것을 실행할 수 있는 지혜와 의지가 있다면 수련을 할 수 있는 것입니다.

수련이란 큰 것이 아니라 이렇게 작은 것을 갈고 닦는 것이며 걸어서 仙界까지 가는 부단하고 고단한 노력입니다. 어느 날 갑자기 신이 내려 변하듯이 한꺼번에 달라지는 것이 아니라 매일매일 조금씩 달라지는 것입니다.

백일 새벽수련 중간 평가

이번 수련은 수련생의 근기를 다지는 더없이 좋은 기회였다. 전체적인 의미에서 볼 때도 수선재의 기반을 공고히 하고 수련생 간의 결속을 다지는 기간이었다.

수련생의 근기를 다지는 가장 좋은 방법은 자신의 의지를 강화하는 것이다. 의지를 강화하는 것은 곧 단전을 강화하는 것이며, 단전을 강화하면 내기가 강화되어 사기가 범접할 엄두를 내지 못하는 강체를 만들어 나가게 되는 것이다. 단전의 기운을 강화하는 이유는 수련의 기반을 굳건하게 조성함에 있으니 이러한 강화법은 기운이 맑은 새벽에 수련을 하는 것이 가장 좋은 것이다.

더욱이 100일간 새벽에 일정한 시간을 정하여 지속적으로 수련을 한다는 것은 정기만을 취하여 자신의 것으로 만들 수 있는 방법으로서 仙계수련에 있어 상상할 수 없을 만큼 가장 큰 혜택을 받는 것이다. 다소간의 피로와 지침이 있을 것이나 이러한 것들은 쉽게 회복이 되는 것이며, 이로 인해 얻어지는 수련상의 진전은 그간의 피로와는 비교할 수 없는 다른 차원의 발전인 것이다.

모든 수련생이 이러한 수련을 필요로 하며, 수련을 어느 정도 한 수련생의 경우에도 이러한 수련을 연중 수 회 지속적으로 한다는 것은 수련의 가장 중요한 고비를 자신도 모르게 넘어가도록 하는 효과가 있다.

이러한 효과는 수련 중 고비를 만났을 때 내기內氣가 외부의 조건을 조정하여 순탄하게 넘어가도록 지원하며, 따라서 인생의 역경을 완만히 넘어갈 수 있도록 하는 기능을 동시에 수행하고 있는 것이다.

100일이란 우주의 시간으로 볼 때 가장 기초적인 수련 단위이며, 이 단위를 통과함으로써 입적이 된 사람은 정규입학이 된 것과 같은 효과를 지니는 것이니만큼 백일수련 시의 집중 상태를 매 수련 시마다 유지하고 발전시켜 나갈 수 있도록 할 것을 요한다.

수련에 대한 열정이 높다면 집중이 잘 되어 성과도 높을 것이며, 성과가 높다면 앞으로 갈 길을 단축한 것이니 그보다 더한 축복이 없는 것이다. 수련의 성과는 본인에게 귀속되는 것이며, 그 누구에게도 가는 법이 없다.

이러한 것은 철저히 개인의 완성에 중점을 두고 있는 수련으로서 자신의 길을 자신이 가고 있음을 말해주는 것이니 수련의 의미를 자아완성에 둠으로써 금생의 결론을 유도할 수 있도록 하라.

단체수련이 서로에게 도움이 되는 것은 수련 시 기운을 강화하여 주변 도반들에게 기운을 전파함으로써 자신의 기운을 강화하는 것이다. 타 도반의 기운을 강화할 수 있도록 지원하는 것은 반드시 자신의 기운 강화로 돌아오는 것이다. 이러한 연쇄효과는 도반 전체에게 미치는 효과가 엄청나게 되어 도반 전체를 감싸는 일정한 기운의 덩어리가 조성되는 것이니 나중에는 헤어져 있어도 함께 있는 기의 띠를 형성하게 되는 것이다.

이 기운의 띠에 포함된다는 것은 더욱 강력한 기운을 조성할 수 있는 기반이 되는 것이니 도반 상호간에 의리와 정으로 뭉친 기운을 조성한다면 그 자체가 수련에 있어 강력한 지원이 됨과 더불어 스스로 나아갈 수 있는 동력을 가지게 될 것이다.

축하한다.

앞으로 어떠한 점을 유념하여 수련하여야 할 것인지요?

미진한 부분을 보면 집중이 안 되는 사람이 있어 기운이 산발되는 경우가 있었으며, 따라서 집중을 하도록 독려하여야 할 것이다. 집중은 그 자체로 질병 치료 효과가 있으며, 이 효과가 체력을 향상시키고 기운을 정화하여 仙계입적을 가능토록 하는 것이다.

집중을 하려면 호흡을 부드럽게 하여야 하는바 호흡을 부드럽게 하기 위하여는 가능한 한 감정적인 기복이 없어야 한다. 감정적인 기복이 있고서야 집중을 깊게 할 수 없으며, 집중을 깊게 하지 않고서는 仙계를 보기 힘겨운 까닭이다.

각기 파장이 수직으로 올라가야 하나 파장이 옆으로 기우는 경우가 많은 것은 이러한 산만한 기운 까닭이다. 집중에 전력하도록 지도하라.

100일 수련이 끝나면 어떠한 수련을 하여야 할 것인지요?

100일 수련이 끝나면 평상시의 상태로 돌아가 1,000일 수련에 들 필요가 있다. 1,000일 수련은 평상시의 수련을 일정 시간대에 일정한 방법으로 1,000일간 계속함으로써 100일 수련의 효과를 배가함에 목적이 있다.

1,000일 수련의 방법은 어떻게 하여야 하는지요?

매일 새벽 5시에서 6시까지 음력 12월에서 2월생은 동쪽으로, 3월에서 5월생은 남쪽으로, 6월에서 8월생은 북쪽으로, 9월에서 11월생은 서쪽으로 향하여 감사 인사를 한 후 108배나 도인법을 20여 분간 하고 스승이 지정하는 호흡을 20~30분간 정도 한 후 다시 마무리 도인법을 하고 끝내는 것이다.

생월에 따라 방향이 다른 것은 그 방향의 기운을 받음으로써 자신의 탁기를 몰아냄에 가장 적당한 기운을 보충 받을 수 있기 때문이다.

시간이 적당치 못한 경우는 어찌 하여야 하는지요?

1,000일 수련을 계속하는 것이 가장 좋으나 중간에 수련을 하지 못하는 경우가 생기면 저녁에 30분간이라도 하는 것이 좋다. 仙계의 기운이 지원

되는 시기에 하는 1,000일 수련은 정성으로 임한다면 깨달음도 가능한 수련이다. 어쨌든 100일 수련의 완주는 대단한 것이다. 타당한 점수를 득한 수련생의 경우 수료증을 주도록 하면 좋을 것이다.

알겠습니다.

고비를 넘는 효과

〈백일 새벽수련 중간 평가〉 천서를 보면 "다소간의 피로와 지침이 있을 것이나 이러한 것들은 쉽게 회복이 되는 것"이라고 하셨는데 수련으로 인한 피로는 기운으로 보충되게 되어 있습니다. 그 피로에도 불구하고 상상할 수 없을 만큼의 효과가 얻어지는 것이지요. 지금 당장은 무엇이 얻어졌는지 잘 모르실 수 있는데 지나고 나면 백일수련을 한 것과 안 한 것의 차이가 확연하게 드러나게 됩니다.

"이러한 수련을 연중 수 회 지속적으로 한다는 것은 수련의 가장 중요한 고비를 자신도 모르게 넘어가도록 하는 효과가 있다"고 하셨는데 실제로 그렇습니다. 수련 중에 여러 가지 고비가 오는데 이렇게 기간을 정해서 집중적으로 단체수련을 하면 그런 것들이 자기도 모르게 그냥 넘어가집니다. 말하자면 업 같은 것들이 그냥 소멸되면서 지나가는 것입니다. 인생의 역경이 닥쳤을 때 이런 수련을 하면 내기內氣가 강화돼서 쉽게 넘어갈 수 있습니다.

수련을 하다 보면 몸의 안 좋은 부분들이 드러나고 이런저런 고비가 닥칩니다. 가만히 있었으면 드러나지 않고, 닥치지 않았을 것들이 수련을 함으로써 오는 경우가 있습니다. 일단 수련에 들어오면 자신의 모든 업이 해소돼야 하기 때문입니다. 수련을 안 했으면 여러 생에 걸쳐서 왔을 업들이 금생에 다

몰아닥치는 것입니다.

그렇게 한꺼번에 몰아닥치면 정신없이 계속 받아쳐야 하는데, 기간을 정해놓고 집중적으로 단체수련을 하면 그런 것들이 별것 아닌 것처럼 넘어갑니다.

단체수련을 통한 기운 강화

또 "단체수련이 서로에게 도움이 되는 것은 수련 시 기운을 강화하여 주변 도반들에게 기운을 전파함으로써 자신의 기운을 강화하는 것이다"라고 하셨는데, 지금 단계의 수련생들은 개인수련보다는 단체수련을 하는 것이 훨씬 도움이 됩니다.

간혹 단체수련을 싫어하는 분도 계십니다. 수련지도하는 스타일이 마음에 안 들거나 옆 도반으로부터 탁기 받는 것이 싫다고 단체수련에 잘 안 나가려 합니다. 나는 개인수련이 체질에 맞다 이렇게 생각하실 수 있는데 어느 수준까지는 단체수련을 하는 과정이 필요합니다.

집에서 개인수련을 하는 것은 비유하자면 자신의 식성에 맞는 한두 가지 반찬만 편식하는 것입니다. 개인수련을 하면 자신에게 맞는 기운만 받게 됩니다. 그러나 단체수련을 하면 뷔페식당에 가서 다양한 음식을 접하듯 고루 기운을 받게 됩니다. 미처 필요한지도 몰랐던 기운까지 접하고 익히는 효과가 있습니다.

옆 도반에게 탁기를 받아 괴로운 것도 사실은 별문제가 아닙니다. 일상생활 하다가 탁기를 받아 기운이 허해진 것은 자신이 따로 수련을 해서 보충해야 하지만, 타인에게 기운을 지원함으로써 기운이 허해진 것은 반드시 보충을 해주십니다. 그것이 기운의 법칙입니다.

보류하는 지혜

어떤 사안이 닥쳤을 때 거기 대응하는 방법은 크게 3가지입니다. 맞닥뜨려서 해결하거나, 보류하거나 아니면 아예 포기하고 잊어버리는 방법입니다.

백일수련 기간에는 모든 사안에 대해서 일단 보전해야 합니다. 그것이 정성입니다. 수련에 들면 그런 것들이 더 많이 옵니다. 일종의 시험이라고 볼수 있는데, 수련 중임에도 불구하고 그런 문제에 얽히고설켜서 자신도 갈등에 빠지고 타인도 갈등에 빠뜨리는 것은 옳은 처사가 아니라고 봅니다.

그러니 마음에 담아 두지 말고 보류해 주십시오. 수련 기간에는 모든 문제를 보류하는 지혜가 필요합니다. 백일수련이 끝날 때쯤 되면 수련을 통해 어느 정도 자신이 성장하고 나면 그 문제에 대한 답이 자연스럽게 나올 수 있습니다.

백일이라는 시간, 천일이라는 시간

백일이라는 것이 사실 엄청난 시간입니다. 자신을 완전히 탈바꿈할 수 있는 시간입니다. 느낌이 완전히 달라져서 길거리에서 마주치면 못 알아볼 정도로 바꿀 수 있습니다. '누구' 하면 떠오르는 이미지가 있지 않습니까? 그걸 불식시킬 수 있는 시간입니다. 환골탈태라는 말이 있듯이 완전히 딴 모습이 될 수 있습니다.

백일수련을 열 번 하면 천일수련인데, 천일이면 또 깨달을 수도 있는 시간입니다. 제 경우 천일수련을 하면서 400일쯤 돼서 초각을 했고, 다시 1년쯤 후에 중각을 했고, 다시 1년쯤 후에 종각을 했습니다. 종각까지의 모든 과정을 천일 정도에 다 마쳤습니다.

제가 수련할 때는 개인수련이라서 지금보다 100배는 더 어려웠는데 그렇게 했습니다. 지금은 단체수련을 하기 때문에 너무나 쉽지 않습니까? 기운

지원도 제가 수련할 때하고는 비교가 되지 않습니다.

3. 자평수련

자평수련自評修鍊

하늘은 스스로 일을 만들 수 있으나 땅은 하늘이 일을 만들어 주어야 한다. 하늘은 자신이 스스로 일을 할 수 있으나 땅은 하늘이 시켜야 일을 할 수 있다. 하늘은 스스로 평가하며 땅은 하늘이 평가해 주어야 한다. 하늘은 자신을 스스로 알 수 있으나 땅은 하늘이 알려 주어야 자신을 안다.

수련의 목표는 하나의 인간으로서 완성되어 仙인이 되는 것이다. 스스로 평가할 수 있음은 모든 기능이 자체의 내부에서 작동되고 있음을 말해 주는 것이며, 이 기능이 완벽하다면 모든 것을 할 수 있다. 모든 것을 할 수 있는 것이 바로 신이자 우주이자 仙인이다.

인간이 모든 것을 할 수 있기 위한 기본 조건은 자신이 스스로를 평가할 수 있음에서 시작한다. 자신을 만든 사람도 자신이며, 자신의 장점을 가장 잘 알고 있는 사람도 자신이고 자신의 단점을 가장 잘 알고 있는 사람도 자신이다. 자신의 능력을 가장 잘 알아야 할 사람도 자신이며, 자신에 대한 평가를 가장 정확히 할 수 있는 사람 역시 바로 자신인 것이다.

그러나 인간은 스스로 자신에 대한 평가를 타인으로부터 받기를 희망하여 왔다. 허나 어찌 자신에 대한 평가를 타인이 내릴 수 있을 것이며 타인의 평가에 자신을 맡길 것인가? 나에 대한 평가는 내가 내릴 수 있어야 하는 것이며, 내가 나에 대하여 내린 평가가 가장 정확해야 하는 것이며, 그 평가에 대하여 당당해야 하는 것이다. 타인이 나에 대하여 하는 평가는 나의 모든 부분을 고려하지 않고 한 것이므로 정확한 것이 아닌 것이다.

수선인들의 과제 '나는 누구인가?'는 자신에 대하여 정확히 평가하기 위한 기초자료이다. 누구에게 보여주자는 것이 아니라 남의 눈을 통하여 나를 다시 한 번 확인해 보는 것이다. 나의 부족한 점을 지적해 주는 것은 족집게 과외선생의 역할과 같은 것이며 그 이상 고마울 데가 없는 것이다.

결점을 가지고 있는 한 천수체로서 환천(還天: 仙인이 되어 하늘로 돌아감)이 어렵다. 완전한 천수체로 돌아가기 위하여는 결점이 없어야 하며, 이 결점을 밝히고 드러내어 상호간에 교정해 주는 것은 천수체로서의 해야 할 가장 필요한 역할이다.

타인의 결점을 지적해 주는 것은 천수체로서의 의무이며, 이 의무를 다하지 않는다면 자신의 결점 역시 보완 받을 수 있는 기회를 놓치는 것이니 대주천이 된 수련생들은 대주천 1호 수련생부터 결점을 지적해 주도록 하라.

이러한 수련 과정에 대하여 범인凡人으로 있을 때는 수치심을 가질 수도 있을 것이나 천수체로서는 자동차의 고장 난 부분을 지적해 주는 것과 같은 이 과정을 겪지 않고 넘어갈 수는 없는 것이니 가장 고마운 일 중의 하나인 것이다.

대주천이 된 수련생들은 지금까지 상대방에 대하여 서운했던 것, 평소 가지고 있던 불만, 고쳐지지 않고 있는 문제 등을 남김없이 털어놓음으로써 평소 무겁던 것을 전부 털고 연말에는 자신의 마음의 무게를 절반 이하로 줄여 보도록 하라.

덜어내는 방법에 있어서도 가장 직접적으로 해당 수련생에게 자신의 불만을 털어놓고 상대는 이것을 수용할 수 있어야 하며, 이 모든 과정을 진심에서 상대를 위하고 자신을 위하여 하늘의 마음으로 진행하라.

1단계를 앞두고 바늘구멍을 통과하기 위하여는 마음의 때를 전부 털어야 하는 것이니 금년 송년회의 선물은 상대의 결점을 지적해 줌으로써 상대방이 좀 더 완벽한 仙인 후보생이 될 수 있도록 도와주는 '자평수련自評修鍊'을 하도록 하라. 타 수련생의 결점을 지적해 준 모든 공이 자신의 공이 되고 타 수련생들이 나의 결점을 지적해 줌으로써 그 공에 대한 상을 받게 될 것이다.

하늘은 그 자체가 스스로 완벽한 것이니 하늘이 되기 위한 수련생들이 흠이 있다는 것은 仙인이 되려 함에 결격사유가 있는 것과 같은 것이다. 스스로 평가하는 것이 가장 중요한 것이니 자신의 평가에 의해 자신을 바라볼 수 있도록 하라. 자평수련을 통하여 하늘에 한 걸음 다가갈 수 있도록 하라.

-『천서 0.0001』 3권에서

도반은 교재

도반은 나의 공부를 위한 '교재'라고 보시면 됩니다. 하늘이 수련생을 공부시킬 때 그 사람과 가까운 사람을 통해서 공부시키는데 많은 경우 도반을 교재로 활용합니다.

이런저런 강한 성격을 마모시키기 위해서 활용하는데 자신에게 강한 부분이 있으면 더 강한 사람을 붙여서 공부를 시킵니다. 공부가 될 때까지 계속 부딪히게 만듭니다. 그러니 빨리 알아차려서 공부를 해내는 것이 좋습니다. 그 사람을 통해 갈고 닦아야 할 부분을 해내야 합니다. 그래야 다음 공부로 진급할 수 있습니다.

저는 회원들 간에 갈등이 생기면 내심 좋아합니다. 제가 시켜야 될 공부를 자기들끼리 부딪치면서 스스로 하는 것이기 때문입니다. 저를 통해서만 공부하는 것이 아니라 그렇게 도반들을 통해서도 많이 합니다.

그러니 나를 흔들어 주는 도반에게 고마워하시기 바랍니다. 그분이야말로 나의 선생님이니까요. 만일 도반에게 어떤 말을 들어도 바닷물처럼 다 수용이 된다 하면 비로소 비워졌다 할 수 있습니다. 공부할 만한 상태가 된 것입니다.

도반이라는 모델을 통해

수선재의 도반들은 서로서로 교재이자 모델입니다. 사실은 저 자신부터가 모델입니다.

공부하는 모습을 서로 다 보고 있지 않습니까? 보면서 공부를 잘하고 있는지 못하고 있는지, 어떻게 공부하는 것이 바람직한지를 다 평가합니다. 나중에 나는 어떻게 해야겠다 하고 감을 잡고요. 도반이 공부하는 것을 보면서 자기 공부를 하는 것입니다.

仙계에서 의도적으로 이런저런 모델을 세우기도 합니다. 모델을 세워서 강하게 공부시키면 그 사람의 수련 경험을 공유할 수 있기 때문입니다. 한 사람을 통해서 수련생 전체를 한꺼번에 공부시키는 것입니다. 모델을 바꿔 가며 다양하게 공부를 시키시는데 이 사람을 통해서는 이 공부를 시키고, 저 사람을 통해서는 저 공부를 시킵니다.

개인천서를 공개하는 이유도 그 때문입니다. 개인천서지만 모든 수련생에게 해당되는 가르침이 들어 있기 때문입니다.

단체수련의 이점은 각 수련생의 공부를 공유함으로써 간접 경험을 하는 데 있습니다. 또한 타 수련생의 문제는 자신의 문제를 비추어볼 수 있는 거울이 되기 때문에 수련 과정을 많이 단축시켜 줍니다.

내 때를 대신 밀어주는 노고

자평수련은 자신이 스스로를 평가한 다음 도반들의 평가를 받는 수련입니다. 자신이 깎아내야 할 부분을 도반들이 대신 지적해 줍니다. 도반들이 내 때를 대신 밀어주는 노고를 치르는 것입니다.

자평수련 할 때 보면 여러 가지 모습을 보이시더군요. 본인 스스로는 때를 밀려 하지 않으면서 드러누워서 내 때를 대신 밀어 달라고 하는 분이 있는가 하면, 내 때는 놔두고 남의 때를 미는 일에만 열중하는 분도 있고요. 적당히 시늉만 내면서 슬쩍 넘어가는 분이 있는가 하면, 때 미는 척하면서 슬쩍 꼬집는 분도 있습니다. 정작 때는 안 밀어주고요.

그러나 이런 분 저런 분이 다 계신 것이고, 아름다운 모습이라고 여깁니다. '나는 이런 사람입니다'라는 표현이고요.

내용을 읽어 보면 어쩌면 이렇게 적나라하게, 정확하게 얘기하는지 참 놀랍더군요. 아마 본인들도 놀라셨을 것입니다. 어록에 남겨 세세토록 전하고 싶은 명언도 있었고요.

자평수련에 참가한 입장에서는 도반의 평가를 거부하고 싶을 수도 있습니다. 이건 딱 한 사람이 한 지적이니까 무시해도 된다는 마음이 드실 수도 있습니다. 그러나 한 사람이 그렇다고 하면 그런 것입니다. 본인도 모르는 기운을 상대방이 느낀 것입니다.

그러니 감사하는 마음으로 다 받아들여 주시기 바랍니다. 자신에게 예리

한 칼날을 들이대신 분들께 더 감사하시고요. 같이 공부하고 있다는 것만으로도 고마운 일이 아니겠는지요?

1단계 자평수련을 마치며

자평수련은 스승이 시켜서 하는 것이 아니라 스스로 마음의 짐을 덜고자 하는 수련이다.

진도가 나갈수록 도반의 충고는 하늘의 충고가 도반을 통하여 내려오는 것이며, 도반 개개인의 충고가 아니다. 자신의 눈을 통하여 타 도반에게 내려오는 하늘의 충고에 사심邪心을 섞어서 전달한다면 그것은 도반으로서 할 일이 아니며, 오히려 업을 쌓는 일인 것이다.

따라서 동료 도반에게 하고 싶었으나 담아 두었던 말 중 하늘의 입장에서 반드시 해야 할 말이라고 생각되는 말을 숙고해서 전달할 것을 명한다. 사감私感은 버려라. 사감에서 하는 말은 오히려 역효과가 날 뿐이다. 자신이 하늘의 입장이라고 생각하면 상대방에게 어떠한 말을 해주어야 할 것인가 알 수 있을 것이다.

또한 지적당한 사람이 보기에 혹 사감에서 하는 말로 생각되는 내용이 있을지라도 대주천이 된 수련생에게 전달되는 말은 천기로서 하늘의 말인 것이다.

마음의 때를 벗겨내는 과정은 대부분 스승에 의해 이루어지나 상당 부분 도반들에 의해 이루어지기도 한다. 목욕탕에서 자신이 스스로 때를 벗겨낼 수 있는 부분은 보이는 곳이며, 보이지 않는 부분의 때는 그대로 남아 있을 수밖에 없다. 나의 등에 때가 있음에도 보지 못하는 것은 부끄러운 일인 것이며, 이 때를 보아주고 닦아주는 도반은 진정 자신에게 가장 고마운 일을 해주는 것으로서 감사해야 할 대상인 것이다.

스승은 방법을 알려주는 것이며 이 방법의 시행은 도반들끼리 서로 도와가며 해야 하는 것이다. 수련은 완성의 길을 가는 것이니 수련생들이 스스로 마음을 닦아내는 수련을 하게 되는 것이다.

자평수련으로 자신의 결점을 완벽히 지적받고 이것을 마음으로부터 덜어내면 다음 단계로 들어갈 준비가 되어 있는 것이다.

따라서 자평수련은 평상시에도 하는 것이 좋으며, 이 수련은 자신을 비추어 주는 거울과 같은 역할을 하는 것이다. 그러므로 이 수련을 통하여 거울을 보고 화장을 하듯 자신의 남는 부분을 덜어내고 부족한 점을 채워서 보다 영적으로 아름다운 자신의 모습을 가꾸어 갈 수 있는 것이다.

이제 수련 정도가 나름대로 성숙된 수련생들이 많이 나왔다. 모두 마음을 열고 타인의 부족한 점을 알려줌으로써 자신의 부족한 점을 알아내어 메우도록 하라. 타인의 부족함은 곧 자신의 부족함이니 어찌 타인의 부족함과 나의 부족함이 다를 것인가?

타인의 말은 타인을 통하여 나온 말이나 그 말속에서 자신이 해야 할 말임에도 하지 못했던 말들을 골라낼 수 있어야 한다.

모두가 한 사람 한 사람 차례로 무대에 올라 자신의 부끄러운 모습을 비추어 주는 각광을 받는 것과 같으니 이러한 나의 치부가 이 세상뿐만 아니라 온 우주에서도 가장 가까운 스승과 도반들에 의해 벗겨지는 것은 부모의 질책보다 더 허물없는 것이다.

지적해준 도반은 나의 때를 더럽다 하지 않고 씻어준 도반이니 그 고마움을 알고 상호간에 마음으로 삼배하며 잠시 서로 스승의 예를 갖춘다면 다른 모든 일이 서운했던 한 해였을지라도 마지막으로 모든 것을 버려 가벼이 보낼 수 있을 것이다.

이러한 절차가 없었더라면 나와는 무관한 다른 사람들에 의해 내가 구설에 올랐을 터이며 그것이 자신의 이미지로 고정되어 나도 모르는 또 하나의 내가 살아 움직이게 되는 것이니 그 또 하나의 이상한 나에 의하여 본래의 정상적인 내가 다치는 경우가 생기는 것이다.

허나 그 이상한 나는 바로 또 다른 나의 모습이니 그 나도 모르는 나의 모습을 정화함으로써 모두가 하나인 나의 모습을 만들어 나가는 것이 수련의 기초단계에서 반드시 필요한 것이다.

사랑으로 채워진 동료 도반의 말은 나에게 가장 가까운 말일 수 있으므로 잘 새겨들어야 하는 것이다. 고맙고도 고마운 일인 것이다.

-『천서 0.0001』 3권에서

4. 仙계수련의 단체 과제

단체 과제가 내려오는 이유

仙계수련에는 개인적으로 해야 하는 공부 과제와 단체로 해야 하는 공부 과제가 있습니다.

개인공부는 자신의 취약한 부분을 갈고 닦기 위해 자기만의 과제를 가지고 공부를 하는 것입니다. 배우자에 대한 의존에서 벗어나기 위해 혼자서 뭔가 이뤄 보려고 노력하거나, 성에 대한 집착을 끊기 위해 금촉을 해보는 걸 말합니다.

개인공부의 과제는 수련생 각자에게 제가 알려드립니다. 만나서 얘기할 수도 있고 천서를 통해 알려드릴 수도 있는데 수시로 일깨워드립니다. 이 사람에게는 이렇게 얘기하고 저 사람에게는 저렇게 얘기해야 하니까 제 입장에서는 좀 고된 일이지요.

단체공부는 여러 수련생들이 힘을 합하여 해내야 하는 과제를 가지고 공부하는 것입니다. 한마음으로 결집이 되어야만 해낼 수 있는 과제를 내려주시는데 그걸 해내면 개인적으로 넘어야 할 수련 과정이 많이 단축됩니다. 개인적으로 힘들게 겪어 넘겨야 했을 일들이 경감되어 다가오는 것입니다.

그러니 단체 과제가 내려오는 것은 행복한 일입니다. 쉬운 길을 택하게 하느라고 과제를 내려주신 거라고도 생각할 수 있습니다.

仙계의 과제 4가지

지금까지의 仙계의 과제는 줄기차게 똑같은데 아래 4가지입니다.

1. 지속적으로 수련하기
2. 수련 보급하기
3. 자립하기
4. 자신들의 힘으로 자신들의 영혼을 누일 집인 수련장 마련하기

이 과제들은 평범한 인간으로 살아가기에도 꼭 필요한 과제라고 여겨집니다. 다른 어떤 사람이 아닌 수련생들 자신을 위한 과제이고요. 仙계에서는

이미 씨앗(仙서와 수련법)을 뿌리셨으므로 수련생들이 농사짓는 과정을 즐기기를 바라시는 것이고 수확의 기쁨을 누리기를 바라시는 것입니다.

그리고 도반들과 함께 해내기를 바라십니다. 소크라테스처럼 "인간은 할 수 있다, 더불어 하면 더 잘할 수 있다"는 단 두 마디의 말로 조물주님을 가장 많이 닮은 자손인 인간들의 위대함을 드러내 주기를 바라십니다.

수련생의 목표

수련생들이 가장 1차적으로 해야 할 일은 '수련'입니다. 수련생의 1차 목표는 수련임을 잊지 않음으로써 언제 어떤 상황에서건 하루 4시간 이상의 수련시간 확보와 仙서읽기를 챙겨야 합니다. 2차 목표는 '수련 보급'입니다. 각자의 소명을 통해 수련의 보급이라는 사명을 이루어야 합니다. 이 2가지는 仙계수련생이 반드시 해내야 하는 사명입니다.

그런데 '수련 보급'은 1차 목표인 수련을 뒷받침하기 위한 것입니다. 수련을 보급하여 수련에 동참하는 이가 많아져야만 승수(乘數 : 곱셈에서 어떤 수에 곱하는 수) 효과가 발생하여 수련 진도가 빨라지기 때문입니다.

'자립하기'와 '수련장 마련하기' 역시 마찬가지입니다. 건강, 돈, 정情문제에 매이지 않고 지속적으로 수련하기 위해 3가지(신체적, 정서적, 경제적) 자립을 이루고자 하는 것입니다. 좋은 환경에서 함께 수련하기 위해 수련장을 마련하고자 하는 것입니다.

4가지 과제는 결국 모두 '수련'을 위한 것이라는 말씀을 드립니다.

단체공부를 잘 해내려면

단체공부는 한마음이 되는 것이 중요합니다. 개인이 뭘 잘 하는 것보다 그걸 더 높이 평가합니다. 지도자를 따라 얼마나 한마음을 이루어 내느냐가 중요한 평가 기준입니다.

단체수련을 하는 仙계수련생들은 같은 배를 탔다고 볼 수 있습니다. 仙계로 가는 우주선에 탔습니다. 대주천 인가를 받은 수사들은 일등석에 앉은 셈이고 나머지는 일반석에 앉은 셈인데 어찌 됐든 같은 배입니다.

그 배의 단체수련 점수가 충분히 오르면 仙계까지 갑니다. 그 안에서 뜀박질을 한다고 해서 더 빨리 가지지는 않습니다. 아무리 발을 동동 구른들 배의 속도를 넘지는 못합니다.

그러니 개인플레이보다는 자신의 역할을 해주시기 바랍니다. 하늘을 믿고, 마음을 턱 놓으시고 배가 무사히 가도록 자신의 역할을 찾아서 해주십시오.

5. 수련 보급하기

타인의 진화를 돕는 일

만일 어떤 사람이 수천 명의 목숨을 구했다면 그것만으로도 仙계에 갈 수 있다고 여깁니다. 한 사람의 목숨만 구해도 커다란 공덕인데 그만한 공덕이라면 仙인이 될 자격을 갖춘 분이라고 할 수 있습니다.

그런데 생명을 구하는 것보다 더 귀하고 높이 평가되는 일은 '타인의 진화를 돕는 일'입니다. 내가 누군가의 영성 개발을 이끌어 주었다, 누군가의 진화에 내가 어떤 계기를 마련해 주었다 하는 것은 생명을 구하는 것과 비교할 수 없을 만큼 공덕이 큽니다.

왜 그런가 하면 목숨을 구해줬다는 사실 자체만으로는 그 사람에게 덕을 입혔다고 보장할 수 없기 때문입니다. 그 사람이 목숨을 연장함으로써 나쁜 짓을 더 많이 할 수도 있기 때문입니다.

그러나 타인의 진화를 돕는 일은 그렇지 않습니다. 기적이든, 심적이든, 물질적이든 타인의 영성을 개발시키는 일에 내가 조금이라도 도움을 줬다면 그것은 대단한 공덕입니다.

仙서 보급, 수련생들의 사명

仙서의 보급이 쉬운 일은 아닙니다. 가장 높은 차원의 말씀을 가장 낮은 수준으로 전달해야 하는 일이기 때문입니다. "알아들을 사람만 알아들어라" 하면 보급할 필요가 없습니다. 알아듣지 못하는 분들에게 알려야 하니까 어려운 것입니다.

그러나 仙서를 전하는 일이 이제는 제 일이 아니라고 여깁니다. 저는 이미 원료를 다 내놓았고 그것으로 제 할 일은 다 했다고 봅니다.

그 원료를 대중적인 언어로 풀고, 문화 콘텐츠로 풀어서 전달하는 것은 수련생들이 해야 하는 일입니다. 전하기만 할 뿐 아니라 몸소 실천하고 모범을 보임으로써 이 땅에 仙문화를 가꾸어야 하는 분들입니다.

나는 어떤 방법으로 전할 것인가?

仙서의 본질이 100%라면 지금은 5% 정도를 표현하고 있다고 여겨집니다. 본질은 우수한데 표현을 제대로 해내지 못해서 다이아몬드를 돌 값에 팔고 있습니다. 간혹 오해받는 일도 있고요.

해결 방법은 자기 분야, 자기 수준에서 仙서를 전하는 방법을 한 가지씩 찾아내는 것입니다. 예를 들어 내가 만화가라면 만화로 仙서를 표현해 보는 것입니다. 사후세계가 어떠한지 궁금한 분들 많잖습니까? 仙서가 알려주는 사후세계의 실체를 만화로 그려본다면 호응을 얻을 수 있을 것입니다. 동화 작가라면 아이들 눈높이에 맞게 동화를 써볼 수 있을 것이고요. 외국어를 잘 하시는 분은 仙서를 해당 언어로 번역해 보십시오. 한 권만 번역해도 仙의 본질에 가까워질 것입니다.

꼭 글이나 그림을 다루는 분야가 아니어도 됩니다. 자기 분야에서 仙서의 기운과 파장을 전달하는 뭔가를 만들어 내면 됩니다.

지금 이 자리에서 할 수 있는 일을

가까운 곳에서 길을 찾지 않고 먼 곳에서 찾는 분도 있더군요. 정신과 의사가 되어 10여 년 후에 仙서를 전하는 책을 쓰겠다거나, 영화공부를 해서 먼 훗날 仙서를 전하는 영화를 만들겠다거나….

그런 일을 하는 데 드는 시간과 노력, 경비를 아껴 지금 이 자리에서 할 수 있는 일을 찾으라는 말씀을 드리고 싶습니다. 반드시 자신이 하여야 한다는 생각을 버리고 그런 일을 할 수 있는 사람들을 수선재로 인도하여 그들로 하여금 하게 하면 어떨지요?

남을 감동시키는 책을 직접 쓰거나 영화를 직접 만들려면 오랜 시간의 준비를 필요로 합니다. 그 분야의 전문가가 되어야 합니다. 그리고 한 분야에 몇 십 년 종사하여 한 우물을 판 분들을 따라가기란 쉽지 않은 일입니다. 기초가 부실하면 운 좋게 떴다가도 한두 번으로 사라져버리고 맙니다.

그런 노력을 수련하는 데 더 기울이고 仙서를 보급하는 데 더 기울이면 반드시 자신이 하는 것은 아니라도 더 효율적으로 그런 일을 할 수 있습니다. 자신이 필요로 하는 그런 분들은 반드시 자신의 주변에 있기 마련이니까요.

경제적, 신체적, 정서적으로 독립하여 자유를 누리며, 맑고 밝고 따뜻한 仙계의 일꾼이 되는 노력과 아울러 이웃을 위해 이런 일을 꾸준히 할 수 있다면 인간으로서는 가장 축복받는 생이 아닐까요?

그리고 仙서를 전하기에 앞서 본인들이 먼저 달라져야 합니다. 주변 사람들이 '저 사람은 뭔가 다르다, 왜 다를까?' 하고 관심을 가질 만큼 뭔가 다른 모습을 보여야 합니다. 스스로 먼저 행복하고, 맑고 밝고 따뜻한 모습을 보일 수 있다면 그것이 제일 효과적인 방법이라고 봅니다.

6. 수련장 마련하기

수련장이 왜 필요한가?

仙계수련에서는 단체로 수련할 수 있는 수련장이 필요합니다. 仙계수련은 기본적으로 단체수련이기 때문입니다. 물론 때가 되면 독련獨鍊을 할 필요가 있습니다. 그러나 지금 수련생 중에서 독련을 할 수 있는 수준에 있는 분은 한 분도 안 계십니다. 다 단체수련을 해야 하는 분들입니다.

어쩔 수 없는 사정 때문에 집에서 혼자 수련할 수밖에 없는 경우가 아니라면 수련장에 나와서 수련하는 것이 훨씬 좋다는 얘기인데 우선 수련장 기운의 덕을 볼 수 있습니다. 수련장에는 메인main 안테나와 기氣 방석*이 있어서 개인 집하고는 비교할 수 없을 만큼 큰 기장氣場이 형성되어 있습니다. 메인 안테나의 도움 없이 仙계의 기운을 직접 받으려면 개인 안테나의 직경이 1미터는 되어야 합니다. 그래야만 독립 중계소 역할을 할 수 있습니다. 그러나 현재 그 정도 수준에 이른 수련생은 없습니다.

그 다음으로 도반들의 덕을 볼 수 있습니다. 수련장에서 도반들과 함께 수련하면 서로 기운을 주고받으면서 상승효과가 얻어진다는 말씀을 드린 바 있습니다. 고비가 왔을 때 기운의 힘으로 같이 문을 열고 나가는 효과가 있다고요. 단체수련을 하는 것이 훨씬 진도가 빠른 것입니다.

仙계수련장의 위용을 갖추려면

절이나 교회처럼 웅장한 규모의 수련장일 필요는 없습니다. 비바람을 피할 수 있는 즉 자연에 순응하는 겸손한 건물이면 됩니다.

---

* 기氣 방석은 수련 시 원하는 우주의 모든 곳에 드나들 수 있는 우주선宇宙船의 역할을 합니다.

그러나 수련장으로서의 위용은 갖추어야 한다고 봅니다. 성당이나 절은 발을 들여놓으면 벌써 정신이 번쩍 나지 않습니까? 경건한 분위기에 젖어서 자기도 모르게 옷깃을 여미게 됩니다. 건물의 위용 때문에 함부로 행동하지 않게 되는 것입니다. 仙계수련장도 그렇게 위용을 갖춘 건축물이어야 한다고 봅니다. 들어가기만 하면 저절로 수련하고 싶은 마음이 들게끔 지어야 하는 것입니다.

그리고 仙계수련장은 조물주님의 반열에 계신 仙인님들과 우주인들이 매일 오시는 곳입니다. 그분들 뵙기에 부끄럽지 않은 수련장이어야 하지 않겠는지요? 비싼 건물일 필요는 없되 대충 아무렇게나 수련장을 마련해서는 안 된다는 얘기입니다.

불교의 경우 전통이 있기 때문에 아무 데나 세 들어가서 절을 내지는 않더군요. 절은 부처님을 모시는 곳이라 해서 꼭 땅을 사서 짓더군요. 仙계수련장도 그러해야 한다고 봅니다. 오두막집이라도 좋으니 처음부터 仙계수련장의 용도로 지은 집이어야 합니다.

제 어머니는 예전에 교회를 내실 때 흙벽돌을 찍어 신도들과 함께 직접 건물을 지으셨습니다. 그래서 지금까지도 성소로 여겨지고 있습니다. 사오십 년 전에 지은 흙벽돌 집이기에 지금은 사람이 못 사는데도 종단에서는 안 허물고 보존하더군요. 의미가 깊은 곳이라고 여겨서 그러는 것이었습니다.

仙계수련장도 수련생들이 직접 지어 성소로 가꾸어야 하지 않겠는가 합니다. 풀 한 포기, 나무 한 그루조차 직접 가꾸면서요.

수련장 마련은 속성 과외

수련장을 짓는 일은 단체공부의 교재로서 속성 과외와 같습니다. 마음을 모아서 자신들의 영혼을 누일 집인 수련장을 아름답게 완성한다면 수련의 반은 성취한 거라고 여겨집니다.

대개 건축물은 한 나라의 문화가 집대성되어 나온 결과물입니다. 우리가 못사는 나라라고 여기는 캄보디아니 스리랑카니 하는 나라들도 조상으로부터 물려받은 기막힌 건축물을 가지고 있습니다. 당대에는 그걸 짓기 위해 고생했을지 몰라도 후손들은 대대손손 그 덕을 보고 있습니다. 인도의 타지마할의 경우 수십만의 인원이 동원되어 이십 몇 년 동안 지었다고 하는데 당대의 민초들은 많은 고생을 했을 것입니다. 그러나 그 이후 수백 년 동안 수많은 인도인들이 타지마할로 인해 먹고 살고 있으니 값진 희생을 한 거라고 볼 수 있습니다.

피라미드의 경우도 수십만의 인원이 동원되었는데 모두 한마음으로 지었습니다. 당대의 종교와 왕실에 대한 절대적인 믿음이 있었기 때문에 한 사람도 흐트러진 마음 없이 피라미드를 짓는 데 몰두했습니다. 그래서 그렇게 불가사의한 건물이 나올 수 있었습니다.

그때 성전 건축에 참여하셨던 분들은 그런 일을 하기 위해 태어나신 분들입니다. 공부의 일환으로 그 시대에 인도나 이집트에 태어나 일을 하신 것입니다. 노동만 한 것이 아니라 공부를 하신 것입니다.

언젠가 제가 수선대에 대수련장이 완성되고 나면 곧바로 수련장을 허물겠다는 말을 한 적이 있습니다. 환경 파괴를 하겠다는 것이 아니라 남에게 기증하든 어찌하든 우리의 수련장으로 남기지는 않겠다는 뜻입니다. 수련장 짓기는 공부의 교재로서 주어진 일이었기 때문입니다.

仙계가 수련장이 필요하지는 않습니다. 제가 수련장이 필요하지도 않습니다. 수련장이 필요한 이는 수련생들입니다. 仙계는 수련생들이 자신들의 영혼의 집을 짓는 과정을 통해 마음을 모으고 수선재의 주인이 되기를 바라시는 것입니다.

내 집을 내가 짓는다는 마음으로

수련장을 지을 때는 내 집을 짓는다는 마음으로 임해 주시길 부탁드립니다. 수선재의 수련장이 아니라 내 수련장입니다. 수선재는 수련생들의 것이기 때문입니다.

내 집을 내가 짓는데, 나 혼자 다 지을 수가 없어서 도반들과 같이 짓는 것입니다. 나는 어디서부터 어디까지 지을 테니 형님은 이걸 해주시고, 아우님은 이걸 해주시고, 이렇게 내가 주도하는 자세여야 합니다. 남의 집을 짓는데 내가 끼어들어 벽돌 하나 놔주는 자세가 아닙니다.

수련장 짓기뿐 아니라 수련장 운영도 그러해야 한다고 봅니다. 내가 할 수 있는 일은 여기서부터 여기까지니까 내가 먼저 그것을 하겠다, 그렇게 먼저 모범을 보이면서 끌고 가는 자세여야 합니다. 그러고 나서 주변 도반에게 이걸 좀 해달라고 부탁하시고요.

내 집을 짓는다고 생각하면 기쁜 마음으로 할 수 있습니다. 수련할 때 잠시 들르는 남의 집이라고 생각하면 한없이 부담스러울 것이고요. 사랑하는 배우자와 같이 지낼 집을 내 힘으로 짓는다 하면 굉장히 기쁘잖습니까? 한 생각의 차이로 즐거울 수도 부담스러울 수도 있는 것입니다.

'내 집이 아니다', '내가 잠시 빌려 쓰는 곳이다' 이렇게 여겨진다면 관여하지 않으셔도 됩니다. 마음을 분명히 하시는 게 중요합니다. 심사숙고해서 그 일이 내 일이라면 즐겁게 참여하시고, 내 일이 아니라면 제쳐두시면 되는 것입니다.

앙코르와트 행련

지난 앙코르와트 행련에서는 두 가지를 얻었습니다. 첫째는 지상에서 가장 신을 사랑한 나라의 선조들과 교류한 것이고, 둘째는 아시아인들의 저력을 본 것입니다.

일본에서부터 중동을 거쳐 터키에 이르는 지점에 무한한 가능성이 있음을 확인하였습니다. 특히 앞으로 세계를 이끌 종족은 인도차이나(베트남, 라오스, 캄보디아)와 말레이시아, 태국, 인도, 중국, 터키, 인도네시아 등 아시아 지역에 있음을 보았습니다. 지구의 5대 종교(불교, 천주교, 기독교, 마호메트교, 힌두교) 또한 모두 아시아에 기반을 두고 있더군요. 아시아를 더욱 가까이하고자 합니다.

앙코르(캄보디아)는 전 세계에서 가장 아름답고 정성스러운 신전을 지니고 있는 나라였습니다. 신전으로 대표되는 그리스를 뛰어넘는 경지였습니다. 仙계에서 왜 제게 앙코르와트를 보고 오기를 바라셨는지를 알았습니다. 섭씨 40도를 오르내리는 무더위 속에서 신전을 짓느라 온갖 정성을 다한 모습을 보기를 원하셨던 것이죠.

정글 지역에서 귀한 돌을 재료로 하여 조금 더 하늘에 닿고 하늘과 통하기 위하여 높이 쌓아올렸으며, 무더위 속에 공중에 매달려 돌에 온갖 조각을 하였더군요. 땀을 비 오듯 흘리며 그러한 신전을 구경하는 것도 고행인데 하물며 그 신전을 완성시킨 그들의 고행은 짐작도 하지 못하겠더군요.

혹자는 그러한 신전을 짓느라 국민을 동원시킨 왕들을 국민을 착취한 독재자라고 말하지만 하늘의 입장에서는 신전을 짓는 일같이 훌륭한 교화 방법은 없는 것입니다. 인생은 어차피 고행이므로 같은 고행이라도 그들의 것은 의미 있는 고행이었으며, 고행이자 예술이며 문화를 창조하는 일이었지요. 그들이 남긴 훌륭한 문화유산으로 인하여 그들 후손들이 오래도록 먹고살 수 있는 것이고요.

비록 그들의 힌두 신들이 仙계의 입장에서 보면 수준 높은 신들은 아닐지라도 그들이 신을 향하여 한마음으로 임했기에 천 년이 지난 오늘까지 그 자취가 남아 있는 것이겠지요. 그들은 신들로 대표되는 하늘에 정성을 다한 것이지만 결국은 자기 자신들에게 정성을 다한 공부를 한 셈이지요. 정성이 하늘에 닿으면 그들 자신이 신이 되는 것이기 때문이지요. 신은 머리와 입으로 되는 것이 아니라 정성을 다한 몸으로 되는 것입니다.

신전 작업에 참여했던 앙코르의 민초들에게 한없는 존경과 축복을 보내고 왔습니다. 하늘을 향한 그들의 무지막지한 정성은 저도 엄두조차 내지 못하는 경지이더군요.

-『천서 0.0001』 4권에서

4절 | 스승과 제자

1. 스승의 사명과 역할

仙계수련에서 스승의 비중

仙계수련에서 수련이 효과적으로 진전되려면 무엇이 필요할까요? 어떤 것들이 어떤 비중으로 필요할까요?

仙서, 기운, 스승의 역할, 수련생 개인의 노력, 4가지가 필요합니다. 어느 한쪽으로 치우치지 않고 똑같은 비중이 되는 게 바람직합니다. 仙서 25%, 仙계의 기운 25%, 저의 역할 25%, 자신의 노력 25%입니다.

보이는 것 50%, 보이지 않는 것 50%의 비율입니다. 보이지 않는 것에 너무 의존하면 허황되기가 쉽고, 보이는 것에 너무 치우치면 현실 안주가 되기 쉽기 때문에 이렇게 25%씩의 비중을 지켜주시는 게 좋습니다. 仙서가 너무나 중요하고 옳은 말씀이지만 仙서에만 너무 큰 비중을 두면 안 되고, 나는 오로지 기운만 받겠다고 해도 안 된다는 얘기입니다.

그리고 전체 안에서의 비중을 따질 때 25%라는 것이지 각각의 항목들이 25% 정도만 중요하다는 뜻은 아닙니다. 仙서 100%, 仙계의 기운 100%, 저의 역할 100%, 자신의 노력 100%, 모두 그 자체로서는 100%의 가치를 지닙니다. 전부 받아들였을 때 25%씩의 비율이 된다는 얘기입니다. 그중 저의 역할이 25%의 큰 비중을 차지하고 있는데 저는 실체가 있는 '인간'으로서 仙계의 뜻을 전달하고 있습니다.

대개 보면 자아가 강한 분들은 독자 노선을 걷고 싶어 합니다. 아직 혼자 설 수 있는 상태가 아닌데도 독자적으로 수련하고 싶어 합니다. 궁극적으로는 팔문원으로 직접 가야 하는 게 맞습니다. 중각 2단계의 중간을 넘어서면 그때부터는 독자적으로 가도 된다는 말씀을 드렸습니다. 그러나 아직 그럴 때도 아닌데 미리부터 저의 역할을 부정해 버린다면 받아야 할 수련지도를 못 받게 될 것입니다.

부처를 만나면 부처를 죽이라는 말이 있습니다. 헌데 부처를 만나기도 전에 죽이고 싶어 안달을 한다면 그것처럼 어리석은 일은 없을 것입니다.

'선생'으로 나왔다

저는 仙계에서 나올 때 '선생'으로 나왔습니다. 뭔가 딴 걸 하려고 나온 사람이 아니라 仙계수련을 가르치려고 나온 사람입니다. 저의 역할은 분명하게 '수련지도'입니다.

제가 『仙계에 가고 싶다』를 출간하면서 궁금한 사항이 있으면 팩스로 문의하라고 써놨더니 온갖 문의와 주문이 쏟아지더군요. 우리나라 역사가 많이 왜곡되었는데 진실을 밝혀줄 수 있는가? 과학과 관련된 일을 해줄 수 있는가? 그런데 사람이 온갖 일을 다 할 수는 없습니다. 해서도 안 되고요.

자신을 안다는 것은 자신의 역할을 아는 것입니다. 내가 이번 생에 무슨일을 하기 위해 태어났는지 알아야 하는데 저의 역할은 '수련지도'라는 말씀을 드립니다.

저에게 제 소관이 아닌 것을 바라는 분도 있더군요. 왜 돈을 왕창 벌지 못하느냐? 왜 베스트셀러를 내지 못하느냐? 자꾸 이렇게 질문합니다. 그런데 그런 것들은 제가 할 일이 아닙니다. 제 역할은 어디까지나 선생입니다.

만일 제가 종교 지도자나 정치 지도자의 역할을 가지고 나왔다면 원 없이 그런 쪽으로 보여 드렸을 것입니다. 의사로 나왔더라면 원 없이 환자를 치료했을 것이고요. 그러나 저는 선생으로 나왔습니다. 작가라는 직함이 있긴 하나 작가 활동은 수련을 전하기 위한 방편으로서 꼭 필요한 만큼만 하고 있습니다.

저의 역할은 기운과 말씀을 전달하여 재생산하는 역할입니다. 제가 직접 뭘 하기보다는 그걸 할 수 있는 사람을 길러내는 것입니다. 만일 제가 제 역량의 50%만 전달하고 나머지 50%로는 작가 활동을 하여 돈도 벌고 노벨상도 타겠다 한다면 그건 제 사명이 아닐뿐더러 수련생들에게도 손해입니다. 그래서 에너지의 최대치를 수련지도 쪽으로 돌리고 있는 것이고요. 그러니 제게 수련지도 이외의 다른 기대는 하지 말아 주셨으면 합니다.

작가를 거친 이유

제가 개인적으로 하고 싶은 일은 '작가'입니다. 만일 저에게 선택의 자유가 주어진다면 저는 자유롭게 살면서 인간의 영혼을 노크하는 좋은 글을 쓰고 싶습니다. 그래서 지금도 좋은 영화나 책을 보면 가슴이 뜁니다. 내가 하고 싶은 일은 이런 것인데 하면서요.

이번 생의 제 역할이 작가는 아닙니다. 그럼 왜 작가를 거쳤느냐 하면 仙서를 보급하기 위해서입니다. 아직 수련에 들어오지 않은 많은 분들에게 하늘의 뜻을 쉽게 풀어서 전달해야 했기 때문입니다. 仙서가 잘난 사람, 공부 많이 한 사람에게만 전해져서는 안 되기 때문입니다. 드라마를 공부함으로써 보편타당한 대중적인 언어로 메시지를 전달하는 테크닉을 배웠습니다.

쉬운 내용을 어렵게 쓰는 것은 쉽습니다. 어려운 내용을 쉽게 풀어쓰는 것은 상당히 어렵고요. 저도 늘 고심하고 있는 부분입니다.

仙계수련의 스승

仙계수련에서 스승은 절대적인 존재이며, 이 수련은 스승의 인도가 없이는 불가능하다.

스승의 역할 중 가장 중요한 것은 방향을 알려주는 것이며, 지향점을 알려주는 기능은 안개 속에서 헤맬 일이 수없이 많은 속세의 특성상 절대적인 필요성을 지닌다.

속세에서 인간의 한계는, 알고 보면 아무것도 아닌 것으로 생각될 정도로 쉬운 문제들의 답이 나오지 않는다는 것이며 따라서 이러한 문제들의 답에 대한 한마디의 설명이 수년에서 수천만 년을 앞당길 수 있는 것이다.

스승은 여러 가지 모습으로 제자에게 내려온다. 비, 바람 등 자연의 모습으로 오기도 하고, 자신보다 열등한 사람의 모습으로 오기도 하며, 자신에 비하여 너무 잘난 사람의 모습으로 오기도 하고, 오지 않은 상태에서 파장으로 전달하는 경우도 있다.

이들 스승의 모습은 결코 다른 사람보다 모든 면에서 나은 모습이 아닐 수도 있으며, 이것은 그 스승의 역할이 어떠한 것이냐에 달려 있는 것이다.

속세의 仙계수련 중 스승의 역할을 보면 사방이 보이지 않는 어둠 속에서 앞장서서 등불을 들고 가는 것에 비유할 수 있다. 이때 따라가는 사람은 등불을 보고 따라가는 것이며, 앞장선 사람의 옷이 더럽고 손에 때가 묻은 것을 구별하며 가는 것이 아닌 것이다. 그러한 것은 중요한 것이 아니며, 등불이 정확한 방향을 정하여 가고 있는 것인가에 초점이 있는 것이다.

이때 등불을 들고 가는 사람은 어떻게 하면 바람에 등불이 꺼지지 않도록 할 것이며, 일행들을 목적지에 안착시킬 수 있을 것인가에만 신경을 쓰게 된다.

바람은 유혹이며 이들의 유혹에 등불이 꺼진다면 자신은 물론 따르는 모든 이들과 함께 다시 되돌아가야 하는 일이 생길 수도 있는 까닭에 자신의 일인 오직 등불을 지키고 길을 바로 가는 것에만 노력하게 된다.

이렇듯 스승이란 한 가지 일, 즉 등불을 지키고 바른 방향으로 가도록 하는 것에만 노력하는 경우도 있고, 이 등불을 보면서 뒤에 오는 사람들이 바로 따라올 수 있도록 노력하여야 하는 역할도 있으며, 이 두 가지 역할이 한꺼번에 부여된 경우도 있다.

문선생의 경우 이 두 가지 역할을 다하여야 하므로 그만큼 부담이 큰 것이다.

허나 스승은 방향을 알려주는 역할이 가장 중요한 것이며, 이 한 가지를 보고 따라간다면 어긋남이 없는 것이다. 특히 제자들을 내세우기 위하여 감추어진 스승일 경우 제자들을 살리기 위하여 전인적인 모습을 갖추지 않는 것이 仙계의 관례이다. 그만큼 스승의 희생이 따르는 것이며 이를 바탕으로 제자들이 다음 사람들에게 스승의 역할을 하게 되는 것이다.

올림픽에서도 선수란 모든 종목에서 전부 잘하는 것이 아니라 자신의 특기 종목 즉 100미터 달리기 하나만으로 금메달을 따는 것이며, 씨름 하나로 천하장사가 되었다가 대학교수가 되어 후학을 지도하는 선생의 경우도 있다.

선생이란 전인적인 모습이 이상적이기는 하나 수련에 필요한 한 가지만을 잘 알려주는 것으로 가능한 것이다. 국어선생은 국어를 가르치는 것이며 수학선생은 수학을 잘 가르치는 것으로 가능한 것이다. 또한 유치원 선생님은 유치원 당시의 선생인 것만으로 평생 선생인 것이며, 중·고등학교 선생님 역시 졸업하고 나서도 영원히 선생님인 것이다.

스승은 수련에 있어서 부모와 동격이며 더욱이 仙계의 항렬은 절대적인 것이므로 이를 어길 경우 그에 상응하는 처분이 내려오는 것이다.

-『천서 0.0001』 2권에서

수련생이 더 귀하다

사회적으로 유명하신 분들이 저에게 만나자고 청하는 경우가 꽤 많습니다. 과거에 이렇게 저렇게 알았던 분들도 일대일로 만나자고 청해 오고요. 제가 안 만나주면 이해를 못합니다. 왜 그렇게 비싸게 구느냐고 빈정거리기도 합니다.

그런데 저는 제가 비싸서 그분들을 안 만나는 것도 아니고 바빠서 안 만나는 것도 아닙니다. 안 만나고 싶어서 안 만나는 것입니다. 기운이라는 것은 자신이 쓰고 싶은 쪽으로 쓰이게 마련인데 저는 바깥에 있는 그 잘난 분들에게 기운을 나눠주고 싶지가 않은 것입니다. 바깥에 있는 그 대단한 분들보다는 수선재 안에 있는 대단하지 않은 수련생들이 더 귀하기 때문입니다.

수련지도를 받고 싶으면 수선재에 회원으로 들어오면 됩니다. 그렇게는 안 하고 꼭 저와 일대일로 만나려고 합니다. 만나봤자 호기심 내지 지식을 얻는 수준에서 접근합니다. 결국 묻는 것은 내가 언제 출세하겠는가, 언제 돈을 벌겠는가 이런 것들이고요. 그러니까 만나고 싶지가 않은 것입니다.

또 그런 분들은 단시일 내에 깨이지가 않습니다. 수없이 공을 들여야 깨어날까 말까 합니다. 그럴 바에는 그 에너지를 수련생들에게 쏟고 싶습니다. 그런 분들을 거둬들이는 일은 저 대신 수련생들이 하면 되는 것이고요.

수련지도는 종합예술

TV에 한비야가 나온 걸 봤는데 참 부러웠습니다. 신나게 해외여행을 다니다가 지금은 긴급구호 활동가로 변신했는데 너무나 신나게 일하시더군요. 그분은 매일 자지도 않는다고 합니다. 이틀이든 사흘이든 계속 일하다가 너무 지치면 어딘가에 쓰러져서 잔다고 합니다. 몇 시간 자고 일어나면 괜찮아진다고 하고요.

자신이 누군가에게 도움이 된다는 사실이 너무나 기쁘다고 하더군요. 신바람이 나서 잠도 안 온다고 합니다. 자신이 하고 싶은 일을 그렇게 신나게 하고 있다는 점이 부러웠습니다. 몸 바쳐서 사랑을 실천하기만 하면 된다는 점도 부러웠고요.

제 경우 실천만 한다고 되는 일이 아닙니다. 수련 선생이라는 자리는 온갖 사람을 상대해야 하기에 온갖 능력이 필요한 자리입니다. 곰 같은 면도 필요하고, 여우 같은 면도 필요하고, 엄마 같은 면도 필요하고, 하인 같은 면도 필요하고, 폭군 같은 면도 필요하고…. 제가 황진이 仙인에게 '명색이 선생인데 예술적인 감각이 없다'고 했더니 '수련 선생은 종합예술인데 왜 예술적인 감각이 없다고 하느냐'고 답하시더군요.

아무튼 仙계에서도 저만한 선생이 없다고 하십니다. 수련 선생은 수련지도를 잘 하면 되는 사람인데 이리 치든 메치든 어떻게든 해내고 있으니까요. 방법은 사람마다 다르게 지도하는 것입니다. 이 사람에게는 이렇게, 저 사람에게는 저렇게….

목숨을 걸고서

저는 지금 목숨을 걸고 수련지도를 하고 있는 입장입니다. 저분을 공부시키는 것이 과연 가치 있을까, 기운이 아깝진 않을까 하는 계산 없이 전심전력으로 하고 있습니다.

수련생 한 분 한 분에 대해 짝사랑하듯 관심을 갖고 있습니다. 보기 싫으면 싫었지 관심이 없지는 않습니다. 왜 보기가 싫겠습니까? 관심이 많으니까 그런 것입니다. 관심이 없다면 예쁘기만 할 것입니다. 수련생 한 분이 잘못되면 속상해서 울기도 합니다. 억울해서 우는 게 아니라 그 사람이 너무 안됐기 때문입니다.

오늘 아침에도 수련을 하면서 어느 수련생의 전생과 금생에 관한 자료를 다 찾아보았습니다. 사실 그분과 제가 무슨 관계가 있겠습니까? 그분에 대해 제가 절박해야 할 이유는 전혀 없습니다. 그런데도 이해하려 하고 연구하려 하는 것은 제가 '선생'이라는 직분을 맡고 있기 때문입니다. 자신의 직분을 소홀히 하고서는 사람이라고 할 수도 없는 것이지요. 보통 사람들도 자신이 맡은 일은 목숨을 걸고 하지 않습니까? 인간적으로는 큰 관심이 없지만 그분이 수련생이고 제가 돌봐줘야 할 사람이니까 이분이 어떤 점이 사랑스러울까 애써 발견해 가면서 관심을 갖는 것입니다.

2. 보이지 않는 지도

기운 저수지의 역할

제가 하는 일의 99%는 보이지 않는 일인데, 우선 기운 저수지의 역할을 합니다. 제 단전이 우주기운의 저수지 역할을 합니다.

仙인들은 단전이 없습니다. 왜냐하면 그분들은 필요하면 즉시 조달이 가능하기 때문입니다. 기운을 가둬두어야 할 필요가 없습니다. 그분들 자체가 기체氣體이기 때문에 그 기운으로 움직이고요. 仙계라는 곳은 항상 기운이 필요한 만큼 오가기 때문에 단전이 필요치 않습니다.

그런데 지구에서는 그렇지가 않습니다. 仙계의 기운을 지구에서 활용하려면 어딘가에 저장해 둬야 하는데 '살아 있는 사람의 단전'에 저장해 둡니다. 제가 仙계수련의 안내자이기에 제 단전에 저장해 둡니다. 그 기운이 안테나를 통해 수련생들에게 전달됩니다.

단체 수련지도 일정이 잡히면 저는 며칠 전부터는 사람도 안 만나고 전화통화도 안 합니다. 되도록 탁기를 안 받으려고 노력합니다. 계속 수련하면서 축기하고 정화합니다. 제 상태가 좋아야 수련생들이 좋은 기운을 많이 받아 갈 수 있기 때문입니다.

그래서 저는 기운을 항상 맑고 좋은 상태로 유지하기 위해 부단히 노력합니다. 제 단전이 부실하거나 이런저런 일로 기운을 많이 쓰면 수련생들이 받는 기운의 몫이 줄어들기 때문입니다.

기적인 도구를 만드는 일

수련장이 새로 생기면 안테나와 기 방석이 필요한데 이것들을 기운으로 만들어서 갖다 놓는 일을 합니다. 기 방석의 경우 맨 처음에는 광개토 仙인께서 만들어서 기증하셨습니다. 그러나 매번 그분에게 달라고 요구할 수는 없는 입장이어서 제가 만들고 있습니다.

안테나나 기 방석을 만드는 것은 전부 의념으로 가능한 일입니다. 仙계수련에 그런 수련법이 있습니다. 의념으로 기운을 구체화시켜서 기적인 물건을 만드는 방법인데 고급 단계에 가면 전수합니다. 보통 안테나 한 개를 만드는 데만도 엄청난 기력이 소모됩니다. 한 달 정도 축기를 해야 하는 에너지가 소모됩니다.

남사고 仙인과의 대화를 보면 서경덕 仙인이 상단으로 기운을 쏘아서 천상의 회의에 참여하는 장면이 나옵니다. 그렇게 한 번 기운을 방출하는데 수년간의 공력이 소모되므로 함부로 하지 않는 일이라고 하셨습니다.

그런데 저도 일 년에 한두 번은 仙계에서 하는 회의에 그런 식으로 참가를 합니다. 한 달에 한두 번은 仙계를 방문하고요. 별일은 없는지 仙계의 동정을 알기 위해 가는데 에너지가 많이 소모되는 일들입니다.

보이지 않는 수련지도

수련생들이 수련장이나 집에서 수련하실 때면 종종 제가 가서 한 분씩 점검하고 돌아옵니다. 마음 상태를 검증하여 마음이 열린 상태면 도움을 주고, 그렇지 않으면 검증만 하고 돌아옵니다.

기운을 지원해 주는데 제가 누군가를 떠올리면 그 순간 기운이 갑니다. 저는 늘 수련생들을 떠올리고 있고요.

제 본체本體가 돌아다니면서 수련지도를 하는 경우가 있습니다. 저도 제 본체가 하는 일을 잘 모릅니다. 앉아서 수련할 때는 본체와 제가 같이 있는데 평소 생활할 때는 따로따로가 됩니다. 저는 자거나 텔레비전을 보고 있는데 제 본체는 수련장에 가서 수련지도를 하고 있을 수 있습니다.

천서수신

한참 수련지도를 할 때는 매일같이 천서를 받거나 仙인님들과 대화를 하였습니다. 수련생들이 다 문제가 있지 않습니까? 몸이 아프다거나, 가정 내에서 갈등을 겪는다거나, 자기 자리를 못 찾는다거나 그런 문제들 때문에 개인천서를 많이 받았습니다.

천서라는 것은 수련의 교재입니다. 그것도 산 교재입니다. 오늘은 이 사람, 내일은 저 사람이 교재를 제공합니다. 한 사람을 공부시키는 것만 해도 온갖 교재가 필요한데 스케줄이 각기 다른 여러 사람을 한꺼번에 공부시키려니까 너무나 많은 교재가 필요했습니다. 그래서 제가 그렇게 바쁠 수밖에 없었습니다. 단체수련 차원에서도 많이 받아야 했고요.

상단을 열어 놓고 천서수신을 한다는 것이 사실 엄청난 에너지가 드는 일입니다. A4 용지 한 페이지 분량을 받는데 집 한 채 짓는 에너지가 듭니다. 『소설 仙』이 세 권이나 되는 분량인데 그걸 다 받기까지 얼마나 많은 에너지가 들었겠습니까?

병행하는 일의 힘겨움

제가 지금까지 수련지도와 천서받는 일을 같이 해왔는데 참 힘든 일이었습니다. 우선 하늘과 통한다는 것이 결코 쉬운 일이 아닙니다. 엄청난 에너지가 드는 일인데 매번 목욕재계도 해야 합니다. 하늘과 만나는데 격식도 안 차릴 수는 없는 일이니까요. 그리고 항상 준비되어 있어야 합니다. 일정하게 좋은 상태를 유지해야 천서를 받을 수 있는데 쉽지 않은 일입니다.

옛날에 제사장과 정치 지도자가 따로 있었던 것도 그래서입니다. 한 사람이 다 하기는 힘들기 때문입니다. 하늘과 통하려면 밤낮 하늘만 쳐다봐야 합니다. 앞 쳐다보고, 뒤 쳐다보고, 아래 쳐다보고 이러면서 하늘과 통하기는 어렵습니다.

교회의 목사님들을 보면 일요일 설교 때문에 일주일 내내 스트레스를 받더군요. 이미 성경에 다 있는 내용을 풀어서 전달하는 것인데도 그렇게 스트레스를 받습니다. 만일 목사님들이 하늘과 통하는 일도 하고, 신도 한 사람 한 사람을 보이지 않게 챙기는 일도 하면서 설교 준비를 해야 한다면 아마 그렇게는 못할 것입니다. 교회가 재정 자립이 안 돼서 그것까지 신경 쓰며 해야 한다면 더욱 못할 것이고요.

제가 사소한 일에 신경 쓰지 않도록 도와달라는 부탁을 드리는 것입니다. 제 상태가 좋아야 수련생들이 좋은 기운을 많이 받아갈 수 있기 때문입니다. 제가 하는 일의 99%는 보이지 않는 일입니다. 만일 제가 보이는 일 1%에 신경 쓰느라 99%를 소홀히 하게 된다면 그건 수련생들에게 손해입니다.

3. 마음공부 지도

仙계수련의 조련법

仙계수련의 어려운 점 중 하나는 드러내놓고 하지 않는다는 것입니다. 종교는 본격적으로 드러내놓고 합니다. 천주교는 신부님, 수녀님이 계시고 불교는 스님이 계십니다. 신생 종교에도 성직에 종사하는 분이 계시고요.

그분들은 복장부터가 다릅니다. 아예 드러내놓고 성직자의 모습을 하고 있으니까 그분들에게는 시비를 걸지 않습니다. 술 먹자고 하지 않고 데이트 하자고 하지 않습니다. 성직의 길을 감에 있어 보호하는 효과가 있습니다.

반면 仙계수련은 종교가 아닐뿐더러 수련합네 하고 드러내놓는 것도 없습니다. 머리 모양이니 복장이니 행동이니 하는 것이 다 자유롭습니다. 남들이 보기에 도道공부하는 사람인지 아닌지 알 수가 없습니다. 그러니까 시비를 겁니다. 결혼을 안 하면 왜 안 하느냐고 시비하고, 수련하러 가면 왜 가느냐고 시비합니다.

그런데 선도仙道의 맥이라는 것은 드러내놓고 하지 않는 공부입니다. 『다큐멘터리 한국의 仙인들』에 나오는 仙인들을 보면 다 자신의 일을 하셨습니다. 세종, 광개토, 이순신, 황진이, 신사임당, 이율곡…. 모두 자신의 일을 하셨지 수련한다고 드러내지 않으셨습니다. 그래서 그분들이 仙인이라는 사실을 세상이 모르는 것이지요.

종교의 틀 안에서 공부시키는 것은 비유하자면 야생마를 우리에 가둬놓고 훈련시키는 것입니다. 위험 요소도 적고 쉬운 방법입니다. 반면 仙계수련은 야생마를 들판에 풀어놓고 훈련시키는 것입니다. 길들여지지 않은 말이 어디로 튈지 모릅니다. 조련사가 고도의 테크닉을 갖고 있지 않으면 안 됩니다. 시야가 아주 넓어야 하고 보이지 않는 채찍으로 훈련시켜야 합니다. 그나마 옛날에는 사람들이 의식의 반경이 좁았는데 지금은 전 세계적으로 온갖 정보가 시시각각 노출되는 인터넷 시대입니다. 도로 향하는 모든 문이 열려 있는 상태입니다. 그 상태에서 가둬놓지 않고 수련을 시키는 것이 仙계수련의 방법입니다.

그러니까 선생인 제가 한시도 눈을 뗄 수가 없는 것입니다. 항상 보고 있으면서 바로 가도록 인도하는 역할을 하고 있습니다. 지금은 저만 그런 역할을 하고 있는데 수련생이라면 앞으로 다 그런 역할을 해야 하는 분들입니다.

仙계에서 그런 방법을 선택하신 이유는 천지사방 문을 열어놓고 자기 마음대로 가도록 하되, 제시해 주는 방향을 스스로 따르도록 하는 방법이 가장 효과적이기 때문입니다. 그 방법만이 한 생 안에 仙계에 갈 수 있는 방법이라고 보시는 것입니다. 참 힘든 길인데 그래도 갈 수만 있다면 가장 빠르고 성취감도 높은 길입니다.

각성시켜 주는 역할

어떤 수련생이 이런 얘기를 하더군요. 유명한 스님이 계시는데 그분을 따르는 신도가 전국적으로 굉장히 많답니다. 어찌나 말씀을 잘하시는지 한 번 설법을 들으면 눈물이 쏟아진답니다. 우리 선생님도 좀 그렇게 해줬으면 좋겠다, 내심 그런 바람을 갖고 계신 것 같더군요.

그런데 저는 그런 것을 못합니다. 못할뿐더러 안 합니다. 그렇게 다 포용하고 사랑을 심어주는 방법은 종교에서 활용하는 방법인데 仙계수련의 방법과는 거리가 있기 때문입니다.

仙계수련은 '각覺'을 시켜주는 방법입니다. 대신 짐 져주는 것이 아니라 스스로 깨닫게 하는 것입니다. 너무 고통스러워하면 잠시 짐을 들어주는데 다시 돌려줍니다. 왜냐하면 각이라는 것은 그렇게 대신 들어준다고 되는 것이 아니기 때문입니다. 고쳐야 할 점을 후벼 파줘야 합니다. 그래야 깨집니다.

그런 방법을 쓰기 때문에 제가 다 포용하고 받아들이지는 못한다는 것을 말씀드립니다. 그렇게 하면 공부가 안 되고, 계속 어리광부리기 때문입니다.

짐을 대신 들어주면 위로가 되겠지만 그건 순간적입니다. 근본 원인이 해결되지 않는 한 일시적입니다. 아프고 상처를 입을지라도 각성을 시켜줘야 해결이 납니다. 상처를 후벼 파서 종기를 째는 치료를 해야 새살이 돋는 것입니다.

그러니까 공부 때문에 그런다고 이해를 해주십시오. 수련생들이 어느 정도 공부가 되고 나면 그런 방법을 쓸 수 있을지도 모르겠습니다. 그러나 지금은 후벼 파야 하는 단계입니다.

준비된 상태일 때 일깨워 주는 역할

『연금술사』라는 책을 쓴 코엘료는 15년간 활 쏘는 일에 미친 듯이 열정을 쏟았다고 합니다. 그는 오랫동안 활을 정확히 당기는 법을 익히느라 애를 먹다가 어느 날 스승이 알려준 호흡법대로 하자 어려움이 단번에 해결되었다고 합니다.

그가 스승에게 몇 년 동안 호흡법을 가르쳐주지 않은 이유가 무엇이냐고 묻자 스승은 다음과 같이 대답했다는군요.

"처음부터 호흡법을 가르쳤다면 너는 그것이 별로 필요 없다고 생각했을 것이다. 그러나 이제 너는 그것이 정말 중요하다는 것을 느끼며 연습을 하게 될 것이다. 좋은 스승이 해야 할 일은 바로 이런 것이다."

참 훌륭한 스승이더군요. 저도 코엘료의 스승처럼 제자가 준비된 상태일 때만 법을 전수하는 좋은 선생이고 싶습니다.

그동안은 시행착오를 많이 했다고 여겨집니다. 너무 많은 말씀을 드리고, 너무 많은 책을 내고, 너무 많은 수련지도를 함으로써 仙계수련의 가치를 떨어뜨리는 일을 했습니다. 마음이 급했지요. 수선재의 기운이 지구를 덮고 나아가야 한다고 하셨기 때문에 많이 알려드려야 한다고 생각했습니다.

이제는 절실하게 궁금해질 때까지 기다리고자 합니다. 준비된 상태일 때 꼭 집어서 한마디로 일깨워 주는 좋은 선생이고자 합니다.

천서를 전달하는 타이밍

옛날에는 문의가 들어오면 바로 천서를 받아드렸습니다. 제가 아침에 일어나면 커피 한 잔 마시는 시간을 굉장히 즐기는데 그것마저 생략하고 천서를 받을 때가 있었습니다. 마음이 급할 때 많이 그러는데 받자마자 홈페이지에 올립니다. 지혜를 전해주고 싶은 마음, 눈을 뜨게 해주고 싶은 마음이 꽉 차 있기 때문입니다. 빨리 전달하고 싶어서 타자도 빨리 칩니다.

그런데 그게 제 마음이 아니라 仙계의 마음입니다. 미망에 헤매는 수련생들을 일깨워 주고 싶은 심정, 천서를 전달하는 심정이 그렇게 급하신 것입니다.

仙계에서 우리 수련생들을 바라볼 때는 늘 눈물을 글썽거립니다. 제가 왜 자꾸 눈물을 글썽글썽 하느냐면 제 마음이 仙계와 통해 있기 때문입니다. 仙계의 마음이 그대로 저에게 전달되어 표현되는 것입니다.

仙계에서는 고향을 잃어버린 수련생들이 그렇게 가려고 하는데 뭔가 안 돼서 몸부림치는 모습들을 보면 눈물이 글썽글썽합니다. 몸 상태가 안 좋고, 주변 여건이 안 되고, 생각이 못 미치고, 변변치 못하고 이런 것들이 다 측은하신 것입니다. 야단을 치시는 것도 사랑입니다.

그 사랑이 느껴지니까 받는 즉시 전달을 해드렸는데 그랬더니 가치를 모르더군요. 쉽게 거저 오는 것으로 생각하고요. 제가 하늘을 너무나 싸게 인식시켰구나 하고 후회했습니다. 너무너무 하늘에 죄송했습니다.

그 이후부터는 제가 좀 비싸졌습니다. 참을 만큼 참았다가 꼭 드려야 할 때 드려야겠다고 마음을 굳혔습니다. 어떤 분이 고통에 몸부림치는 것을 보면 천서는 받는데 전달은 안 하는 것입니다. 왜냐하면 더 값어치 있을 때 드리기 위해서입니다. 1, 2년 후에 드리기도 하고요.

공개적으로 아픈 데를 지적하는 방법

기존의 나를 그대로 가지고서는 기운을 아무리 받은들 소용이 없습니다. 본인의 거칠고 뾰족한 부분을 반드시 시정해야 합니다. 仙계수련은 자신을 변화시키고자 하는 수련이기 때문입니다.

그 한 방법으로 제가 누군가를 지목하면서 그분의 아픈 데를 공개적으로 지적할 때가 있습니다. 꼭꼭 숨기고 있던 것 혹은 자신도 잘 모르고 있던 것을 공개적으로 거론하는 것입니다. 그렇게 만천하에 고하면 그분 입장에서는 죽어도 못 잊습니다. 그래서 그것을 고치게 됩니다.

이 방법이 효과적이라는 것을 제가 여러 번 체험했습니다. 공부가 빨리 진척이 되더군요. 당시에는 참 무안하고 상처 입었다고 생각하실 수도 있는데 공부를 위한 것이지 다른 목적은 전혀 없습니다.

대개는 그걸 알고 계셨습니다. 지나고 나서 보니까 참 좋은 방법이었다, 잘 지적해 주셨다고 말씀하시더군요. 사실 정확하게 아픈 데를 꼬집어주면 쾌감이 느껴집니다. 화가 나는 것은 엉뚱한 데를 꼬집으니까 그런 것이고요.

물론 아무리 얘기를 해도 전달이 안 되고 막무가내인 분도 있습니다. 그런 분은 제가 포기를 합니다. 그 부분에 대해서는 더 이상 수련을 안 시키는 것입니다.

고통을 일부러 불러일으키는 경우

풀을 뽑아야겠다 했을 때 싹이 나오자마자 잘라버리면 뿌리를 못 뽑습니다. 뿌리가 깊을수록 좀 자라게 내버려둬야 합니다. 적당히 컸을 때 뽑으면 뿌리까지 뽑을 수 있습니다.

수련생들을 지도할 때도 그런 방법을 씁니다. 어떤 수련생이 딴짓을 하고 있다 하면 알면서도 발설을 안 합니다. 결정적인 기회가 올 때까지 기다리는 것입니다. 마음 같아서는 후다닥 끝내고 싶지만 仙界의 뜻이 그렇지 않기 때문에 끝까지 기다립니다. 몇 년씩 기다릴 때도 있는데 저도 수련지도하면서 인내를 많이 키웠습니다.

그러다가 적당한 시점에 뿌리째 뽑을 수 있는 결정적인 충격을 줍니다. 그러면 뿌리가 뽑히기도 하고 그냥 주저앉아 버리기도 합니다.

하물며 仙계는 기가 막히게 타이밍을 잘 아십니다. 절묘한 시점에 천서를 내려주시기 때문에 거기에 대해서 아무도 말을 못합니다. 돌아오는 길목에서 기다리다가 꽉 잡아서 공부를 시키는데 극적인 효과를 노려서 그렇게 하시는 것입니다.

수선재는 학교라는 말씀을 드렸는데 선생의 입장에서는 좋은 것만 줘서는 공부를 시킬 수가 없습니다. 『仙계에 가고 싶다』에 보면 '선생이란 때로 제자의 고통을 불러일으킴으로써 세상을 가르쳐 주기도 하는 것'는 말이 나오는데 때로는 고통을 일부러 불러일으켜야 하는 것입니다. 가만히 놔두면 공부가 안 되니까요.

예를 들어 어떤 수련생에게 상처가 있는데 그것을 가만 내버려두면 낫지도 않고 곪지도 않은 채 마냥 저렇게 있겠구나 싶으면 일부러 병균을 집어넣어 곪게 만들 수도 있는 것입니다. 그러면 어떤 식으로든 결론이 나게 되니까요. 도道선생은 그런 일을 자청하는 사람입니다.

수련생마다 경우가 다릅니다. 칭찬을 해줘야 공부가 잘 되는 수련생이 있고, 야단을 쳐야 잘 되는 수련생이 있고, 모른 척 내버려둬야 잘 되는 수련생이 있습니다. 이 사람은 이렇게 저 사람은 저렇게 지도합니다. 온갖 방법이 다 나옵니다.

뼈가 시리다

저도 참 경험이 많습니다. 이 일 저 일 많은 일을 해보았습니다.

그런데 이 세상에서 어떤 일이 제일 힘들까 생각해 보니까 물 먹기 싫은 사람을 억지로 끌고 가서 물 먹이는 일이더군요. 그것도 한 번 먹인다고 해서 끝나는 게 아니라 지속적으로 먹이는 일입니다. 정말로 혼신의 에너지가 필요한 일입니다. 세상에 이런 중노동이 없구나 싶었습니다.

'피눈물'이라는 말이 무슨 뜻인지 알았습니다. 제가 혼자 있을 때면 피눈물이 납니다. '골수에 맺힌다'는 말이 무슨 뜻인지도 알겠고요. 병도 골수에 드는 병이 가장 심한 병입니다. 피부나 오장육부에 드는 병은 비교할 바가 못 됩니다.

'뼈가 시리다'는 말이 무슨 뜻인지 아십니까? 제가 뼈가 춥고 시립니다. 몸이 아니라 마음에서 오는 증상입니다. 수련을 시키고자 하는데 잘 안 되니까 그렇습니다. 마음을 바꾸는 것이 그렇게 어려워서 아무리 얘기를 해도 안 됩니다. 어떻게 해야 되겠는가 고민해 봐도 방법이 안 떠오릅니다.

마음이 고통스러우니까 뼈가 아프더라는 얘기입니다. 살면서 제 문제로는 이렇게 고통스러워 해본 적이 없는데 뼈가 아플 정도로 고통스럽더군요.

그럼 그게 제 마음인가 하면 아닙니다. 제가 아무리 사랑이 깊은들 뼈까지 아프면서 고통스럽겠는가? 제 마음이 아니고 저를 통해서 전달이 되는 것입니다. 仙계가 뼈아파하고 계시는 것입니다.

허준 仙인과의 대화

선생인 제가 피로가 심할 때는 어떻게 하여야 하는지요?

선생은 원래 피곤한 것입니다. 수련을 지도한다는 것은 상당한 노고를 수반하는 것이며 공부 중에서 가장 힘든 것이 수련입니다.

힘든 이유는 단순한 지식을 주입하는 것이 아니라 마음을 바꾸는 것이며, 마음을 바꿈으로 몸까지 바꾸어 한 인간이 仙인이 되는 지름길을 제시하고자 하는 것이므로 힘드신 것입니다.

따라서 이 수련의 스승은 제자의 길을 인도함에 있어 사람이 지나가지 않은 울창한 숲 속을 맨 앞에 서서 인도하는 것과 같다고 할 수 있으며 따라서 선생님께서 공부하실 때에 비하여 수 배 내지 수십 배 힘이 드시는 것입니다.

선생은 일반적으로 가장 힘겨운 직업 중의 하나이며 이 힘겨운 직업 중에서도 더 힘겨운 것이 바로 수련 선생인 것입니다. 제자가 백여 명 이상에 이르면 선생 역시 그만한 힘이 들도록 되어 있으며 따라서 그만큼 힘이 더 드시는 것입니다.

선생이 힘을 낼 수 있는 것은 제자들의 수련 정도가 높아지면서 선생에게 힘을 보내줄 단계에 이르렀을 때 힘이 덜 드는 것이며 이때까지는 상당한 힘이 드는 것이므로 이러한 과정을 감내하실 수 있어야 할 것입니다.

선생님의 경우 아직 수선재의 발달 과정으로 볼 때 초기라고 할 수 있으므로 낮에는 터를 닦고, 밤에는 수련을 하여야 하는 것과 같다고 할 수 있습니다. 수련만 하신다면 그렇게까지 힘이 들지 않으실 것입니다.

제자를 키우는 과정에 자신의 몸까지 망가질 정도가 되신 것은 제자들을 진심으로 사랑하는 마음이 과한 나머지 그렇게 되신 것이므로 이러한 과정 역시 仙계에 전부 기록되고 있는 것입니다.

이러한 과정을 벗어나는 것은 제자들이 마음공부를 열심히 하여 스승을 뒷바라지함으로 스승이 힘겨움을 벗어날 수 있도록 하는 것이 가장 좋은 방법입니다.

제자들을 키우면서 스승이 힘들지 않는다면 그것은 참다운 스승이라고 할 수 없을 것입니다.

- 『천서 0.0001』 2권에서

4. 仙계의 제자

우리가 잊지 말아야 할 한 단어

우리가 다 잊어버려도 잊어버려서는 안 되는 한 단어는 '제자'라는 단어입니다. 우리가 지금 여기에 오기까지 수만 년, 수십만 년, 수억 년이 걸렸는데 이번 생에 우리는 '仙계의 제자'로 왔습니다. 그것이 이번 생에 우리가 태어난 목적입니다.

그러니까 아버지다, 어머니다, 남편이다, 아내다, 자식이다, 부모다 하는 것은 다 잊어버려도 항상 잊지 말아야 할 것은 仙계의 제자라는 사실입니다. 저 역시 仙계의 제자로 내려왔습니다. 역할이 수선재의 선생일 뿐이지 언제나 仙계의 제자입니다.

이 자리에 온 운명

제 경우 仙계에 항의도 많이 했습니다. 왜 내가 수련 선생을 해야 하는가? 능력도 부족하고 힘도 달리는데 왜 내가 해야 하는가 하고요. 그러면 항상 답은 이렇습니다. "선택받은 사람이고 운명이다" 제가 이 자리에 와 있는 것은 운명이라는 얘기입니다. 필연적으로 여기 와 있는 것이지 우연이 아니라는 것입니다.

그럼 지금 이 자리에 와 계신 수련생들은 뭔가? 오다가다 우연히 여기 왔는가? 아닙니다. 저와 똑같이 필연입니다. 그 사람의 영靈의 역사가 지금 이 자리에 와 앉아 있을 수밖에 없는 상황이기에 온 것입니다. 만일 그 사람의 영력이 100만 년이다 하면 그 100만 년의 결론으로서 여기 와 있는 것입니다.

물론 수련을 안 하겠다 하면 그것은 본인의 선택 사항입니다. 仙계는 수련생이 수련하는 것을 막지 못하듯이 수련을 안 하는 것 또한 막지 못합니다. 다만 이 자리에 온 것만큼은 우연이 아니라는 것입니다. 필연, 소명, 사명에 의해 오셨습니다.

제 경우 만일 이 일이 '약간만 중요한 일'이었더라면 안 했을 것입니다. 그런데 안 할 수 없는 너무나 중요한 일이었습니다. 이 시점에는 제가 아니면 안 되는 일이었고요.

무엇보다도 우주의 일이었습니다. 우주의 일이자 제 일이었습니다. 제가 우주의 일원이기에 우주의 일이 제 일이지요. 여기 계신 분들도 우주의 일원이 되고자 하는 분들이기에 마찬가지로 자신의 일입니다.

바람같이 왔다 가는 기회

육안으로 보이는 우주는 전체 우주 중 극히 일부라고 했습니다. 천문학자들 또한 전체 우주 중 아주 일부밖에 모른다고 할 수 있습니다.

우주라는 것이 너무나 넓은 세계이고 역사도 오래되었는데 그 안에서 끝없이 생성과 소멸이 반복돼 왔습니다. 그 자체가 유기체이기에 끊임없이 숨을 쉬는데 포화 상태가 되면 소멸하고, 공백 기간을 가졌다가 다시 생성되고, 이러면서 이어져 왔습니다. 별은 물론 은하조차도 태어났다가 사라지고, 다시 태어나는 과정 중에 있습니다.

지금의 한 생은 그중 점 하나라고 볼 수 있습니다. 점 하나로 왔다 가는 것입니다. 그러나 그 점은 영생을 결정짓는 중요한 점입니다. 운명적으로 와 있는 이 자리에서 어떻게 행하느냐에 따라 영생이 갈리는 것입니다.

지금은 바람같이 왔다 가는 기회입니다. 수백 생, 수십만 년이 지나도 다시 올지 모를 그런 기회입니다. 그 기회를 꼭 살리셨으면 하는 간절한 바람이 있습니다.

이번 생에 수련을 못하면 다음 생에 하면 되지 않느냐고 하시는 분도 계시더군요. 허나 지구는 망각 프로그램이 작용하는 곳입니다. 몸을 쓰고 태어나는 순간 과거의 일들은 다 잊어버리는 것입니다. 그러니 장담할 수 없는 일입니다. 살다 보면 이런저런 것들에 휩쓸려서 더 헤맬 수도 있는 일입니다.

인도해 줄 수 있는 인연을 만난다는 보장도 없습니다. 이제껏 仙계수련이 알려지지 않은 가운데 몇 백 년에 한 명씩 일대일로 전수되어 오다가 지금 이 시점에 공개적으로 널리 보급하게 됐는데, 다시 이런 스케줄이 있으리라는 보장은 없습니다. 앞으로 지구 인류가 어떤 프로그램에 의해 진화할지는 지금 仙계수련이 어떻게 전개되느냐에 달려 있기 때문에 아무것도 장담할 수가 없는 것입니다.

운명으로 와 있는 이 자리에서, 무엇을 버리고 무엇을 얻을 것인가를 지혜롭게 선택하셨으면 합니다.

다 바치니까 다 얻어졌다

수련하시다가 탈락되는 분들을 보면 대개 뭔가 속 시원하지 않기 때문이더군요. 뭔지 잘 모르겠고, 수련법도 어렵고, 하다 보면 귀찮고 그래서 적응을 잘 못하시는데 仙계수련은 파장을 맞추기만 하면 참 쉽습니다. 재미가 없는 것은 파장을 못 맞추기 때문입니다. 라디오 들을 때도 주파수가 안 맞으면 찌지직 소리만 나고 재미가 없지 않습니까?

어떻게 하면 仙계와 파장을 맞출 수 있는가? 仙계가 마음에 들어 하는 마음자세를 갖추시면 됩니다. 仙계가 싫어하는 마음자세는 욕심, 편견, 시기, 질투 등 잡스러운 것들이 가득 차 있는 것입니다. 그것들을 다 비우고 온몸과 마음을 바쳐서 仙계와 통하기 위해 노력하시기 바랍니다.

제 경우 하늘과 우주를 알고 나서부터 仙계의 마음에 드는 사람이 되고 싶다는 열망에 타올랐습니다. 仙계와 통하기 위해 온몸과 마음을 다 바쳤습니다. 사회에서 한참 정점에 올랐을 때였는데 다 버리고 수련에만 매진했습니다. 마음을 줄 만하다고 느꼈기 때문입니다. 변함이 없고 믿음직스러웠기 때문입니다.

그렇게 바치니까 그에 상응하는 대가가 오더군요. 바라는 바가 없는데도 다 주어졌습니다. 남들이 보기에는 제가 가진 능력들이 어느 날 갑자기 얻어진 것으로 보일지 모르나 사실은 다 바치니까 얻어진 것입니다. 하늘이 사랑하는 사람이 되고 싶다는 생각으로 24시간 바쳤기에 주어진 것이었습니다.

仙계가 원하시는 우선순위

그럼 仙계가 그 제자인 수련생들에게 원하시는 바는 무엇인가? 어떤 수련생이 가장 仙계의 마음에 드는 수련생인가?

우선 '수련'하기를 원하십니다. 仙계는 수련생들이 수련을 최우선 순위로 하기를 원하십니다. 그럼으로써 진화하기를 원하십니다. 그 다음으로는 '수련 보급'을 원하십니다. 혼자만 수련하지 말고 알리기를 원하십니다. 그럼으로써 이웃과 세상과 함께 진화하기를 원하십니다. 수련생의 사명은 수련과 수련 보급이라는 얘기입니다.

그런데 보면 많이들 갈등하더군요. 수련을 해야 하느냐 안 해야 하느냐 고민하기도 하고, 갈등에서 헤어나지 못하여 고행하듯 괴롭게 수련하기도 합니다.

갈등의 원인은 대개 가정 문제입니다. 가족과 함께 시간을 보내지 않고 다른 일에 몰두하니까 배우자나 부모가 용납을 못합니다. 자꾸 항의하고 요구합니다. 그래서 스트레스를 받고 갈등에 빠집니다.

하지만 이런 갈등들은 모두 착각에서 비롯된 것입니다. 배우자가 내 것이라는 착각, 자식이 내 것이라는 착각, 내 것이니까 내 마음대로 움직여줘야 한다는 착각…. 우리가 받은 교육이 그렇잖습니까? 일심동체니 뭐니 하면서 상대방에게 뭔가 강요하는 것을 당연시 여깁니다. 아버지 역할, 어머니 역할, 아들 역할, 며느리 역할에 매여 사는 것을 미덕으로 여기고요.

그런데 仙계에서 인간을 그렇게 매여 살라고 내보내지는 않으셨습니다.

천상천하유아독존天上天下唯我獨尊이라는 말처럼 '혼자' 자유롭게 살라고 내보내셨습니다.

仙계가 보시기에는 결혼이라는 제도도 원래는 없는 것입니다. 하고 싶으면 하고, 안 하고 싶으면 안 하는 것입니다. 진화에 도움이 된다고 생각되면 하고, 아니다 싶으면 안 합니다. 매여 있지가 않습니다.

이처럼 仙계의 시각과 지금 인간의 사고방식이 매우 큰 격차가 있어서 仙계가 원하시는 삶을 살아야겠다 하면 엄청난 저항을 받습니다. 기존의 사고방식으로는 도저히 용납할 수 없는 일이니까요.

그러나 사회화되기 이전의 본 모습을 찾지 않고는 仙인이 될 수 없습니다. 아버지, 어머니, 남편, 아내로 형성되기 이전의 본래의 나로 돌아갈 수 있어야 합니다. 그것이 仙인이 되기 위해 꼭 거쳐야 하는 과정입니다.

그럼 세상에 진 빚은 어떻게 하는가? 나를 이때까지 길러준 자연과 사회와 부모님에게 진 빚은 나 몰라라 해도 된다는 것인가? 내가 태어난 목적대로 진화함으로써 또 타인을 진화시킴으로써 갚으라는 것입니다. 부모님 봉양하고, 배우자 부양하고, 자식 대학 보내고 이런 방법이 아닌 원래의 인간 창조 목적인 '진화'에 충실함으로써 갚으라는 것입니다. 仙인이 되어야만 그동안 진 빚을 다 갚아 제로(0)로 만들 수 있습니다. 그때 비로소 플러스(+)로 공덕을 베푸는 일이 시작됩니다.

당장 집 나오라는 얘기를 하는 것은 아닙니다. 주변 사람들에게 양해를 구하고 이제까지 해오던 일을 잠시 유보해 달라는 것입니다. 내가 진짜 하고 싶은 일을 해야 하니까 몇 년간은 내가 없다고 여겨 달라, 이렇게 양해를 구할 수도 있는 일 아닌지요? 결혼했다고 해서 수십 년을 한결같이 아내 역할, 남편 역할을 해야 하는 것은 아니지 않은지요? 나중에 그 빚을 갚을 수도 있는 것 아닌지요?

역사에 남는 초기 제자들

예수님의 경우 베드로, 가룟 유다 등의 열두 제자의 행적이 전해지고 있습니다. 공자님의 경우 안회, 자로, 자공과 같은 제자의 행적이 전해지고 있고요.

그런데 예수님이 돌아가시고 나서 한참 후의 분들 중에는 기억에 남는 분이 없습니다. 예수님 당대의 열두 제자만이 세세토록 기억되고 있습니다. 공자님도 마찬가지이고요. 역사에 남는 이는 초창기 분들이라는 얘기입니다.

수선재도 마찬가지입니다. 수선재가 앞으로 끝없이 뻗어나갈 텐데 한참 후의 누구가 아니라 초창기 분들이 세세토록 기억될 것입니다. 이 사람은 어떤 제자였고, 저 사람은 또 어떤 제자였고, 언제 어떤 행동을 했고 하는 것들이 모델로서 제시가 될 것입니다. 앞으로 수천 년 동안 인구에 회자되는 스토리가 될 것입니다.

앞으로의 세대는 지금 여러분의 행적을 교재로 배울 것입니다. 홈페이지에 올린 글 하나도 세세토록 후손들의 입에 오르내릴 것입니다. 열두 제자가 될지 천이백 제자가 될지는 모르지만 저와 동고동락했던 분들의 얘기가 생생하게 남아서 거론될 것입니다.

그러니 다시 한 번 새겨 주시길 부탁드립니다. 필연으로 온 지금 이 자리에서 나는 어떤 제자가 되어야겠는가?

5. 믿음과 정심

원하시는 것은 완전한 믿음

仙계수련의 첫 번째 관문은 파장연결이며, 그것은 저나 지도 仙인께서 실끝을 찾아 안테나에 연결시켜 주어야 가능한 일입니다.

최근 몇몇 수련생들을 보니까 파장이 연결되긴 됐는데 그렇게 시원스럽게 연결되진 않으셨더군요. 팔문원의 기운을 직접 받는 분도 계시고 의통수련을 통해 연결된 분도 계시는데 흡족한 수준은 아니었습니다. 그렇게 된 원인은 근본적으로 마음에 있습니다. 연결되고자 하는 열망이 부족하고 또 사소하게 걸린 부분들이 많기 때문입니다. 말하자면 아직 준비가 덜 된 것입니다.

반면 어떤 한 분은 누가 방해를 한다 해도 끊기지 않을 정도로 확실하게 연결이 돼 있었습니다. 그림을 그리면서 파장이 연결되었는데 믿음이 확실하고 또 본인이 열심히 노력하니까 기운줄이 아주 굵어졌습니다.

이분은 수련에 들어오고 나서 한 번도 흔들림이 없었습니다. 도반들끼리의 작은 흔들림은 있을지 모르나 근본적으로 仙계의 기운과 말씀, 수련 안내자인 저에 대해서는 한 번도 의심하거나 회의를 품은 적이 없습니다. 仙계에서는 그 점을 굉장히 높게 평가하십니다. 이 길이 옳다는 것을 따져서 아는 게 아니라 본능적으로 아는 것입니다. 마음 상태가 그러니까 계속 축복이 주어졌고요.

이분의 경우 몸이 상당히 아픈 상태로 수선재에 들어왔습니다. 수련하면서 점차 치유가 되었는데 병의 근본 원인을 뿌리 뽑기 위해 제가 심하게 공부를 시켰습니다. 여러 번에 걸쳐 공개적으로 지적도 하고 나무라기도 했습니다. 그런데 거기에 대해 흔들림이 없었습니다. 원망하거나 서운해 하는 마음 없이 받아들이는 마음으로 돌아갔습니다. 여러 번에 걸쳐 제가 짓궂게 공부를 시켰는데 계속 합격해서 넘어갔습니다. 병의 원인이 뿌리 뽑혔고요. 그 이후 계속 전진하고 있는 상태입니다.

수련생들은 초급반에서 중급반으로 승급할 때나, 대주천 인가를 받을 때면 반드시 시험이 오게 돼 있습니다. 주변 사람을 통해 오기도 하고 도반을 통해 오기도 하는데 그것을 어떻게 넘기느냐가 상당한 변수입니다. 대부분 승급하기 전이 아니라 승급하고 나서 많이 오고요.

수사가 되신 분 중에도 아직 한 번도 시험을 제대로 통과하지 못한 분이 계십니다. 사소한 일에 흔들려서 무릎이 꺾입니다. 스스로 일어나질 못해서 옆에서 일으켜줘야 하고요. 이렇게 되면 仙계에서는 그 수련생에 대해 일단 기대를 접습니다. 인간이기 때문에 이해는 하지만 믿음은 안 갖습니다. 흔들림의 근본 원인은 믿음 부족이고요.

仙계는 수련생에게 완전한 믿음을 원하십니다. 완전한 믿음을 보이면 그에 대한 보상은 틀림없이 주십니다. 완전한 믿음은 말하자면 仙계의 자존심이라고 할 수 있습니다.

말씀과 기운으로 확인할 수 있다

엊그제 천서를 받는데 "수선재는 완기공간과 연결되어 있는 우주에서도 몇 안 되는 정법수련 단체이며, 이 수련에 든 사람들은 타인이나 타 단체의 현혹에 휩쓸리지 않고 정도를 걸을 것을 명한다"라는 말씀이 내려오더군요. 저는 별생각 없이 받고 있는데 이렇게 다짐하는 말씀을 내려주셨습니다.

수련생 중 몇 분이 아직 흔들림이 있다는 것을 간과하고 계시기 때문입니다. 앞으로 자칭 깨달았다고 하는 분들이 너무나 많이 나올 것이기 때문에 옥석을 구분하라는 염려에서 주신 말씀입니다.

그런데 보이지 않는 세계를 믿는다는 것이 사실 참 어려운 일입니다. 지금은 저라는 실체가 있으니까 그나마 좀 쉬운데, 저의 경우는 처음부터 끝까지 보이지 않는 분의 지도를 받으며 공부해야 했으니까 참 어려웠습니다.

저도 수련할 때 문득문득 이런 생각을 했습니다. 이것이 허상이 아닌가? 내가 헛된 세계에 빠진 게 아닌가? 보이지 않고 만져지지 않으니까 확인이 안 되었습니다. 기안氣眼으로 다 보긴 했으나 실물을 보는 것은 아니었으니까요.

그러다가 결국은 기운과 말씀으로 확인을 했습니다. 우선 기운이었는데 의심이 들 때마다 기운이 쫙 들어오더군요. 어딘가에서 분명히 의도적으로 보내주는 기운이었습니다. 평상시 코로 들어오는 기운과는 분명히 달랐습니다. 어딘가 출처가 있었습니다. 출처가 있지 않고서는 그런 기운이 올 수 없으니까요.

그 다음에는 말씀이 있었습니다. 말씀이 텔레파시로 전달되었는데 참 오묘하고 이제껏 듣도 보도 못한 내용이었습니다. 그러니까 분명히 출처가 있을 것이라고 또 그렇게 확인했습니다.

내가 仙계 내지 조물주라는 분에게 휘둘려서 나를 다 뺏기는 것 아닌가, 내가 꼭두각시가 된 것이 아닌가, 문득문득 이런 생각도 했는데 말씀을 읽어 보면 그분이 제게 원하시는 것은 '수련'밖에는 없었습니다. 나를 모셔라, 신전도 지어라, 이런 걸 원해야 의심을 할 텐데 그분이 원하시는 것은 오로지 수련이었습니다. 바르게 살기를 원하시고요. 그 다음에는 하늘의 뜻을 전하기를 원하셨는데 그건 당연하다고 생각했습니다. 혼자만 잘 먹고 잘 살지 말고 타인과 공유하라는 것이었으니까요.

그렇게 기운과 말씀으로 확인하시라는 말씀을 드립니다. '이곳의 기운이 상당하구나, 어디서도 접할 수 없는 맑은 기운이구나'라고 느낄 수 있다면 좋은 방법이고, '이곳의 말씀이 진리구나'라고 느낄 수 있다면 그것도 좋은 방법입니다. 그렇게 느꼈다면 그 다음에는 흔들림 없이 가시기 바랍니다. 근본적인 면에서 확실하다면 사소한 것에는 매이지 마시기 바랍니다.

삐지지 않는 수련생

제가 공자 仙인님과 대화를 좀 나눴는데 그분은 제자들 중에서 안회를 제일 좋아하셨다더군요. 왜 안회가 좋으셨냐고 여쭤보니까 '한결같았다'고 대답하셨습니다. 얼굴 표정이 늘 같았답니다. 좋았다 싫었다 수시로 변하는 게 아니라고요.

그런데 제 입장도 마찬가지입니다. 어떤 수련생이 가장 좋으냐고 누가 묻는다면 늘 한결같은 평상심을 가진 수련생이라고 대답할 것입니다.

칭찬해 주면 좋아하고, 그러다가 한마디 지적하면 삐지고, 수련을 중단할 정도로 단단히 삐지고, 한 번 자신의 아킬레스건을 건드리면 엄청나게 삐져서 그전에 아홉 번 칭찬한 것은 다 잊어버리고 이래서는 안 된다는 얘기입니다. 仙서에 대한 믿음, 하늘에 대한 믿음이 있다면 그런 삐짐은 근본적으로 없어야 합니다. 무슨 말을 들어도 아무렇지 않아야 합니다.

말한 사람의 동기도 생각해 봐야 합니다. 제가 왜 그 말을 했겠는가? 도반들이 왜 그 말을 했겠는가? 사랑입니다. 그런 말을 하는 것도 힘든 일입니다. 남이 듣기 싫어하는 말을 한다는 것이 쉬운 일이 아닙니다.

그리고 그런 말들이 그냥 하는 말들이 아닙니다. 하늘의 뜻은 다른 사람의 입을 통하여 내 귀로 들어오기도 한다는 천서가 있듯이 하늘이 저나 가까운 도반을 통해서 말씀하시는 것입니다. 저도 그런 경험이 많습니다. 제가 미처 생각하지 못하면 주변 사람들을 통해 얘기해 주십니다. 어떤 문제를 품고 있으면 예기치 않은 사람으로부터 답변이 오고요. 무심코 물어봤는데 정확한 답을 얘기해 줍니다.

그런 것들이 다 하늘의 말씀인데 그걸 모르고 섭섭하다고만 하시더군요. 나는 대접받아야 하는 사람인데 하는 생각 때문입니다.

나름 열성적으로 수련하다가 탈락하신 분들을 보면 한결같이 그 이유입니다. 그동안 할 만큼 했는데 왜 알아주지 않는가? 왜 자꾸 더 공부시키려고 하는가? 이런 서운한 마음 때문입니다. 대접받고 싶은 마음이 충족되지 않기 때문입니다.

수련을 거기까지만 하고 중단하려면 그래도 되겠지만 더 가야 합니다. 단계가 올라갈 때마다 한 번씩 검증을 받아야 합니다. 검증을 하기 위해 일부러 듣기 싫은 말도 하는 것인데 그걸 듣고 삐진다는 것은 공부를 그만두겠다는 뜻입니다. 그러면 거기서 끝날 수밖에 없습니다.

『칭찬은 고래도 춤추게 한다』라는 책이 있습니다. 그런데 고래니까 춤을 추는 것입니다. 아이큐가 두 자릿수일 때는 칭찬을 해야 하지만 세 자릿수로 넘어가면 칭찬만으로는 진화가 안 됩니다. 영성이 높은 인간은 오히려 지적해 주는 얘기를 더 좋아합니다. 칭찬은 나를 미혹시키는 마魔라고 생각합니다.

정심에서 어긋나면

수련생들을 지도하다 보면 별별 경우를 다 보는데 어떤 한 분은 교주 노릇을 하려고 들었습니다. 도반들을 앞에 불러 놓고 이상한 목소리 내 가면서 '내가 네 지도 仙인인 OO 仙인인데 수련을 왜 그 따위로 하느냐' 하고 야단치더군요. '너는 수련이 부족하니까 백일 금촉수련을 해라' 하고 지시하기도 하고요.

이분의 경우 생약生藥을 만드는 분이었는데 약을 지어서 회원들의 건강을 많이 돌보았습니다. 그걸 가상히 여기셨는지 그분의 지도 仙인께서 파장을 연결해 주셨습니다. 파장을 수신하다 보니 약을 상당히 잘 짓게 됐습니다.

그런데 마음이 정심正心이 아니게 되면서 점차 빗나갔습니다. 도반들을 앞에 무릎 꿇려 놓고 자기는 눈을 감고서는 너는 어디가 아프니까 뭘 어떻게 해야 한다면서 거만하게 지도하기 시작했습니다. 도사가 다 된 양 폼을 잡았습니다. 약을 잘 짓다 보니 더욱 그런 행세를 할 수 있었습니다.

제가 그런 경위를 알게 되어 그분을 불러 주의를 주었습니다. 박수 기질이 있기 때문에 스스로 경계해야 한다, 본인이 교주 행세를 원하니까 자꾸 사기邪氣가 들어온다고 일러주었습니다. 제 앞에서는 주의하겠다고 했는데 그 후로도 그런 행동을 계속하더군요. 그러니까 하늘에서 결국 능력을 거두어 갔습니다.

그때부터 이분이 마음이 서운해졌습니다. 선생님이 제자가 크는 것을 시기해서 재주를 거두어 갔다고 생각했습니다. 과시하고 싶고 대접받고 싶은데 그걸 하지 말라고 하니까, 비우라고만 하니까, 오히려 능력을 거두어 가니까 그때부터 마음이 많이 삐딱해졌습니다. 결국 수선재에서 나갔는데 이분이 이렇게 된 근본 원인은 정심正心이 아니었기 때문입니다. 과시하고 싶고 대접받고 싶은 마음을 스스로 경계하지 못했기 때문입니다.

'능력'이라는 것은 주어졌다가도, 아니다 싶으면 어느 순간 앗아가시는 것입니다. 하늘이 보시기에 그 사람을 통해 발휘될 필요가 있다 하면 주어집니다. 필요 없다 싶으면 앗아가시고요.

온전히 맡겨라

천서에 '맡겨라'라고 하셨는데 수련생은 다 맡긴 입장입니다. 맡기면 그 이루어지는 모습조차도 가장 완벽한 모습으로 이루어지게 되어 있습니다. 그전에는 이루어진다고 해도 만신창이의 모습으로 아름답지가 않습니다. 힘만 쓰다가 안 되기도 합니다.

그러니 본인들이 뭔가 마음이 쏠리는 것이 있으면 기도나 수련을 통해 스스로 답을 얻어 보십시오. '저를 하늘의 도구로 쓰소서, 저를 통해 무엇을 하고자 하시는지 길을 열어주십시오' 하고 맡겨 보십시오.

맡길 때는 이것저것 뜯어내지 말고 온전히 맡겨야 합니다. 반은 맡기고 반은 안 맡긴다면 안 맡기는 것과 다름없습니다. 다 맡겨야 하는 것입니다. 어느 분 천서에 '하늘이 안다'는 말씀이 있더군요. 본인이 100%를 맡겼기 때문에 최상의 응답을 받은 것이었습니다. 그런 마음이라면 본인뿐 아니라 가족까지 보호를 받을 것입니다.

얼핏 그렇게 맡기는 것이 수동적이라고 느껴질 수도 있습니다. 그러나 온전히 다 맡기는 것처럼 능동적인 선택은 없습니다. 그 이상 훌륭하게 자유의

지를 발휘하는 일도 없습니다. 대개는 일정 부분을 떼어놓고 맡기지 않습니까? 안심이 안 돼서요.

다 맡기오니 알아서 해주십시오, 저는 어려서부터 늘 이렇게 기도했습니다. '이렇게 해주세요, 저렇게 해주세요'가 아니었습니다. 그러니 조물주님 입장에서는 얼마나 부담이 컸겠습니까? 다 맡기니 알아서 해달라고 하면 그만큼 더 책임이 있는 것 아니겠습니까?

저는 목숨도 그냥 내놓고 사는 사람입니다. 나한테는 사고가 안 생긴다, 나를 일깨우기 위한 공부거리로서 사고가 생길 수는 있어도 죽이기 위한 사고는 안 생긴다는 100% 믿음이 있습니다. 하늘이 나의 모든 것을 주관한다는 믿음이 있습니다. 목숨을 내놓고 사니까 겁날 것이 없고요. 仙계는 그렇게 끔찍한 선택을 하는 수련생을 겁나합니다. 그런 수련생은 하늘이 100% 책임질 수밖에 없기 때문입니다.

사제지간의 도리

수련에서 사제지간의 도리는 무엇인지요?

믿음이다. 수련 방법은 경우에 따라 잘못 전달될 수도 있으나 그것은 시정이 가능하다. 수련 진도에 관한 부분도 수정이 가능하며 방향도 정정이 가능하다. 모든 가능함은 믿음에서 나온다.

허나 믿음이 상실된 상태에서는 어떤 방법도 사용이 불가하며 사용해봤자 받아들이는 입장에서 선별하므로 그 효과는 역으로 날 수도 있는 것이다. 분별이 필요 없다 함은 이런 경우에 믿음으로 따라가면 결국 끝까지 갈 수 있는 때문이요, 믿음이 사라질 시점에서는 특히 수련을 중지함이 마땅하다.

긴가민가 하는 수련은 수련의 퇴보이며 더 그런 상태로 있다가는 수련을 하지 않은 상태보다 폐허가 될 수도 있다. 시작도 안 한 상태보다 더 못한 경우가 되어버리는 까닭이다. 수련은 믿음으로 따라야 한다.

- 『본성과의 대화』 2권에서

5절 | 수련생의 예절

인간의 예禮는 기본

본성을 만나고 仙인과 대화하고 싶은 의욕에 넘치는 수련생이 있었습니다. 수련 진도에 대한 갈구가 아주 강한 분이셨습니다. 그런데 막상 천서를 받아보니 이런 말씀이 내려왔습니다.

"수련지도는 천천히 하도록 하고, 우선은 수선재의 위상을 실추시키지 않도록 기본적인 예절을 가르쳐 주도록 하라."

말씀의 속뜻인즉 이분이 仙인과 대화하고 싶은 소망은 강하나 영적인 수준은 턱없이 모자란다는 것이었습니다. 仙인님들이 보시기에는 어린아이가 옹알이하는 수준입니다. 그러니 견성이니 仙인과의 대화니 하는 것을 꿈꾸지 말고 우선 기본예절부터 갖춰라 이런 뜻입니다.

여기 오신 분들은 모두 仙인이 되겠다고 오신 분들입니다. 그러므로 인간으로서의 예의는 기본적으로 갖춰야 합니다. 인간으로서의 기본도 못 갖추면서 仙인이 될 수는 없기 때문입니다.

제가 예전에 직장 다닐 때도 보면 젊은 직원들이 복도에서 딱딱 소리 내며

143

슬리퍼 신고 다니고, 아무 데서나 껌 씹고, 사무실에서 개인 용도로 전화를 오래 사용하고, 큰 소리로 집안일 처리하고 이러더군요. 윗사람이 어쩌다 한마디 하면 쫀쫀하다고 뒤에서 흉보고요. 예의를 가르치는 곳이 없기 때문에 그런 것입니다. 학교에서도 안 가르치니까요.

그러나 우리는 가르쳐야 하고, 다 같이 가꾸어야 합니다. 仙인이 되기 전에 인간이 돼야 합니다. 仙인들의 경우 말 한마디, 몸짓 하나 허튼 것이 없습니다. 이유 없이 하는 언행이 없습니다.

예의의 첫째는 '인사'

예의의 첫째는 '인사'입니다. 인사가 만사萬事입니다. 몸을 담는 그릇이 옷이라면 마음을 담는 그릇은 인사입니다. 마음 상태를 가장 기본적으로 또 총체적으로 표현하는 행동은 다름 아닌 인사입니다.

수련생이 지켜야 하는 첫 번째 행동지침은 '맑은 표정으로 밝게 웃으며 따뜻한 인사를 전한다'입니다. 인사가 몸에 배어서 이웃에게 인사를 제대로 한다면 그분들에게 우리의 선의善意를 전달할 수 있을 것입니다. 천지만물에게 인사를 제대로 한다면 그분들의 마음에 위로를 줄 수 있을 것입니다. 안 하느니만 못하게 대충 인사해선 안 될 것이고요.

온갖 정성을 다하여 인사하면서 말이 함부로 나갈 수는 없습니다. 정중하게 인사하면서 행동이 함부로 나갈 수는 없기 때문입니다. 그러니 인사가 가장 기본입니다. '맑은 표정으로 밝게 웃으며 따뜻한 인사를 전하면서' 하루를 시작해 주시기 바랍니다.

사람뿐 아니라 자연에도 인사를 나눠 주셨으면 합니다. 꽃이 피었으면 "안녕!" 하고 말을 걸고, "너 참 예쁘다. 비가 많이 왔는데 잘 견디고 예쁜 꽃을 피워줘서 고맙다" 이런 얘기를 나누는 것입니다. 행동지침에 '걷기를 생활화하며 걸을 때는 생각하지 않는다'고 했는데, 생각하지 않는 것도 되지만, 사실은 생각할 시간이 없는 것입니다. "잘 있었니?" "안녕!" "안녕!" 이렇게 인사하면서 가는 것만 해도 너무 바쁩니다.

그렇게 인사 나누는 것을 仙인 후보생의 첫 번째 덕목으로 여겨주시기 바랍니다.

인사조차 할 수 없는 마음자세라면

만약 같이 공부하는 도반에게 고개 숙여 인사할 수 없는 마음자세라면 수련을 안 하는 것이 좋습니다. 선생에게 고개를 못 숙이겠다는 마음자세라면 더더욱 그러하고요.

인사가 왜 그렇게 중요하냐 하면 마음을 표시하는 행동이기 때문입니다. 인사를 통해 기본적인 마음자세를 읽는 것입니다.

여기 왜 와 있는가? 다른 것은 필요 없고 단지 기운 받으러 왔다, 수련 기술을 전수받기 위해 온다, 간혹 이런 분도 계시는데 그런 마음자세로는 수련할 수가 없습니다. 수련을 전달해 주는 사람에게 존경의 마음이 안 생긴다면, 확신 없이 긴가민가 한다면 차라리 수련을 중단하는 편이 낫습니다.

이 공부를 심법心法이라고 하지 않습니까? 심법은 어떤 수련법을 통해서 전달되는 것이 아닙니다. 마음과 마음이 통해서 서로 파장이 맞아야만 전달되는 공부입니다. 그러니까 마음을 닫은 상태에서는 안 된다는 것, 그럴 바에는 나중에 준비된 다음에 다시 수련하는 것이 낫다는 것을 말씀드립니다.

마음을 숙였다는 것은

오다가다 저를 만나실 때 예의를 갖춰 인사해 주시면 저도 같이 받겠습니다. 그러나 큰절로 하는 인사는 받지 않고자 합니다.

제가 『한국의 仙인들』 에필로그 쓸 때 여러 사람들에게 감사를 전하면서 특히 저를 지도해 주신 천강天降 스승님께 '마음 숙여 큰절을 올린다'는 말을 썼습니다. 제 스승님은 지구에서는 죽을 때까지 저의 스승이십니다. 몸을 벗을 때까지는 스승의 위치에 계신 것입니다.

사실 마음을 숙였다는 것은 대단한 것입니다. 사람은 아무리 하찮은 사람일지라도 자기 마음을 함부로 숙이지 않습니다. 고개는 억지로 숙일지 모르나 마음은 숙이지 않습니다. 마음은 존경을 해야 숙이는 것입니다.

특히 마음이 우주라고 여기는 본성을 본 사람이 마음 숙여 큰절을 올린다는 것은 대단한 의미가 있습니다. 이 세상에 태어나서 저는 어느 누구에게도 마음을 숙여본 적이 없습니다. 때로 고개는 숙였지만 진심으로 마음을 숙여본 적은 없습니다. 그런 제가 마음을 숙였습니다. 최대한의 예우를 표명한 것입니다.

제가 절을 안 받겠다고 하는 것에는 고개만 숙인 절은 안 받겠다는 뜻도 있습니다. 마음을 숙이지 않은 절은 안 받겠다는 것입니다. 저도 계속 공부 중이고 불완전하다는 것을 느끼고 있기 때문에 마음까지 숙이라는 요구는 아마 끝까지 못할 것 같고요.

그렇지만 그런 마음가짐을 가질 수 없다면, 하물며 고개조차 숙일 수 없다면 수련하기는 좀 어렵겠다는 생각이 듭니다.

仙풍을 보여줘야 하는 사람들

편하다고 집에서 일할 때 수련복을 입는 수련생이 있더군요. 잘못된 일이라고 봅니다. 수련복은 정성껏 보관하고 수련할 때만 입어야 합니다.

굉장히 오래전 일인데, 같이 수련하던 동료 한 분에게 큰 감명을 받은 일이 있습니다. 그분은 수련복을 입고 수련하다가 갑자기 화장실 갈 일이 있으니까 평상복으로 갈아입고 가더군요. 화장실에서 나와서 다시 수련복으로 갈아입고요. 수련에 대한 정성이 있으니까 그런 행동이 나오는 것입니다.

절에 가보면 발우공양이라고 해서 자기가 담아온 음식은 찌꺼기 한 점 남기지 않고 다 먹는 식사법이 있습니다. 그런 것이 다 수행법입니다. 생활이 수행의 과정이기 때문에 그렇게 하는 것입니다.

仙계 수련생들은 도풍道風보다 한 단계 높은 '선풍仙風'을 보여줘야 하는 사람들입니다. 식사예법, 복장, 주거환경 정리 등등 생활 속 일거일동에서 선풍을 보여줘야 합니다. 때 묻은 옷을 입고, 쩝쩝거리면서 음식을 먹으며, 지저분한 환경에서 살면서 우주를 논하는 것은 어울리지 않는 일입니다.

보이지 않는 분들에 대한 예의

仙계 수련생들이 산으로 행련行鍊을 갈 때면 산의 입구에서는 입산제入山祭를 지내고 산의 정상이나 중심부에서는 천제를 지냅니다.

보통 산에 들어갈 때 입산 허가를 받고 들어가는 일은 없습니다. 등산객들을 보면 그냥 막 들어갑니다.

그럼 왜 우리는 입산제를 지내는가 하면, 그 산을 수만 년, 수십만 년, 수백만 년, 수억 년 이상 지켜 오신 분들에게 인사를 드리는 것입니다. 자연을 지키고 우주와 역사를 함께 해온 노고에 감사드리고, 비바람에 깎이는 고통을 견뎌온 오랜 세월을 위로하면서, 앞으로 친구처럼 지내자는 뜻으로 입산의 예를 드리는 것입니다. 입산제라는 절차를 통해 신고를 하고 교류를 트는 것입니다.

"들어가도 좋습니까?" 하고 허락을 맡는 의식이기도 합니다. 남의 집에 들어갈 때도 "들어가도 되겠습니까?" 하고 물어보고 나서 들어가지 않습니까? 마찬가지로 산은 그분들의 터전이기 때문에 일단 들어가도 되겠느냐고 여쭙고 나서 허락을 받아서 들어가야 하는 것입니다.

교류가 트이고 나면 나중에 그 산의 기운을 가져다 쓸 수 있습니다. 물론 그것도 산신님들의 허락이 없으면 안 되는 일입니다. "기운을 가져다 써도 되겠습니까?"라고 먼저 여쭙는 것이 예의이고, 허락해 주시면 그때부터 기운이 열립니다. 그 산의 기운을 불러서 받아갈 수 있게 됩니다.

입산제나 천도재 등의 의식儀式 때 수련생들이 이벤트를 준비하기도 하더군요. 보이지 않는 분들을 위로하고 만남을 축하하기 위해 연주회나 공연을 준비하는데 좋은 일이라고 봅니다. 다만 항상 '격'을 생각해 달라는 부탁을 드리고 싶습니다. 학예회나 장기 자랑 수준의 공연을 보여 드려서는 안 되며, 한 가지를 하더라도 격이 있고 그분들이 즐거워할 만한 이벤트를 해야 합니다.

우주와 스승에 대한 예의

우리가 지금 '조물주님'을 입에 올리고 있는데 원래는 감히 우리 입으로는 부를 수도 없는 분입니다. 어쩌다가 '천강 仙인'이라는 함자를 입에 올리고 있는데 사실은 입에 올리는 것 자체가 불경스러운 일입니다.

우리가 지금 수련할 때마다 그런 분의 기운을 받고 있는데 사실은 준비되지 않은 상태에서 받는 것입니다. 기운을 받는 것 자체가 죄송스러운 일입니다.

우주 단계, 그것도 우주의 정점에 계신 분입니다. 하늘은 흐렸다 개였다 하니까 하늘에 대해서는 우리가 뭐라고 얘기할 수 있습니다. 오늘은 흐렸는데 내일은 맑을 거라는 등의 얘기를 할 수 있습니다. 그러나 우주는 그냥 가만히 있습니다. 가만히 있으면서 존재하는 것 자체로 도움을 주고 계십니다. 그러니 언급하지 않는 것이 예의입니다.

그분의 제자인 저에 대해서도 마찬가지로 입에 올리지 않는 것이 예의라는 말씀을 드립니다. 좋은 얘기건 좋지 않은 얘기건 언급하지 않는 것이 저에 대한 예의이자 仙계에 대한 예의입니다. 되도록이면 우주나 스승에 대한 언급을 하지 않는 것이 仙계수련의 학풍입니다. 그런 언급을 볼 때마다 仙계에서는 상당히 싫어하십니다. 모욕이라고 여길 정도로 언짢아하십니다.

새로 들어오신 분이 저에 대해 물어보면 '공기처럼 물처럼 그냥 그런 분이 계시다' 이 정도로 소개해 주시면 좋겠습니다. 대답을 안 할 수는 없으니까요. 호칭도 그냥 '선생님'으로 불러주시길 부탁드립니다.

2장
수선재

수선재는 학교이자 집

수선재의 정체성은 무엇인가?

수선재의 정체성에 대해 말씀드리고자 합니다. 수선재는 '학교'입니다. 언론사나 종교단체나 병원이 아닌 학교로 나왔습니다. 저 역시 의사나 작가니 하는 직함이 아닌 '선생'으로 나온 것이고요.

학교이되 어떤 학교인가? 仙인을 양성하는 사관학교입니다. 수선재는 우주의 주체인 仙인이 되는 방법을 교과과목으로 선정하고 있는 사관학교입니다.

수선재는 '집'입니다. 수선재樹仙齋라는 글자 안에 이미 나무樹이자 집齋이라는 뜻이 담겨 있습니다. 각자는 나무이며 그 나무들이 힘을 합하여 이루어내는 집을 의미하는 것입니다.

집이 왜 중요한가? 집은 인간이 살아가는 기본입니다. 잠을 자고, 밥을 먹고, 사랑도 나누고, 아이도 길러내는 곳입니다. '집은 한 인간의 모든 것을 표현하는 종합예술'이라는 말씀도 드린 바 있습니다. 仙인조차도 집을 만들고 가꾸는 것을 통해 검증을 받습니다. 우주에서는 별이 집이라고 볼 수 있는데, 집을 만들고 가꾸는 일 자체가 수련인 셈입니다. 제가 자꾸 집을 만들라고 하는 것도 그래서입니다.

수선재 회훈

수선재의 회훈은 '仙인화仙人化'와 '맑게, 밝게, 따뜻하게'입니다. 仙인화는 인간이 태어난 목적이 진화이며 더 나아가 仙인화를 이루자는 것입니다. 그 방법은 맑게, 밝게, 따뜻하게 사는 것입니다.

仙인을 양성하는 사관학교

보통의 사관학교는 군인이 되고 싶은 분들이 입학하는 학교입니다. 수선재라는 사관학교는 '仙인'이 되고 싶은 분들이 입학하는 학교입니다. 목적이 분명합니다. 정해진 교과과정과 규율을 통해 仙인을 길러내는 것이 수선재의 목적입니다.

그래서 수선재에는 엄선된 분들이 오십니다. 仙인이 되는 스케줄인 분들, 적어도 仙인이 되는 준비 과정이라도 마치고자 하는 분들이 오십니다. 스스로 생각하기에는 그냥 어찌어찌 하다 보니 여기까지 왔다고 생각할지 모르나 자신들의 깊은 내면의 본성에서는 오랫동안 찾아 헤매던 길의 종착역으로 왔습니다. 수선재에 오신 분들은 한 생에 완성까지 가는 스케줄로 태어나신 분들인 것입니다.

왜 '학교'로 나왔는가?

학교의 목적은 인재를 배출하는 것입니다. 그 인재들이 사회에 나가서 기여하게 하는 것이 학교의 목적입니다.

하버드 대학의 경우, 하버드라는 분이 대학을 만든 이래 수백 년 동안 하버드 졸업생들이 미국의 지도층으로서 미국 사회를 이끌어 가고 있습니다. 만일 하버드가 학교 대신 병원이니 신문사니 하는 사업체를 만들었다면 어느 정도밖에는 기여하지 못하고 끝났을 것입니다. 인재를 길러내는 일이 그렇게 큰 기여를 할 수 있는 일이라는 것입니다.

仙계가 생각하신 것도 그것이었습니다. 仙인을 양성하는 사관학교를 만들면 그 학교 출신들이 지구 곳곳에 진출하여 지구를 우주가 가고자 하는 방향으로 인도하리라고 생각하신 것입니다. 선생 역할을 대신하는 등 여러 가지 역할을 할 수 있을 거라 생각하셨고요.

만일 수선재가 병원의 형태로 나왔더라면 운영이 좀 더 쉬웠을 것입니다. 돈도 더 잘 벌 수 있고 알려지기도 쉬웠을 것입니다. 그러나 몸의 병을 고쳐주는 것보다는 마음을 고치는 것이 더 중요하고, 仙인이 되는 방법을 직접적으로 알려주는 것이 더 보람 있고 시급한 일이라고 판단하셨기에 仙계는 '학교'를 선택했습니다.

학생들이 만들어가는 학교

보통의 학교라면 재단, 이사장, 이사, 교장, 교사, 자모 그룹 등이 갖춰져 있는 것이 정상입니다.

그런데 수선재라는 학교는 그런 것 없이 달랑 교장 한 명이 먼저 보내졌습니다. 그 다음에는 철딱서니 없는 학생들만 잔뜩 보내졌습니다. 자신들의 섭리에 의해 온 것입니다.

그러고 나서 과제가 주어졌는데, 학생들이 자신들의 힘으로 수선재라는 학교를 운영하라는 것입니다. 재단 없이 자신들의 힘으로 수선재라는 학교를 운영해라, 그 방법이 仙인이 되는 가장 빠른 길이다, 이런 커리큘럼으로 보내셨습니다.

수선재가 재정이 부족한 것을 보면서 이런 생각을 해보셨을지 모르겠습니다. 왜 돈이 많은 사람을 수선재에 안 보내주시는가? 돈 잘 벌 수 있는 유능한 사람을 안 보내주시는가?

그런데 한두 명의 뛰어난 인물이 들어와서 수선재를 화끈하게 일으키는 것은 의미가 없습니다. 그렇게 되면 '어느 한 사람의 수선재'가 되는 것이지 '수련생들의 수선재'는 아니게 됩니다. 수련생들이 공부도 되지 않습니다. 그래서 좀 고생이 되더라도 다 같이 힘을 모아 수선재를 일으키는 스케줄로 짜셨습니다. 공부 차원에서 설정된 스케줄입니다.

수선재 학칙

수선재의 학생들은 지금까지 기존의 가르침들이 지향하였던 법계(하늘)를 지나 지구 역사상 처음으로 거론되는 세계인 仙계(심계, 우주계, ○○계)로 가고자 仙계수련 학교인 수선재에 입학한 사람들입니다. 학생들은 우선적으로 공부(수련과 수선재 일)에 열중하여야 하며 학칙을 잘 준수하여야 합니다. 仙계가 바라시는 수선재 학칙은

1. 수선재는 仙계의 집이자 자신의 집이므로 각자 맡을 역할을 스스로 찾아내어 적극적으로 한다. 기타 사회와 가정에서의 역할은 각자 자신을 찾기 위해 필요한 부수적인 일로 생각한다.

2. 수련을 하여 인간과 우주의 창조 목적인 '진화'를 이루는 仙계의 일이 자신의 일이 되는 '仙인'이 된다.

3. 수련을 보급하여 우주의 일에 동참하는 많은 친구들을 만들어낸다.

입니다.

수선재의 존재 이유

인간이면 누구나 가지고 있는 원초적인 의문이 있습니다. 전 세계 어느 나라 국민이든 공통적으로 품고 있는 의문이지요. 바로 생로병사에 대한 의문입니다.

왜 나는 태어나고 싶지 않은데 태어나졌는가? 왜 나는 늙고 싶지 않은데 늙는가? 왜 나는 병들고 싶지 않은데 병드는가? 왜 나는 죽고 싶지 않은데 죽어야 하는가? 나를 이 세상에 내보낸 그 누군가의 뜻은 무엇인가?

그 뜻을 알려드리는 것이 수선재의 존재 이유입니다. 조물주님의 음성인 仙서를 통해 우주 창조, 지구 창조, 인간 창조의 목적과 우주 진화에 동참하는 방법을 지구 최초로 알려드리는 곳이 수선재입니다.

또한 수선재는 그 길을 갈 수 있도록 안내하는 곳입니다. 우주기와 수련법으로 영靈을 깨우고, 영으로 성性을 깨워 깨달음에 이르도록 안내하는 곳입니다.

이제껏 한 번도 지구상에 공개적으로 보급된 적이 없는 仙계의 말씀(仙서)과 仙계의 기운(우주기)을 전하는 것이 수선재의 존재 이유입니다.

시작과 끝에 대한 답

수선재는 시작과 끝을 알려주는 곳입니다. 인간이 어디서 왔고, 어디로 가야 하는가에 대해 알려주는 곳입니다. 저도 수련을 통해 하늘과 통하기 전까지는 그걸 몰랐습니다. 그렇게 찾아 헤맸는데도 어느 누구도 제가 어디서 왔는지 알려주지 못했습니다. 간혹 하늘에서 왔다고 하는 사람도 있었지만 구체적으로 어디서 어떻게 왔는지 알려주지는 못했습니다.

하지만 우리는 알고 있습니다. 적어도 우리가 다른 별에서 지구로 이식되어 온 존재라는 것은 알고 있습니다. 지구에서 10회 정도 윤회를 하면 지구인이 다 되었다고 볼 수 있는데 그래도 근본은 별에서 왔다는 것입니다.

그 다음으로 죽으면 어디로 가는지 알고 있습니다. 4차원의 영계와 법계를 알고 있고, 우주인들이 사는 우주계*를 알고 있고, 이제껏 알려지지 않았던 仙계에 대해 알고 있습니다.

생로병사 중 생生과 사死에 대해 말씀드린 것인데 노老와 병病은 본인들이 선택하거나 동의한 스케줄에 의해 진행된다는 것을 말씀드린 바 있습니다.

하늘과 통하는 방법에 대한 답

수선재는 하늘과 통하고, 하늘과 하나가 되는 '방법'을 알려드리는 곳입니다. 그동안 신 내림을 받거나 우주인의 선택을 받아 영매가 된 사람은 많았어도 스스로 통한 사람은 없었습니다.

그러나 수선재는 스스로의 힘으로 통할 수 있는 방법을 알려줍니다. 통할 뿐 아니라 같은 반열에 갈 수 있게 해줍니다. 구체적인 수련법을 알려 줌으로써, 천기와 우주기를 연결시켜 줌으로써 가능한 일입니다. 하늘과 통한 천서 수신자가 벌써 수십 명이나 되는데 실제로 그렇게 통할 수 있다는 얘기입니다.

---

* 우주계에는 1)우주를 다스리는 공간으로서 仙계와 동일한 개념 2)우주의 운행, 법칙에 관여하시는 仙인들이 계시는 곳 3)우주인들이 사는 공간 등의 여러 가지 의미가 있습니다. 여기서는 3)번을 뜻합니다.

수선재 창립 4주년 축하

수선재 창립 4주년이 되었다.

수선재는 지구에서 최초로 시도되는 우주기운 직결 수련법을 시행하는 곳이다. 이러한 수련법은 지금까지 인간으로 태어나 우주의 본질을 깨우치려 했던 많은 사람들이 겪었던 시행착오의 결론적 수행방법인 것이다.

인간이 스스로 변화해 보려는 다양한 시도가 있었으나 지향점을 정확히 적시함에 부족함이 있었을 뿐더러 이것에 접근하려는 방법론 역시 근본을 취하지 못한 바가 많았다. 다양한 수행법을 통하여 많은 수련생들이 극한의 인내로 돌파를 시도하였으나 극히 소수의 인력만이 본성에 도달할 수 있었을 뿐 대부분의 수련생들이 소수의 성공한 수련생들의 결과를 전해 듣는 것으로 만족해야 했다.

그러나 수선재의 수련은 다르다. 가능한 한 수련에 참가한 전원이 본성이라고 표현되는 우주와의 일치를 이루어내도록 할 수 있는 방법을 시행하는 곳이기 때문이다. 이 방법은 호흡을 통한 다양한 수련법 중 본성과의 대화를 통한 방향 설정으로 직접 자신을 찾고 자신을 통하여 하늘을 알며, 하늘을 통하여 우주에 접근하고 우주에 접근함으로 우주와 하나를 이루어 내는 것이다.

이러한 수련법은 인간의 굴레를 벗어나 仙인이 되는 가장 신속한 방법이며, 이러한 방법을 통하여 수련으로 가고자 했던 핵심을 인식할 수 있으므로 상당한 시간을 단축할 수 있는 것이다. 상당한 시간이란 수십 생의 윤회를 한 번으로 끝내는 것이라고 할 수 있다.

가장 바람직한 것은 이러한 수련이 인간 각자의 생활에 자연스럽게 배이도록 함으로써 호흡의 중요성과 호흡을 통한 인간의 진화를 일상화하는 것이다. 허나 더욱 중요한 것은 이러한 수련의 원리가 지구를 진화시키고 진화된 지구가 우주 전체에서 큰 역할을 할 수 있도록 하는 것이다.

현재 수련을 하거나 할 예정인 천수체에는 두 가지가 있으니 전全천수체와 반半천수체가 그것이다. 대부분의 수련 인연 천수체들이 반 천수체로 태어나 호흡수련을 통해 전천수체가 된다. 이렇게 천수체로서의 포자를 가지고 태어난 경우는 전생의 공덕이나 금생의 특별한 인연을 보유한 경우로서 인간으로서는 가장 특별한 혜택을 입은 것이라고 할 수 있다.

인간이 보유한 천수체의 포자DNA와 이 포자를 개발하는 방법을 전수하는 수선재는 식물의 종자와 이 종자가 커나가는 밭으로 비유할 수도 있다. 아무리 좋은 씨앗을 가지고 있어도 이것을 키울 밭이 없다면 이 씨앗은 죽은 씨앗인 것이므로 수선재를 찾은 천수체들은 자신의 씨앗을 살려 진화의 열매를 수확할 수 있도록 하라.

수선재는 그 자체로서 천수체들에 대한 하늘의 축복을 전달하는 기구이자 수단이고 결과인 것이며, 하늘이 지정하고 하늘이 인도하는 인간에게 가장 바람직한 수련기관인 것이다. 수선재의 발전에 공로가 있는 수련생들에게는 다양한 혜택이 내려올 것이다.

문선생은 오늘의 수선재를 있도록 한 것만으로도 금생의 일을 다하였다고 할 수 있을 정도로 수선재의 창립은 그 의미가 크다. 그동안 많은 발전을 이룩한 수선재의 창립 4주년을 진심으로 축하하며 하늘은 천수체들이 본성을 만나려고 열망한다면 적극적인 지원을 아끼지 않을 것이다.

축하한다.

* 仙계에 감사드립니다.

수선재의 발전을 위해 노력해주신 모든 분들께 감사드립니다.

천서를 통하여 하늘이 있음을 알게 해주셔서 감사드립니다.

하늘이 인간을 사랑하고 계심을 알게 해주셔서 감사드립니다.

인간이 하늘이 될 수 있음을 알게 해주셔서 감사드립니다.

하늘의 사랑을 받는 방법을 알게 해주셔서 감사드립니다.

仙계에 대한 예의를 잃지 않도록 매순간 깨어있겠나이다.

하늘에, 만물에, 수련생들에게

계셔주심에

감사의 삼배를 올립니다.

2절 | 수선재의 정체성과 행동지침

수선재의 정체성과 행동지침

저의 52회 생일 축하 천서에 다음과 같은 내용이 있었습니다.

"문선생은 선생이므로 인하여 반드시 하여야 할 일이 있다.

그 첫째는 '인간의 기준'으로 仙계의 뜻을 펴는 것이다.

둘째, 판단에 있어 가림이 없어야 한다.

셋째, 수련생의 판단을 소중히 하여야 한다.

넷째, 자신의 건강을 살펴라.

다섯째, 수련생 가족과 주변 사람들까지 행복할 수 있도록 하라.

여섯째, 수련을 펴는 과정에서의 가혹함을 슬기롭게 겪어 넘길 수 있어야 한다.

일곱째, 천수체들이 지켜야 할 국제적인 생활규범을 제정하여 이러한 것을 교육하고 실천할 수 있도록 할 것. 천수체다운 가장 엄한 가정교육과 사회교육을 실시함으로써 천수체의 자녀들이 자신의 DNA의 잠재적 우수성을 알 수 있도록 개발하여야 한다. 천수체의 씨앗은 엄한 가정 및 수련교육을 통하여 보다 쉽게 개발될 것이다.

仙계의 많은 仙인들이 이끌어가는 수선재는 문선생으로 하여금 수련생들의 전 生을 통틀어 가장 큰 의미가 되는 것이다. 仙인의 생일을 축하하며 앞으로 제자들과 더불어 많은 업적을 남길 수 있도록 자신을 더욱 정비할 것을 간곡히 부탁한다."

이 같은 말씀을 받은 지 4년 6개월이 지났습니다. 송구스러울 따름입니다. 이제 더 이상 미룰 수 없어 수선재의 정체성과 아울러 국제적인 생활규범을 정하여 발표합니다. 깊이 성찰하시어 이후 자신을 仙계로 인도하는 지침으로 삼고 살아가기를 부탁합니다.

구호에 그치거나 관념적인 내용이 아니며 소소한 것들입니다. 허나 실천하다 보면 仙계가 아주 가까이에 있을 것입니다. 용어도 솔직하고 단순한 표현을 했습니다. 그간 우리 수련생들은 仙계로 가는 길을 지나치게 멀고 거창한 곳에서 찾은 감이 있습니다.

이로써 수선인들이 仙인이 되기에 앞서 괜찮은 사람들로 거듭나는 계기가 되기를 바랍니다. 수선재의 가장 중요한 요소인 호흡과 말씀의 보급을 가장 뒷자리에 둔 것은 그간 호흡과 말씀을 우선하다 보니 인간으로서 기본적으로 갖추어야 할 덕목들을 놓친 감이 있어서입니다. 무엇을 교재로 수련하든 仙인이 되는 길은 이 모든 기본을 갖추어야 가능한 일입니다.

가. 수선인

정의 **마음은 넉넉하게, 물질은 소박하게 살고자 하는 사람들**

실천 1. 맑은 표정으로 밝게 웃으며 따뜻한 인사를 전한다.

설명 평상심을 표현하고 전염시키는 가장 직접적인 방법입니다.

이렇게만 될 수 있다면 다른 어떤 수련방편이 필요 없을 정도입니다.

이 수련에는 정성, 믿음, 사랑이 모두 포함됩니다.

이름하여 인사수련입니다.

이런 사람은 겸손할 수밖에 없으며 마음관리 몸관리 등 자기관리를 철저히 하게 되지요.

맑음, 밝음, 따뜻함은 그 자체가 仙계입니다.

나. 수선재

정의 **수선인을 길러내는 집**

실천 2. 수선재 본부나 지부 또는 수선인이 생활하는 가정은 맑은 표정으로 밝게 웃으며 따뜻한 인사를 전하는 사람들로 가득하다.

설명 수련이란 주변부를 에워싸고 있는 모든 사람들까지 행복해져야 하며 이 행복의 파장이 그 주변으로 확산될 수 있어야 합니다.

이 수련으로 인하여 수련생 자신이 마음의 풍족함과 여유를 가질 수 있도록 되어야 하며 이러한 결과에 의해 수련생의 가족들도 모두 마음의 여유와 미래에 대한 기대를 가질 수 있도록 인도하여야 합니다.

그간 능력부족, 수련부족으로 인하여 수선인들에게 걱정이 끊이지 않았으나 자신의 걱정은 자신 한 사람으로 끝내고 주변으로 확산시키지 않도록 바랍니다.

모든 것은 마음먹기에 달렸으므로 그럼에도 불구하고 수련을 할 수 있음에 감사한다면 점차 좋아질 것입니다.

지구에 태어난 인간치고 걱정 없는 사람은 단 한 사람도 없습니다.

대통령도 고민이 무척 많아 보입니다.

수련으로 인하여 기운이 강력해진 사람들의 한숨이 모이면 능히 태산을 가라앉힐 수도 있답니다.

다. 수선인의 행동지침

A. 정의 자신은 귀한 존재이며 우주의 일부로서 존재하는 사람임을 인식한다.

실천 3. 거울을 볼 때마다 자신을 격려하며 타인뿐 아니라 하늘에, 땅에, 동식물에게 다정한 인사를 전한다.

설명 인사는 만사이며 모든 것의 시작입니다.

이렇게 습관화한다면 별도로 감사와 반성의 시간을 갖지 않더라도 점차 타인과 하늘과 땅과 만물에 감사하는 마음이 생기므로 겸손해질 수밖에 없습니다.

실천 4. 거짓을 말하지 않는다.

설명 거짓은 모든 악업의 시작이라고 봅니다.

실천 5. 자신이 진정 하고 싶은 일을 알며 그 일을 하면서 산다.

설명 仙인은 자신이 해야 하는 일과 하고 싶은 일을 일치시킬 수 있는 능력이 있는 사람을 말합니다.

실천 6. 걷기를 생활화하며 걸을 때는 생각하지 않는다.

설명 심신의 건강과 에너지 절감, 환경보호를 위해 걷기를 권합니다.

걸을 때는 걷는 일에만 열중하며 마주치는 사물과 교감할 것을 바랍니다.

인생은 함께 있으되 혼자 걷는 길임을 알게 될 것입니다.

B. 정의 자연에 폐를 끼치지 않는다.

실천 7. 자연 친화적인 자재로 지은 작은 집에서 살며 가전제품의 사용을 줄인다.

설명 큰 집은 자연을 훼손할 뿐 아니라 에너지 절약 차원에서도 바람직하지 않지요.

심신의 건강을 위해 한 사람에게 가장 적합한 평수는 2.5평이라고 합니다.

현대인의 건강이 나빠진 것은 냉장고와 에어컨, 컴퓨터의 보급이 원인이라는 과격

한 주장을 하는 분들도 있습니다.

실천 8. 사망 시에는 화장을 하고 재를 물이나 흙에 뿌림으로써 곧바로 자연으로 돌아

간다.

설명 죽어서까지 큰집을 차지하고 있는 것은 진화의 측면에서나 자연에게나 후손에게

나 못할 일이지요.

고인에 대한 추억은 사진이나 유물로써 대신해도 족하다고 봅니다.

실천 9. 자신이 버린 쓰레기는 집 밖으로 내보내지 않으려고 노력한다.

설명 한 인간이 평생 버리는 쓰레기를 쌓아놓으면 큰 산만 하다고 합니다.

쓰레기를 줄이다 보면 저절로 절약하게 되겠지요.

자연을 아끼지는 못할지라도 폐를 끼치는 일은 안 해야 한다고 봅니다.

실천 10. 음식을 먹을 때마다 감사하는 마음을 갖는다.

설명 인간의 생명을 좌우하는 땅, 물, 햇빛, 바람, 공기, 음식물 등은 모두 자연으로부터 대가 없이 오는 것입니다.

이 모든 축복의 결과물인 음식을 대할 때마다 감사한다면 보이지 않는 세계에 대한 인식이 생길 것입니다.

자신을 낳아주고 길러준 큰 부모님은 하늘과 땅임을 알게 될 것이지요.

C. 정의 타인은 나만큼 소중하다.

실천 11. 가족을 포함한 타인의 일에는 본인의 의견을 존중하며 자신의 의견을 강요하지 않는다.

설명 자신의 주장이 옳다고 확신할 수 없기 때문이지요.

실천 12. 사후 장기기증을 약속한다.

설명 살아있는 동안의 장기기증은 신중히 하여야 합니다.

타인의 장기를 기증받은 사람이 자신의 역할을 잘하지 못할 경우에는 업이 되기 때문이지요.

허나 사후 장기기증은 자연에게나 타인에게 덕을 베풀 수 있는 가장 손쉬운 방법입니다.

실천 13. 육식을 즐기지 않는다.

설명 육식은 필요하기는 하나 즐기지는 않아야 한다고 봅니다.

동물 사료로 사용되는 엄청난 양의 곡물이 식량부족으로 고통 받는 이웃에게 전해져야 한다고 생각하지요.

부의 불균형으로 인하여 빈곤층은 기아에 허덕이고 부유층은 비만에 시달리는 악순환이 계속되고 있습니다.

육류 대신 콩 제품이나 해조류의 섭취를 권장합니다.

실천 14. 어른과 모든 상처받은 이들을 존중하며 이들을 위하는 구체적인 활동을 실행한다.

설명 어른은 자신보다 많이 겪은 분들이기에 그들의 연륜을 인정해 주어야 합니다.

또한 지상의 모든 상처받은 이들에게는 그들의 엄청난 아픔을 이해하고 공유해야 한다고 봅니다.

그들이 이유도 모르게 받는 재해는 인간 모두의 슬픔이니까요.

D. 정의 인간과 우주의 창조 목적은 진화이며 지구는 학교임을 인식한다.

실천 15. 인간은 경험을 통해 배우는 것으로 충분하다는 생각을 가지므로 생로병사에 초연하며, 길흉화복에 연연하지 않는다.

설명 지구에 태어난 인간은 누구를 막론하고 수련이나 경험을 통해 진화하기 위해 태어났으므로 자신에게 다가오는 모든 일들은 공부 이외의 다른 뜻은 없는 것입니다.

이 점을 깊이 이해한다면 자신에게 다가오는 모든 공부거리에 감사하게 됩니다.

공부가 많을수록 그만큼 넉넉해지는 것이지요.

실천 16. 자신의 선악과를 발견하면 같은 과오를 되풀이하지 않는다.

설명 인간에게는 누구나 부여받은 선악과가 있습니다.

그 과제에서 선을 발견하면 선이 되는 것이고 악을 발견하면 악이 되는 것이지요.

즉 선악과는 선과 악이 함께 있는 공부교재로서 무엇을 발견하는가 하는 것은 자신의 선택입니다.

인간은 한 공부가 완전히 끝나야 다음 단계로 넘어가므로 같은 공부를 되풀이하는 것은 엄청난 시간 낭비, 에너지 낭비입니다.

한 번의 인생에서 한 가지 공부만 하겠다면 문제될 것은 없으나 한 가지 공부도 완전히 끝내야만 다음 생에 다른 공부를 하도록 허락됩니다.

실천 17. 이와 관련한 仙서의 내용을 관심 있는 이들에게 정성껏 전한다.

설명 仙서의 보급은 수선재의 정체성에서 가장 우선하는 덕목입니다.

가장 뒷자리에 놓은 것은 가장 중요함을 역설적으로 강조하는 방법이지요.

실천 18. 우주의 기운으로 하는 깊은 호흡을 생활화한다.

설명 우주의 기운을 받아 단전으로 하는 깊은 호흡 또한 仙서의 보급과 어깨를 나란히 하는 덕목입니다.

수련을 호흡으로만 이해하는 우를 범하지 않기 위해서 가장 뒷자리에 놓았습니다.

결국 仙서의 보급과 호흡은 그 자체가 목적이 아니라 仙인이 되기 위한 수련의 방법이지요.

3절 | 후천시대와 수선재

우주의 문이 열리는 시대

후천後天시대란 우주가 문을 열고 기운을 보내 주어서 인간의 영성이 깨이도록 도와주는 시대를 말합니다.

우주 즉 仙계가 문을 열고 기운을 보내주는 것입니다. 仙계의 기운이자 영적인 진화를 상징하는 북극성 이상 차원의 기운입니다. 그 기운의 힘으로 한꺼번에 많은 인간들의 영성이 깨일 수 있는 여건이 마련됩니다.

우주의 문이 열리기 전까지는 수련을 해도 태양계를 벗어나기가 힘들었습니다. 그러나 이제는 북극성 이상 차원으로 갈 수 있게 되었습니다.

仙인이 많이 배출되는 시대

후천시대에는 또 그동안 지구에서 윤회를 거듭하다가 이제는 졸업을 해야 하는 영들이 많이 태어납니다. 그 두 가지가 상승 작용을 일으켜 仙인이 많이 배출됩니다.

仙인이 배출되는 시기를 보면 몇 백 년에 한 명 정도 맥이 끊기지 않을 정도로만 배출되다가 어떤 시점에 이르면 많은 인원이 한꺼번에 仙인이 됩니다. 그 시기가 바로 후천시대입니다. 이제 문이 열렸고 노력만 하면 仙인이 될 수 있습니다.

후천시대가 지구에만 있는 것은 아닙니다. 어떤 별이든 인간 다수의 영성이 깨일 수 있는 준비가 되면 기적인 혜택과 더불어 이끌어주는 분이 나타나게 되는데 그때가 바로 후천시대입니다. 한꺼번에 많은 인간들이 신화神化할 수 있는 여건이 마련되는 시기라 할 수 있습니다.

후천시대가 온다고 해서 덩달아 저절로 신화되지는 않습니다. 구원은 항상 개별적으로 오는 것이지 전체 구원은 없습니다. 때가 되어 조건이 갖춰지면 인과응보에 의해 개별적으로 구원이 되는 것입니다.

새로운 질서의 태동

종교계에서는 '개벽'이라는 표현을 많이 쓰는데 개벽이라는 것이 지구가 다 망하고 난 뒤에 새로 뭔가가 시작되는 것을 의미하지는 않습니다. 개벽이란 기존의 질서가 붕괴되고 새로운 질서가 태동하는 것을 말합니다.

지금 전 세계적으로 지진이나 기상이변이 많이 발생하고 있는데 새로운 질서가 태동할 수 있는 기반 조성을 위해 뒤집어엎는 거라고 보시면 됩니다. 파괴가 아닌 것입니다. 태풍이 크게 휘몰아치면 배가 난파되고 사람이 죽지만, 다른 한편으로는 바다 속이 뒤집어엎어짐으로써 정화가 되고 풍요로워지는 것과 같은 이치입니다.

신인합일 시대

인류의 역사를 살펴보면 서기 1년에서 1000년까지는 신神이 득세하는 신본주의 시대였습니다. 신의 말씀을 전달하는 사자使者들이 왕 위에 있었고 신의 말씀을 계시 받아 인간들을 다스렸습니다.

1001년에서 2000년까지는 인간이 신에게 항거하는 인본주의 시대였습니다. 신의 지배를 받지 않고 인간답게 살겠다고 혁명을 일으킨 시대라 볼 수 있는데 르네상스, 종교 개혁 등을 통해 인간이 신 위에 서 보겠다고 우위 다툼을 벌였습니다.

2001년부터는 신인합일 시대 즉 후천시대로 들어섰습니다. 신과 인간이 서로 대립하고 우열을 겨루는 시대가 아니라 협력해서 같이 이루어 나가는 시대입니다.

왜 이렇게 숫자가 딱딱 맞아 떨어지는지 의문을 가지실 수도 있는데 역사가 그렇게 예정되어 있었기 때문입니다. 바뀌는 시점이 되면 먼저 기운이 크게 바뀝니다. 시대의 전환을 일으킬 수 있는 사람이 나타나서 주도적으로 일을 하고요.

후천시대의 징조

지금이 후천시대로 넘어가는 시점이라는 것을 어떻게 알 수 있는가? 그 징조가 여러 가지로 나타나고 있습니다.

첫째, 깨달음이 일반화되고 있습니다. 전에는 사람들이 깨달음이라고 하면 나와는 거리가 먼 일, 수도자들만 하는 일이라고 생각했는데 후천시대가 되면서 나의 일, 나도 할 수 있는 일로 점점 가깝게 느끼고 있습니다. '나도 한번 깨달아 볼까' 하고 생각하는 일반인이 늘고 있습니다. 전에는 수행하시는 분들이 산속에만 있었는데 이제는 도심 한복판에 건물을 얻어 수련원을 차리고 있습니다. 전에는 사회에서 존경받는 위치에 있던 분이 다 버리고 수행의 길로 들어선다고 하면 다들 이상한 눈으로 쳐다보았는데 요즘은 안 그렇습니다.

둘째, 우주인들이 나타나고 있습니다. 사실 우주인들이 지구에 나타난 지는 꽤 오래되었습니다. 끊임없이 나타나서 자신들의 존재를 알려 왔습니다. 그분들이 보내온 메시지를 읽어보면 기가 막힙니다. 인간의 의식을 확장하고 기성 종교의 맹점을 파고드는 내용이 고도의 영적인 언어로 표현되어 있습니다.

셋째, 기운을 느낄 줄 아는 분들은 전과는 다르게 솥뚜껑같이 묵직하게 백회를 누르는 기운을 느낄 수 있습니다. 제가 10여 년 전에 수련할 때는 중요한 혈이 다 열렸음에도 불구하고 평범한 기운밖에 느낄 수 없었습니다. 지기地氣에 가까운 기운만 느껴졌습니다. 그런데 시간이 갈수록 점점 우주기운의 특징인 백회를 누르는 것 같은 육중한 기운이 느껴지더군요. 그래서 '아,

때가 됐구나' 생각하기도 했습니다.

넷째, 기존의 과학이나 의학 지식으로는 풀 수 없는 일들이 많이 나타나고 있습니다. 아는 분이 사상 체질을 연구하는 분이어서 제 체질 테스트를 해줬는데 할 때마다 결과가 다르게 나왔습니다.

체질이 명확하게 안 잡힌 이유는 사상 체질은 해 기운하고 달 기운만 가지고 체질을 구분하는데 요즘에는 다른 차원에서 오는 알 수 없는 기운을 받는 사람들이 많기 때문입니다. 옛날에는 해 기운과 달 기운으로만 살았는데 요즘은 별 기운 받는 사람이 상당히 많습니다. 별 기운도 다양해서 북두칠성, 삼태성, 북극성 또는 알 수 없는 별에서 오는 기운도 있습니다. 어떤 별 기운을 받느냐는 사람마다 다른데 대개 자기가 온 고향별 기운을 많이 받습니다.

그분이 그전에 브라질에서 몇 년 동안 개업을 했는데 브라질 사람들은 체질 구분이 명확하다고 하더군요. 한국에 오니까 구분할 수 없는 이상한 사람들이 많다고 하고요.

지구 인류 전체가 깨이려면

물리학에서 '임계질량'이라는 용어를 씁니다. 어떤 일정한 수치에 도달해야만 氣의 변화를 도모할 수 있다는 것인데 학자들은 1억 2천만 정도를 얘기입니다. 예를 들어 북극해에 살고 있는 물고기들 중 1억 2천만 마리 정도가 어떤 병을 앓는다 하면 순식간에 남극에 있는 물고기도 똑같은 병을 앓는다는 것입니다.

仙界의 뜻은 지구 인류 전체가 깨인 마음으로 후천시대를 맞이하는 것이라는 말씀을 드린 바 있습니다. 그렇게 되기 위한 임계질량은 60억 지구 인구의 5%인 3억 정도라고 봅니다. 지구 인구 중 3억 명이 맑고 밝고 따뜻한 仙界의 기운을 알고, 그 기운으로 순화된다면 말로 전하지 않더라도 기운을 통해 지구 인류 전체가 깨어날 것입니다. 仙界의 기운이 저절로 지구를 덮게 될 것입니다.

수선재가 문을 연 목적도 여기에 있습니다. 지구 인구 중 3억 정도에게 仙계의 기운을 알게 하고, 그중 상당수가 타인과 자연과 하늘을 위해 마음을 내는 仙계의 일꾼이 되게 하고, 또 그중 상당수가 仙인이 되게 하는 것을 목표로 수선재가 문을 열었다는 말씀을 드립니다.

후천시대와 수선재

왜 현재를 후천시대라고 하는지요?

후천시대라 함은 선천시대에 대한 개념으로서 앞으로 다가올 시대를 말하는 것이다. 선천시대라 함은 지금까지 겪어온 모든 시간대이며 현재까지 오지 않은 시간대는 모두 후천시대인 것이다.

일부 종교 지도자들이 선천시대의 종말과 후천시대의 개벽, 그리고 일부 중생의 구원을 논하는 것은 인간을 혁명적으로 진화시킬 수 있는 교수법 중의 하나이며, 인류가 스스로 멸망하지 않고 존재하도록 하기 위하여 영적 진화를 가속하려는 의도에서 나온 것이다.

인간은 존재하는 한 다양한 시험이 계속되는 것이며, 이 시험에서 견디어 내는 자는 합격하는 자요, 이 시험에 탈락하는 자는 불합격하는 자이니 때로는 엄청난 정도로 가혹한 시험이 내려오는 경우도 있는 것이다.

수선재는 후천시대에서 어떤 역할을 맡고 있는지요?

후천시대는 아직 다가오지 않은 미지의 세계이며, 겪어 보지 않은 세계이다. 종교에서 주장하는 미래는 극선과 극악이 공존하며 인간의 마음먹기에 따라 선행을 하면 극선으로, 악행을 하면 극악으로 간다고 강조하고 있다. 이 말은 전적으로 타당하며 우주의 진리이다.

인류 전체의 영적인 악행의 무게가 일정 한도를 초과하면 이에 합당한 벌칙이 가해지는 것이며, 선행의 양이 많으면 그에 합당한 장려가 따르는 것이다. 말세란 용어는 인류 초기부터 존재하여 왔으며 개벽 역시 인간이 존재하는 한 항상 있을 수 있는 변수를 의미하는 단어이다.

수선재의 역할은 선행의 양을 늘림으로써 지구인 전체의 마음을 가볍게 하여 우주화 하도록 하는 것이다. 선행은 마음의 무게를 줄여 항상 사람을 가볍게 살 수 있도록 하여 주며 그 가벼운 마음으로 수련을 하면 가속도가 붙어 자신을 벗어날 수 있게 되는 것이다. 제자리에서는 언제나 벗어날 수 없다.

몸은 제자리에 있어도 마음은 항상 목표를 향하여 바쁘게 움직여야 하는 것이며 몸이 움직여도 마음이 제자리에 있다면 그것은 후퇴이지 결코 종전의 수준을 유지하는 것도 아닌 것이다.

후천시대가 되면 무엇이 어떻게 달라지는지요?

후천시대가 되면 달라지는 것이 많다. 앞으로 다가올 시간대에는 각자의 수련 정도를 시험하는 다양한 유형의 문제들이 출제된다. 이 문제에 대한 해답을 어떻게 내놓는가에 따라 많은 것이 달라진다.

첫째는 본인의 위치가 달라진다. 후천시대라 함은 일정한 시험 과정을 거치면서 깨달은 자와 깨닫지 못한 자의 차이가 극명하게 드러나게 된다. 시험에 합격한 자와 불합격한 자의 지위는 상상을 초월하는 경지의 차이를 가져올 것이다.

합격자와 불합격자의 차이는 사법시험에 합격한 자와 불합격한 자의 차이의 수억 배 정도의 차이일 것이며, 이 차이의 극복은 잠시 노력한다고 해서 되는 것이 아닌 영원한 숙제일 수도 있는 것이다.

두 번째는 자신의 위치가 달라지면서 가장 원하던 仙계의 일원이 되는 것이다. 仙계의 일원이 된다 함은 仙인이 되는 것으로서 仙인으로서 온 우주에서 환영식이 벌어지면서 비로소 인간으로서 매우 험난한 공부를 하였던 것에 대하여 자긍심을 가지게 될 것이다. 仙인의 경지는 바로 수련을 하는 모든 인간의 꿈의 경지인 것이다.

세 번째는 본인이 할 수 있는 일의 유형이 달라진다. 현재는 자신만을 위하여 하는 일마저도 허덕거리며 하고 있는바 후천시대에는 우주를 포함한 타인을 위하여 일을 하는 경지가 될 것이다. 이 경지는 이미 자신을 초월하여 일을 할 수 있는 경지로서 이타심으로 충만한 경지가 되는 것이다.

사랑을 주어본 사람은 사랑의 의미를 안다. 주는 사랑은 받는 사랑보다 훨씬 값어치 있는 것이며 우주와 모두를 위하여 이러한 사랑을 하게 되는 것이다.

후천시대는 어느 한순간에 변하는 것이 아니라 현재에도 시작되었으며, 앞으로도 계속되는 시간대를 말한다. 따라서 지속적으로 위기와 기회가 반복될 것이며 이 기회를 잘 이용하는 자는 仙인이 될 기회가 그만큼 많아질 것이고, 이 기회를 잘 이용하지 못하는 자는 仙인이 될 기회를 완전히 박탈당할 것이다.

상이 후하면 벌이 엄한 것이며, 벌이 약하면 상 또한 약한 것이다.

후천시대는 지구에만 있는 것인지요?

아니다. 시간이 존재하는 한 선천시대와 후천시대는 존재하는 것이며, 지구의 경우는 지금 오고 있으나 타별에서는 다른 시간대에 오는 것이다.

해당 별의 진화 정도와 자극을 받아야 할 수준에 해당하는 시점을 택하여 선천과 구별지어야 할 시간대가 오는 것이며, 이 시기는 시간상으로 대나무의 마디와 같은 역할을 하는 것이다.

지구의 후천시대가 우주의 역사에 어떤 변화를 가져올 수 있는지요?

지구의 후천시대가 우주에 주는 의미는 크다. 仙인의 증가는 그만큼 우주의 진화를 가속할 수 있으며, 우주의 진화가 가속된다는 것은 우주의 입장에서 전체의 진화를 의미하므로 보다 나은 우주, 보다 영적인 존재들이 생활하기에 편안한 우주를 만들어 가는 것이다.

인간들이 항상 최선과 부를 추구하며 더 나은 것을 추구하는 것은 우주의 본래의 특성이 가장 잘 반영된 것이며 우주의 발전 과정을 보아 현재의 단계는 아직 중간 정도에 못 미친 상태라고 할 수 있다.

따라서 많은 仙인들이 탄생하여 우주의 진화를 위하여 일을 할 수 있다는 것은 우주의 입장에서 보아 너무나 기쁨으로 충만할 수 있는 것이다.

후천시대의 진정한 의미는 무엇인지요?

모든 것이 밝고 맑고 따뜻한 우주를 만드는 것이다. 그 우주의 기운이 이 지구에 미쳐 전 인류가 편안히 생활하는 세계가 될 것이며 모두가 편안하게 생활할 수 있다 함은 진화를 가속화시켜 다른 발전을 가능케 하는 원동력이 될 것이다.

후천시대는 우주의 발전에 있어 중학교를 졸업하고 고등학교에 진학하거나 고등학교를 졸업하고 대학에 진학하는 학생들이 많이 배출되는 것처럼 仙인의 증가로 우주의 수준이 향상되는 것을 의미한다. 이것은 우주의 입장에서 보아 너무나 기쁜 일이며, 이 우주가 한 등급 진급할 수 있는 계기가 되는 것이다.

수선재의 기운이 지구를 덮고 더 나아가야 하는지요?

물론이다. 지구란 우주의 입장에서 보면 아주 작은 일부이며, 이러한 일부가 수련생들의 최종 목적일 수는 없다. 수련생들의 목표는 원대하고 높은 곳에 존재하는 것이며, 원대하고 높은 곳이란 바로 우주, 즉 자신의 본성이 자리하고 있는 곳에 도달하는 것이다.

따라서 수선재의 수련 과정에서 자신을 바꾸고 바뀐 자신으로 자신의 본성을 찾아 우주 본연의 자리로 찾아 들어가는 것은, 수선재의 우주기운을 우주 본래의 자리로 연결하여 그 기운이 다시 수선재로 피드백 Feedback할 수 있도록 하는 것으로서 수선재의 발전을 가속화하고 모두가 스승이 될 수 있는 기반을 조성하는 것이다.

따라서 현재는 스승과 제자가 구별되어 있으나 그때에는 스승과 제자가 구별이 없는 시기가 될 것이다. 모두가 스승이자 모두가 제자인 단계, 진정 수련만으로 충만한 세상은 수련 속도를 한결 가속화할 수 있게 할 것이며 인연이 있는 자들은 모두 수련 목적을 이룰 수 있을 것이다.

수선재의 기운이 지구를 덮는 것은 가능하다. 목표를 원대하게 설정하고 그 원대한 목표에 맞추어 수련해 나갈 수 있도록 하라.

- 『천서 0.0001』 1권에서

5부
선仙

선仙이란 우주와 관련된 모든 것의 통칭

선仙이란 글자 자체로서도 인간人이 산山과 함께 있는 것이니 산은 바로 자연이자 우주이자 모든 것을 뜻하는 것이라고 할 수 있다.

선仙이란 그 자체가 워낙 귀하고 중한 것이며, 따라서 아무나 알 수 있는 것이 아니며 아무나 접할 수 있는 것도 아니다.

단丹이란 단전의 준말로서 선仙으로 들어가는 인체의 일부를 뜻하는 것인바 선仙이란 하늘과 인간 등 우주와 관련된 모든 것을 통칭하는 것이니 선仙을 어찌 가볍게 볼 것인가?

1장
우주

1절 | 조물주

말씀과 기운으로 존재하시는 분

조물주님은 어떤 분인가에 대해 말씀드리겠습니다. 조물주님은 우선 '말씀'의 형태로 존재하시는 분입니다. 성경에 '태초에 말씀이 있었으니' 라는 구절이 있듯이 우주 창조 이전에 말씀으로 계셨던 분이 조물주님이십니다. 다음으로 조물주님은 기운의 형태로 존재하시는 분입니다. 말씀만 가지고서는 창조를 할 수 없습니다. 기氣 즉, 에너지가 있어야 합니다.

조물주님은 말씀과 기운의 형태로 존재하시는 분입니다. 이른바 성리학의 '이기理氣'는 조물주님의 말씀과 기운을 논한 것이라 할 수 있습니다.

하나이면서 만萬이신 분

조물주님은 바람에도, 풀에도, 공기 한 점에도 계십니다. 하나이면서 만萬

이고, 만이면서 하나인 존재입니다. 우주의 만물은 모두 조물주님의 일부를 이루고 있습니다.

그러나 크게 보면 조물주님은 한 분이며 우주의 법칙을 만드신 분입니다. 우주만물을 운행하는 질서이자 법을 만드셨습니다. 그것을 일컬어 '천법 天法'이라고 합니다. 우주만물 중 어느 누구도, 심지어는 조물주님조차도 벗어날 수 없는 일정한 룰rule입니다.

인간 창조를 예로 들면 인간이 창조될 때마다 매번 조물주님이 와서 관여하지는 않으십니다. 그러나 창조의 법칙, 프로그램은 만들어 놓으셨습니다. 그 프로그램에 의해 인간들이 계속 창조되고 있습니다.

그리고 조물주님의 반열에 오른 분들이 많이 계십니다. '창조'할 수 있는 역량을 지닌 분들이지요. 이른바 仙인이라고 일컬어지는 분들입니다.

다양한 모습으로 나타나시는 분

조물주님은 인간에게 임할 때는 인간의 모습으로, 동물에게 임할 때는 동물의 모습으로 나타나십니다. 풀에게 임할 때는 풀의 모습으로, 나무에게 임할 때는 나무의 모습으로 나타나십니다.

그러니 조물주님을 찾기 위해 하늘 높은 곳에 올라갈 필요는 없습니다. 지금 내 눈앞에 있는 분이 조물주님의 현신現身입니다.

수련생 자녀 중에 태어날 때부터 불구인 아이가 있었습니다. 심장에 결손이 있고, 팔다리가 짧고 심하게 휘어져 있는 등 선천성 기형이 있는 아이였습니다. 전생에 사냥꾼으로, 백정으로, 걸인으로, 술주정뱅이로 살아오면서 쌓인 업이 모여 이러한 몸을 받았습니다. 아이의 아버지는 전생에 14세기경 중동 지역의 성직자였는데 길을 잘못 인도하여 많은 사람들을 오류에 빠지게 한 업이 있고요.

이분의 금생의 숙제는 아이를 통해 하늘을 배우는 것입니다. 아이가 교재입니다. 조물주님이 이 사람에게는 이런 모습으로 저 사람에게는 저런 모습으로 나타나시는데 이분에게는 자식의 모습으로 나타나신 것입니다.

조물주님이 나에게 하늘을 느끼게 하기 위해 불구인 자식의 형상으로 오셨구나 하는 것을 알아챈다면 지름길로 가게 될 것입니다. 조물주님은 완전하고 근사한 모습이다, 높은 하늘에 계신 분이다 하고 생각하면 끝끝내 못 만날 것이고요.

조물주님은 누구이며, 누가 창조하였는가?

조물주는 한 분이며 이 한 분의 의사를 표현하는 개체는 수없이 많다. 이들은 각 仙인들 및 수련생들로서 각각의 영역에서 모든 임무를 수행하고 있으며 이러한 임무 중의 중요한 부분이 仙인들에 의해 이루어지고 있다. 조물주는 우주의 전부이며, 仙인들은 우주의 일부이다. 즉 仙인들은 우주를 구성하고 있는 요소이자 그 자체가 우주의 일부인 것이다.

우주란 그 기능이 복잡하고 다단하며 仙인이라고 하여도 하급일 경우에는 우주의 전부를 알 수 없을 만큼 넓다. 6등급 이상이 되어야 우주의 전체 구조를 대강 알 수 있을 정도이며 8등급 이상 되면 대부분 이해를 하고 9등급이 되면 전체를 알게 된다.

모든 별들 역시 우주의 일부이기는 하나 우주에서 주도적으로 업무를 처리해 나가는 분은 조물주이며 이 조물주의 뜻을 받들어 각기 역할을 수행하는 것이 仙인들의 임무이다.

이 방향에서 일하는 분들이 우주의 주체이다. 지구나 동식물, 인간 등의 경우는 주체적인 위치가 아니라 객체적인 입장에서 조물주의 통제하에 입력된 기능을 수행하는 것이며, 주관적인 입장에 서 있지 못하므로 주어진 범위를 벗어날 수 없다. 따라서 우주의 일부를 구성하고 있으면서도 객체라고 할 수 있다.

국가 기능으로 보아 같은 나라의 구성원이면서도 대통령, 각부 장관 등이 정책을 결정하고 이를 집행하고 있으며 국민이 이를 따르는 것과 같다. 나라의 주인을 국민으로 모시는 것은 국민의 뜻을 정확히 읽고 이들이 편안한 삶을 보낼 수 있도록 하자는 것인바 대개의 지도층들이 이러한 것을 자의적으로 해석하고 악용하여 국민을 우롱한 경우가 있어 왔으나 이러한 것들은 지구에서나 가능한 일이다. 지구는 다소간의 역량의 차이는 있으나 외면상 동일한 인간들끼리의 집단이므로 형평성의 원칙이 적용되는 것이다.

그러나 우주란 넘어설 수 없는 장벽이 존재함으로써 이러한 형평성이 제기될 여지가 없다. 차이는 차이로서 존재하며 이 차이를 극복하는 방법은 우주의 본체로 진입하는 방법밖에 없는 것이다.

수련의 이유는 본체로의 진입이며 이것만이 인간으로서 고해에서의 짧디짧은 한평생을 더없이 값지게 보낸 것에 대한 보람인 것이다.

조물주는 우주 그 자체이다. 우주란 원래 기적인 상태로 존재하였으며 이러한 것은 누가 만든 것이 아닌 자연 발생적인 것이다(진화론).

무無에서 출발한 기氣는 점차 무無가 소량의 미립자 상태로 변하면서 어떠한 특성을 띠게 되었으며 이 특성을 가진 미립자가 동일하거나 상이한 미립자끼리 밀고 당기며 뭉치고 흩어지는 힘이 작용하면서 기氣적인 진화가 이루어졌고, 이 기氣적인 상태가 점차 진화하여 일정한 의사를 가지게 되었으며 나름대로 어떠한 룰Rule을 가진 조물주가 탄생한 것이다.

수조 년에 걸친 진화의 결과이다. 원래 공간은 무無이자 공空이었으며 이 공간에서 기氣적 변화에 의한 진화의 결과가 바로 조물주이며 다시 조물주의 뜻에 의해 우주가 만들어진 것이다.

따라서 조물주의 고향은 무無이자 공空이며, 이 조물주의 고향을 찾아 들어가려는 노력이 인간을 비롯한 다양한 고등생물체에 의해 이루어져 왔다.

조물주 역시 무無이자 공空인 고향을 그리는 마음이 항상 내재하고 있으며 이러한 뜻을 이어 받은 고등생물체들이 무無와 공空을 익혔을 경우 자신의 대열에 포함시킴으로 우주의 진화에 동참하여 자신의 역할을 수행할 수 있도록 하고 있는바 이들이 바로 仙인이며, 仙인이 우주의 일부를 구성하고 있는 이유이기도 하다.

-『천서 0.0001』 1권에서

2절 | 우주 창조 목적

우주만물은 진화하도록 창조되었다

조물주가 우주만물을 창조한 목적은 진화라고 말씀드렸습니다. 완성이 아닙니다. 원래 불완전하게 창조되어 완성을 향해 가는 것이 우주의 스케줄입니다.

아주 미개한 하등동물에서부터 영장류인 인간까지 차등으로 가는 스케줄로 창조했습니다. 광물에서 식물로, 식물에서 동물로, 동물에서 영장류로. 이러한 순환 사이클을 통해서 인간에서 仙인으로, 仙인에서 조물주의 반열로 가는 스케줄로 창조한 것입니다.

식물이 한 자리에 붙박이로 계속 있다 보면 움직이고 싶다, 자유로워지고 싶다는 욕구가 생깁니다. 1년생 식물은 수명이 긴 나무가 되고 싶어지고요. 동물도 기어 다니는 동물은 걷고 싶고, 걸어 다니면 날고 싶고, 이렇게 발전의 욕구를 갖게 하여 그것이 진화의 원동력이 되도록 창조했습니다. 인간도 다 차등을 두고 창조되었습니다. 우주인들도 제각각 수준이 다르고요.

원래 태어날 때부터 불완전합니다. 불완전하게 창조되어 완성을 향해 가는 것이 인간의 스케줄입니다.

인간에게 바라시는 것

조물주님이 창조물을 만드신 이유는 인간들이 결혼을 해서 자식을 만들어내는 이유와 다르지 않습니다. 자신의 창조물에게 바라는 것도 인간들이 자녀들에게 바라는 것과 같고요.

왜 결혼을 해서 자녀들을 만들어내는가? 혼자 살면 되는데 왜 굳이 뭔가를 만들어내는가? 남들이 하니까 따라 하는 게 아니라 본인이 욕구가 있기에 하는 것이잖습니까? 자녀들로부터 기쁨을 돌려받길 원하는 것이지요. 조물주님도 똑같아서 자신이 창조한 분신으로부터 기쁨을 얻고자 합니다.

인간도 자녀를 낳으면 자신의 분신으로 여기지요? 조물주님이 인간을 바라보는 시각도 똑같아서 인간을 자신의 분신으로 여깁니다. 인간들이 자식 잘되기를 바라는 것처럼 조물주님도 자신의 분신인 인간들이 잘되기를 바라고요.

인간적인 차원에서 잘되는 걸 바라는 건 아니어서 진화하는 것을 가장 기뻐합니다. 자신의 분신이 진화해서 자신과 같은 반열에 오르는 것을 가장 기뻐하는 것이지요. 끝없이 진화해서 조물주의 반열에 오르는 분들이 많아지는 것이 우주의 창조 목적입니다.

그러니 인간이 조물주님을 사랑하는 방법 또한 자식들이 부모님을 사랑하는 방법과 같습니다. '어떻게 하면 부모님이 기뻐하실까?' 연구하듯이 '어떻게 하면 조물주님이 기뻐할까?' 연구하면 답이 나옵니다.

조물주님의 우주 창조 목적

조물주가 우주를 창조한 목적은 바로 자신의 발전을 위해서이다. 우주란 바로 조물주에 의해 창조된 피조물이면서도 조물주의 모든 부분을 구성하고 있어 한편으로는 조물주 자신이라고 할 수도 있는 것이다.

스스로 창조가 가능한 조물주(造物主: 물건을 만든 자)의 입장에서는 자신의 일부를 유형화할 수도 있거니와 외부의 것을 창조할 수도 있다. 이러한 재량은 조물주의 특권이다.

우주가 창조되기 이전의 상태는 모두 기적인 상태이므로 조물주 역시 어떠한 일을 할 수 없는 상태이다. 따라서 조물주 역시 어떠한 일을 하기 위해서는 유형적인 기적 산출물이 필요하였으며 이 기적 산출물이 바로 우주이다.

이 우주 안에는 없는 것이 없으며 어떠한 것도 구해질 수 있다. 구해질 수 있다 함은 현재 우주에 존재하는 모든 기본 물질인 기를 합성하면 어떠한 물질도 제조가 가능함을 말해주는 것이다.

기적인 상태의 공간에서 이러한 피조물을 배치할 공간이 필요함에 따라 별들이 생성된 것이며, 이 별들을 필요에 의해 무리지어 위치시킨 것이다.

이러한 별들은 각자 별 자체가 진화가 가능한 별, 즉 생물체가 탄생 가능한 별(생물성)과 자체에서 스스로 진화가 불가능한 별, 즉 생물체가 탄생 불가능한 별(무생물성)로 구분되었으며 생물체가 존재 가능한 별에서 존재 불가능한 별로 기적 흐름이 이어지도록 되어 있다.

이러한 기적 흐름이 없으면 우주에 기운의 흐름이 정체되어 우주 전체가 침체되므로 기적으로 강한 곳과 많은 곳, 약한 곳과 적은 곳을 배치하여 상호간에 기적인 흐름이 생기도록 하고 기를 받은 곳은 또 다른 곳으로 보내고 마지막에는 우주의 특정 부분 즉 조물주의 단전으로 들어가도록 함으로써 모든 것이 정화되도록 되어 있다.

이 기는 일정한 통로를 통하여 흐르도록 되어 있으며 그물처럼 짜여 있어 우주의 어느 곳도 이 망網에서 빠져나갈 수 없도록 되어 있다. 이 망은 모든 파장까지 인식할 수 있도록 되어 있으며 이 파장의 인식은 우주 전체의 밸런스를 유지하는 기능을 한다.

조물주가 이 별들을 창조하고 나서 그 별들에 존재할 기적 산출물을 배치하였는바 무생물을 창조하고 나서 식물을 창조하고 그 다음에 동물을 창조하였으며 동물 창조의 마지막 과정에 인간이 창조된 것은 조물주의 판단에 의한 진화의 스케줄이다.

이러한 모든 것을 이 우주의 산지사방에 시차를 두고 창조하였는바 그 중 가장 중요한 부분이 인간류이다.

조물주가 인간을 창조한 목적은 바로 우주의 발전 과정에 스스로 동참하고 노력할 수 있는 각 분야의 조력자들을 만들어내고자 함이었다. 인간보다 더욱 진화된 생물체의 제작도 가능하나 이러한 생물체의 제작은 조물주의 입장에서도 상당한 노력을 필요로 하는 부분이다.

인간이 겪고 있는 모든 변수가 설계도에 입력되어 있으며 이 변수 중에는 조물주를 도와 우주의 본체에 진입함으로써 자신이 스스로 진화하고 우주의 진화에 동참할 수 있는 부분까지도 입력되어 있는 것이다.

바로 이 부분이 결정적으로 인간이 우주화 할 수 있는 가능성을 열어놓은 부분이며, 이 부분을 찾아내느냐, 못 찾아내느냐에 따라 인간이 우주화 할 수 있느냐, 아니냐가 달려 있다.

현재 인간들이 노력하고 있는 유전자 프로젝트는 조물주의 설계도에 접근하려는 노력이며 이 노력의 결과에 따라 조물주의 뜻을 어느 정도는 파악할 수 있을 것이다.

-『천서 0.0001』 1권에서

3절 | 우주 공간의 구조

완기完氣공간과 불완기不完氣공간

우주에는 '완전기적공간'과 '불완전기적공간'이 있습니다. 우주공간은 광의의 개념으로 보면 전체가 우주공간이나 협의로 보면 완전 기적인 공간과 불완전 기적인 공간으로 구성되어 있는 것입니다.

완전기적공간(완기공간)은 곧 仙계를 말합니다. 이곳은 조물주의 공간이기도 합니다. 모든 것은 전혀 질량이 없으며 속도, 이동량 등이 거의 무제한이라고 할 수 있습니다.

불완전기적공간(불완기공간)은 仙계 이외의 공간으로서 이곳에서는 지속적인 진화를 통해 仙계를 지향하는 수많은 영체들이 윤회를 거듭하는 곳입니다.

仙계는 심계, 우주계, ○○계를 포함하는 개념입니다. 그 밑에 법계, 영계, 기계가 있는 것이고요. 이들을 진화의 순서대로 적으면 기계 → 영계 → 법계 → 심계 → 우주계 → ○○계입니다.

仙계

仙계는 별이 아니라 공간인데 그 크기는 지구의 1.5배인 기적 공간입니다. 우주를 다스리는 곳으로서 우리나라로 치면 청와대와 같은 곳입니다. 집행하고 다스리는 이들이 있는 곳이며, 의사 결정체 즉 조물주님이 계신 곳입니다.

그곳에 계신 仙인들은 70~80만 정도입니다. 仙계에 등극했던 仙인들은 많으나 자신의 연고지 별이나 우주 전역에 파견 나가 있기 때문입니다. 청와대에서 국방부나 외국으로 파견 보내는 것과 같습니다.

○○계

○○계는 조물주님께서 계시는 공간입니다. 우주계를 지나면 인간의 용어로 이름을 지을 수 없으며 그 기운으로 바로 느껴야 하는 단계가 있습니다. 그곳이 바로 ○○계입니다. 무명無名계라고 할 수 있으며 명명할 단어가 없는 절대적인 세계입니다.

우주계

우주계에 계시는 분들은 우주의 운행, 법칙에 관여하시는 분들입니다. 이분들은 어떤 기운이나 빛의 모습을 띠고 있으며, 우주가 너무나 크기 때문에 한 분이 몇 개의 은하를 맡아서 관여하기도 합니다.

심계

심계心界란 인간의 마음속에 있는 우주로서 이것을 통하여 우주 본체와 직결될 수 있습니다. '스타게이트'라는 공상과학 영화에 나오는 '스타게이트'가 바로 이러한 역할을 하는 곳이라고 보면 됩니다. 仙界의 일부로서 仙界의 본체로 통할 수 있는 곳이기도 하면서 때로는 仙界를 대신하기도 합니다. 동일한 공간이라도 다양한 이름이 존재하는 것은 역할에 따라서이며, 본질이 다른 것은 아닙니다. 심계는 仙界로 통하는 문이라고 할 수 있습니다.

법계

법계法界는 '하늘'이라고 하며, 옳고 그름이 있고, 따라서 심판과 인과응보가 존재하는 곳입니다. 영계는 법계의 지시를 받아 움직이고 있으며 법계는 仙界의 지시를 받습니다. 법계에서 일어나는 일은 인간의 상상을 초월하는 경우도 있으나 대체로 인간의 상상의 범위에 한정됩니다.

법계는 크게 하천, 중천, 상천으로 나눌 수 있습니다. 하늘에서도 나름대로 확고한 의사를 가지고 있는 하늘이 바로 상천이며, 주변의 조건에 따라 변화무쌍한 하늘이 하천입니다.

힌두교나 불교의 삼천세계는 법계를 구분한 것으로서 상, 중, 하를 세분하여 천 개씩으로 구분하면 이것이 바로 소천(하천), 중천, 대천(상천)이 됩니다. 깨달음의 정도에 의한 구분이며, 깨달음의 단계에 의해 보이는 것들로서 마치 자신을 비추어 보는 거울과 같은 것입니다. 하지만 수련을 하면서 매 순간 달라지는 것이 있으니 이러한 것들에 의해 천 개가 아니라 만 개, 또는 그 이상으로도 변화가 주어집니다.

지상의 종교 중 어떤 종교는 법계의 하천에 존재합니다. 질투가 심하고 자신과 다른 사상을 받아들이지 못하며 시기를 하는 경우가 많아 그를 따르던 사람들이 돌아섰을 때 보복을 하기도 합니다. 모든 희로애락이 존재하며 나름대로 어떠한 길을 알고는 있으나 그 실천이 마음대로 되지 않는 경우입니다.

반면 어떤 종교는 법계의 상천에 존재합니다. 이 경우에는 자신을 따르지 않았다고 하여 보복을 하는 경우는 없으며, 깨우침을 얻으면 바로 자신과 동격을 부여하고 자신의 문하에 우주로 갈 수 있도록 길을 열어놓습니다.

이 같은 종교를 창시하신 분들은 모두 仙계의 가족이나 각자 자신이 맡은 역할에 따라 서로 다른 가르침을 내어놓은 것이라고 보면 됩니다.

종교마다 하늘이 다르다

신도 급이 있고 하늘(법계)도 동서남북이 다 있습니다. 예를 들어 A종교를 믿다가 향천하면 A종교를 내보낸 하늘로 가는 것이고, B종교를 믿다가 향천하면 B종교를 내보낸 하늘로 가는 것입니다. 어떤 종교를 믿었느냐에 따라 가는 하늘이 다른 것이지요. 또 '서방정토西方淨土'라는 말이 있듯이 어떤 종교는 서방의 하늘에 있고, 어떤 종교는 동방의 하늘에 있습니다.

사후세계에 관한 책들이 많은데, 모두 자신과 인연이 있어서 가는 곳의 현상을 그리고 있습니다. 그곳이 전부인 줄 알고, 자신이 접한 것이 전부인 줄 아는데, 극히 일부분일 뿐입니다.

우리는 우주가 굉장히 크다는 것을 모릅니다. 우주가 얼마나 큰지 모르는데 하여튼 상상할 수 없을 만큼 우주가 큽니다. 공간적으로도 여러 하늘이 있고, 의식 수준으로도 여러 하늘이 있습니다. 하늘이라고 해서 다 같은 하늘이 아닌 것이지요.

동, 서, 남, 북 하늘이 따로 있는데 그동안 지구에 나타나셨던 성인聖人들은 어느 한쪽 하늘에서 오신 분들입니다.

동, 서, 남, 북 하늘만 있는 게 아니라 상, 중, 하 하늘이 또 있는데 그 하늘들은 또 상상, 상중, 상하, 중상, 중중, 중하, 하상, 하중, 하하, 이렇게 구분됩니다. 이렇게 나눈 것도 크게 나눈 것이고 훨씬 세분할 수도 있습니다. 그러니 얼마나 큰지 알 수 있을 것입니다.

하늘은 서로 닫혀 있다

어떤 수준에 이르지 않으면 바로 옆 하늘(법계)의 정보조차 금지됩니다. 서쪽 하늘에서 어떤 일이 벌어지는지에 대한 정보가 동, 남, 북 하늘에서는 공개되지 않는 것입니다.

자기네가 끝인 줄 아는 하늘도 굉장히 많습니다. 그런 하늘에서 나온 종교는 자기네 종파를 굉장히 강조합니다. 한쪽 구석에 있다 보면 그곳이 전부인 줄 아는 것입니다. 다른 세계가 있다는 것을 모르는 것입니다. 仙계가 있다는 것조차 모릅니다.

우주인들도 아무 하늘에나 갈 수 있는 게 아니라 자신들에게 개방되어 있는 하늘에만 갈 수 있습니다. 하늘도 다 경계선이 있어서 통과하려면 비자 같은 것이 필요한 것이지요. 서로 닫혀 있습니다.

이 우주에는 보이지 않는 기인들이 99%를 차지하고 있으며 1%만이 생명을 가진 인간들입니다. 그런데 99%의 기인들도 인간들과 마찬가지로 많은 것이 가려져 있고, 통과하려면 허락을 맡아야 합니다. 허락도 즉시 맡을 수 있는 곳이 있는가 하면, 상부의 지시를 기다려서 맡아야 하는 곳이 있습니다.

仙계는 맨 꼭대기라고 말씀드렸습니다. 정점에 있기 때문에 그런 한계를 초월해서 모든 것을 두루 볼 수 있습니다. 이쪽이든 저쪽이든, 어떤 차원이든 다 볼 수 있습니다.

영계

영계靈界는 의사를 가진 영체들이 기운의 형태로 존재하는 단계입니다. 하지만 그 영향력이 거의 없어 어떠한 일을 하지 못합니다. 영계는 인간이 죽어서 가는 곳이기는 하나 죽어서 가는 것은 타의로 가는 것이며 영계에서는 인간의 영적 성장이 불가능합니다.

영계는 수련생들이 수련 중 지나다니는 곳이기도 하며, 이곳을 지나서 심계를 통하여 仙계로 가게 됩니다. 수련에 들어 기적으로 성숙하면 영계를 벗어날 수 있으나 기적으로 성숙치 못한 상태라면 영계의 유혹을 뿌리치지 못하고 주저앉게 됩니다. 영계의 기운에 중독되면 진화가 어렵습니다. 영계를 벗어나기 위해서는 기적으로 우주와 연결되어야 합니다.

천당과 지옥

천당과 지옥은 공간이 따로 있는 게 아니라 같은 공간에 다 있습니다. 같은 공간에 仙계 같은 곳이 있는가 하면, 지옥같이 아수라장인 곳도 있는 것입니다. 각각의 공간마다 그런 곳이 있습니다.

지옥은 종교에서 얘기하듯이 피골이 상접해서 어둠 속에 있는 세계는 아닙니다. 재교육을 위해서 만들어 놓은 공간이 지옥입니다. 즉, 지옥이란 무지한 것입니다. 햇볕도 안 드는 동굴에서 채찍 맞는 비참한 상태가 아니라 진화하지 않은 상태, 진화하려는 욕구도 없는 상태, 멍하니 그저 그렇게 있는 상태가 바로 지옥입니다.

지옥은 여러 곳일 수 있습니다. 지금 지구에서도 아프리카에 가면 지옥이 있습니다. 기아에 시달리고 에이즈에 걸려서 고통 받는 지역이 곧 지옥일 수 있는 것이지요.

기계

기계氣界는 기운으로 움직이는 곳으로서 그 자체에 의사가 없습니다. 존재하는 그 자체입니다.

4절 | 우주 구성의 원리

1. 기

기氣란 무엇인가?

기氣란 무엇인가? 한마디로 표현하자면 '우주를 구성하는 기본 단위'라 할 수 있습니다. 인간을 예로 들자면 인간을 구성하고 있는 것은 세포인데, 이 세포는 원자로 나눌 수 있으며, 그것을 다시 나누면 기氣인 것입니다. 물질이란 하나의 덩어리로 구성된 것이 없으며 덩어리로 구성되기 전의 상태를 보면 아주 작은 입자로 되어 있는데 이 입자가 바로 기氣라 할 수 있습니다.

지기, 천기, 우주기

기는 어디서 왔느냐에 따라 지기地氣, 천기天氣, 우주기宇宙氣로 나눌 수 있습니다.

지기地氣는 지구에서 나오는 기운으로서 인간이 지구에서 생활함에 있어 반드시 필요한 기운입니다. 지구에서 존재하는 한 지기에서 벗어날 수 없으며, 지기 없이는 살 수가 없습니다. 살아있는 한 30% 정도는 지기를 받아야 합니다.

지기는 상당히 강렬합니다. 그래서 지기를 받으면 힘 있고 든든한 느낌이 듭니다. 몸에 힘을 기르는 데는 지기 이상 좋은 것이 없습니다.

다만 문제점은 지기가 오염되어 있는 경우가 많다는 것입니다. 지기의 질이 많이 떨어졌을 뿐만 아니라 대부분 오염되어 있습니다. 현대인들이 힘들어하는 이유도 영양 결핍의 지기를 마시기 때문입니다. 수련하실 때에도 선별되지 않은 지기를 마구잡이로 받지 말라는 당부를 드립니다.

천기天氣는 지구가 속한 태양계에서 나오는 기운입니다. 지구가 속한 태양계의 목화토금수(목성, 화성, 토성, 금성, 수성), 오행의 기운을 일컫는 것입니다. 지기와 우주기의 중간에 위치하고 있는 기운이고요.

천기는 감미로운 봄바람 같은 기운입니다. 착착 감기고 따뜻하고 편안하게 해줍니다. 중단을 깨우고 사랑을 피우는 기운입니다.

축기는 지기로도 할 수 있지만 혈과 경락을 여는 것은 천기 이상의 기운으로만 가능합니다. 어느 분이 말씀하시기를, 전에 다른 곳에서 수련할 때는 축기는 많이 되는데 계속 중단이 막히고 독맥이 답답했다고 하더군요. 그 이유는 기운의 질이 높지 않았기 때문입니다. 혈을 열 수 있는 기운이 아니었기 때문입니다.

혈을 여는 것은 고도로 정화된 기운입니다. 몸의 혈은 기운으로 세차게 퍼붓는다고 해서 열리는 게 아니라 정화된 기운이어야 열립니다. 맑은 기운이

어야만 먼지 쌓인 것을 닦아내고 막힌 혈을 열 수 있는 것입니다.

우주기宇宙氣는 무한한 우주에서 내려오는 기운입니다. 구체적으로 말하면 우주의 레벨에 속한 별들, 북극성과 북두칠성의 3성과 4성, 헤로도토스 등의 진화된 별, 그리고 우주의 정점인 仙계에서 내려오는 기운입니다.

우주기를 받아들였을 때의 느낌은 시원합니다. 정신이 번쩍 나게 하는 서늘한 기운입니다. 우주기는 영靈을 깨우고 영력을 키우는 기운입니다. 그러기에 깨달음을 얻으려면 우주기가 반드시 필요합니다.

우주기는 밋밋해서 수련을 해도 처음에는 잘 안 와 닿는 면이 있습니다. 지기나 천기에 길들여져 있는 상태에서는 더욱 그러합니다.

30% 이상의 지기는 불필요

본인의 수준에 따라서 지기가 많이 들어오는 분, 천기가 많이 들어오는 분, 우주기가 많이 들어오는 분이 있는데 仙계수련에서는 지기는 30% 이상은 불필요하다고 봅니다.

땅이라는 것은 생육하고 번식하는 터전입니다. 지기도 생육하고 번식하는 성질이 강합니다. 그래서 지기를 많이 받으면 욕심이 많아집니다. 채우고 싶고 번식하고 싶어집니다.

반면 천기天氣는 비우는 기운입니다. 허공에서 나오는 무無의 기운, 무심의 기운입니다. 우주기는 더욱 비어 있는 기운이고요. 깨달음으로 갈 때 지기만으로는 안 되고 천기와 우주기가 필요한 것은 이런 이유에서입니다.

우주기와의 연결 고리가 끊어지면

내경과 외경에 대해 말씀드렸을 것입니다. 몸에만 경락이 있는 게 아니라 우주에도 경락이 있다는 것입니다. 내경內經이 몸 안의 기경팔맥이라면 외경外經은 우주의 기가 흐르는 경락입니다.

내경이 외경과 연결이 되어야만 인간은 완전한 건강을 찾을 수 있습니다. 왜냐하면 인간은 우주의 축소판이기에 원래의 기운을 찾아야만 건강을 회복할 수 있는 것입니다.

병이 왔을 때, 그 병을 극복하면 새로운 병이 또 오는 것은 자체 내의 기운이 한계에 다다랐기 때문입니다. 똑같은 병균이나 세균이 온다 하더라도 어떤 사람은 병에 걸리고 어떤 사람은 건강한 것은 자체 내의 면역력에 달려 있습니다. 그러한 면역력을 좌우하는 것은 상화相火의 기운입니다. 상화의 기운이 곧 우주기입니다.

인간의 본래 기능을 되찾으려면

외경과 연결이 안 되었다고 해서 당장 중병에 걸리거나 죽는 것은 아닙니다. 다만 인간의 원래 기능을 되찾으려면 외경과 연결되어야 한다는 것입니다.

외경과 끊어지면 인간이 원래 지녔던 기능을 찾아 쓰지 못합니다. 무한한 뇌의 능력이니 초능력이니 하는 것들을 찾아 쓰지 못합니다. 옛날에 살았던 천인天人들은 800년, 900년, 1000년 살았다고 하잖습니까? 원래는 다 가능했던 일입니다. 퇴화되어 불가능해진 것입니다.

원래의 기능을 복원하려면 원래의 기운과 연결되어야 합니다. 한 가지 기능이라도 찾아오려면 그래야 합니다.

2. 파장

파장에 대하여

파장이란 仙계의 존재 방법이며, 우주의 모든 것을 확인하고 그것을 내 것으로 하여 깨우침을 받을 수 있는 가장 직접적인 수단이다.

이 수단을 통하여 인간과 仙계의 교류가 가능하며, 따라서 이 수파법(受波法: 파장을 받는 방법)은 인간이 仙계를 확인할 수 있는 가장 직접적인 수단이고, 이 수파법의 완성은 인간이 신이 되는 방법이라고 할 수 있다.

인터넷이 WWW(World Wide Web)를 통하여 모든 것과 통하듯 우주는 파장을 통하여 모든 것을 공유한다. 파장은 우주의 근본 구성요소이자 우주의 존재를 알리는 방법이므로 파장을 통하여 우주가 존재함을 알 수 있게 된다.

인간이 우주의 파장을 알아내는 것은 불교에서 불경을 통하여 깨우치는 교종과 참선을 통하여 깨우치는 선종의 차이처럼 인간이 그동안 만들어 놓은 학문적, 실증적 자료를 통하여 확인하고 연구하는 방법과 호흡을 통하여 직접 확인할 수 있는 수련으로 알아내는 방법이 있다.

이 두 가지 방법 중 책을 읽고 연구하여 알아내는 방법이 필요하기는 하나 이러한 방법은 후학들이 호흡의 효능에 대하여 알지 못할 경우 가르쳐 주는 교재로 사용하기 위하여 좋은 방법이라고 할 수 있으며, 한 걸음 한 걸음 걸어서 계단을 올라가는 것으로 설명할 수 있다.

그러나 호흡을 통하여 仙계의 파장을 직접 받는 방법은 앞의 방법을 뛰어넘어 순식간에 모든 절차를 초월해 나가는 것으로서, 이 방법은 수련을 통하여 깨달음을 내 것으로 하고 그것에 일치하고자 하는 인간을 비롯한 우주의 모든 존재들이 가장 선망하는 방법인 것이다.

이 길을 알려주는 가장 기본적인 방법이 바로 호흡이며, 가장 가까이 있고 그것을 깨닫는 즉시 내 것이 될 수 있음에도 모든 존재들이 멀리서 방법을 찾음으로 인하여 허구 많은 세월을 통하여 수 생을 환생하면서도 찾아내지 못하고 있는 것이다.

우주는 인간으로 내려온 仙인들과 仙인이 되고자 하는 인간들에게 이러한 방법을 기본적으로 몸에 갖추도록 하였으며 따라서 인간의 형상을 하고 있는 동안 이러한 방법이 가능하도록 하여 놓았음에도 인간의 우둔함이 이를 깨우치지 못하여 수련에서 멀어져 있는 것이다.

파장을 받는 가장 기본적인 조건은 인간이 가지고 있는 감정의 틀에서 벗어나 이성의 파장으로 들어가고, 그 이성의 파장을 넘어 '알파 1'의 가장 근저를 이루고 있는 파장에 도달하였을 때 읽을 수 있다.

심해의 기저를 이루고 있는 층에는 우리가 상상할 수 없는 많은 것들이 있듯이 현실 공간에서 찾아낼 수 있는 것은 눈에 보이는 것뿐인 것이다. 허나 인간의 눈에는 보이지 않는 것들이 훨씬 더 많으며 보이는 것과 보이지 않는 것의 비율은 1:99 정도로서 안 보이는 것이 훨씬 더 많은 것이다.

보인다는 것은 인간의 시각으로 감지할 수 있는 것들인바 가시광선으로 일컬어지는 것으로서 이것의 한계는 너무나 분명한 것이다.

그러한 과정을 밟아 익혀 내 것으로 만들기 전에 들어오는 파장은 잠시 스쳐 지나가는 파장으로서 이 파장으로는 깨달음에 다가간다기보다는 속세에서 순간적인 사용이 가능한 정도에 그치는 것이다.

파장을 구하는 사람이 먼저 입선(入仙: 仙계에 들어감)하게 되며, 이 입선으로 윤회의 사슬에서 벗어나게 된다. 파장은 인간의 몸으로 읽을 수 있으며, 이 파장의 힘으로 신의 경지에 올라가는 것이니 우주의 근본적인 원리를 어지럽히지 않는다면 가능하지 않은 것이 없는 것이다.

기안氣眼을 열고 이 기안의 숙련으로 파파(破波:파장을 깸)를 하여 모든 것을 분석해 읽어낼 수 있게 되기 전에 감히 파장을 언급한다는 것은 어불성설이다.

- 『천서 0.0001』 2권에서

파장은 기운을 전달하는 매체

파장波長이란 무엇인가? 기氣를 에너지라 했을 때 파장은 그 에너지를 전달하는 매체라 할 수 있습니다. '전기'라는 에너지를 전달하는 매체는 '전파'임을 생각하면 쉽게 알 수 있습니다.

파장은 기운에 힘이 실린 것이라고 볼 수 있습니다. 바닷물에 힘이 실리면 파도가 되는 것과 같습니다.

마지막으로 파장은 기운으로 인해 가동되는 언어입니다. 전기는 그냥 전기일 뿐이나 전파에는 언어, 정보가 실릴 수 있는 것입니다.

파장은 우주의 언어

파장은 우주의 언어입니다. 우주만물은 인간의 언어로 소통하는 것이 아니라 파장으로 소통합니다. 파장을 모르면 우주의 삼라만상과 소통할 수가 없을뿐더러 뭔가를 배울 수도 없습니다. 인간세상에서 말을 모르면 학교에 가서 공부를 할 수 없는 것과 같은 이치입니다.

仙인들 역시 파장으로 대화를 주고받습니다. 우주에서는 약 40만~50만여 종의 파장이 통용된다고 했는데 仙인은 그중에서도 아주 고차원적인 파장

(알파파장, 무파장)을 사용합니다.

파장을 살아생전에 익혀놓아야 파장으로써만 소통이 가능한 죽음 이후의 세계에서 대화가 가능해집니다. 대부분의 영들은 이 소통 방법을 몰라 사후에 진화가 어렵습니다. 몸짓발짓으로 의사표시는 할 수 있다고 하더라도 그저 연명을 하는 수준이지 진화는 불가합니다.

언어가 다른 타국을 여행할 때 바디랭귀지로 최소한 밥은 얻어먹을 수 있을지 몰라도 수준 있는 대화는 불가능하듯이 사후세계인 영계와 특히 우리가 가고자 하는 仙계는 파장을 익히지 않고서는 가기도 불가능할 뿐만 아니라 가서도 대화가 불가능합니다.

수련을 통해 파장을 익히면 파장을 통한 대화가 가능해지는데, 수련생이 파장으로 대화하는 것과 빙의된 사람이 대화하는 것은 분명한 차이가 있음을 말씀드립니다.

우선 빙의된 사람은 지상의 언어로 밖에는 대화하지 못합니다. 예를 들어 빙의된 사람이 한국인인 경우 그 사람은 영체하고도 한국말로 밖에는 대화하지 못하며, 생전에 한국인이 아니었던 영체와는 대화가 불가능한 것입니다. 반면 파장으로 하는 대화는 한국말과 무관하게 대화가 가능합니다. '우주어'인 파장으로 대화하는 것이기 때문입니다.

다음으로 빙의된 사람은 자신에게 빙의된 영하고만 대화가 가능하며 그영이 얘기해 주지 않은 내용은 모릅니다. 반면 파장 대화자는 그 파장 대역을 사용할 수 있는 수준만 되면 누구하고도 대화가 가능합니다.

파장을 익힌 사람은

파장을 익힌 사람은 매사에 언어로 듣기보다는 파장으로 듣습니다. 제 경우 눈을 감고 텔레비전을 봅니다. 화면을 안 봐도 무슨 내용인지 다 알기 때문입니다. 일본말을 몰라도 일본어 방송을 시청할 수 있습니다. 무슨 말을 하는지 느낌으로 다 아니까요.

서점에 가서 책을 집으면 그 책이 읽을 만한 책인지 아닌지 단번에 압니다. 책에서 나오는 파장으로 아는 것입니다.

모르는 사람이라도 '누구'하고 얘기하면 그 순간 그 사람의 파장을 읽게 됩니다. 시공을 초월해서 파장이 얘기하는 것을 알게 되는 것입니다.

수련생들을 만나면 몸이 하는 말이 들립니다. 입은 다물고 있는데 온몸에서 파장이 나와서 말을 하더군요. 그런데 그게 더 정확합니다. 입으로 얘기할 때는 뭔가를 숨길 수 있어도 파장으로 얘기할 때는 숨길 수가 없기 때문입니다. 숨기면 숨기는 것까지 다 알고요.

그리고 사람마다 얼굴이 다르듯이 파장도 다 다릅니다. 참 오묘하게 창조되어서 사람마다 독특한 파장이 있습니다. 수련생 명단만 봐도 벌써 그 사람의 파장이 느껴집니다. 수련 상태가 어떠한지 읽을 수 있습니다.

보통 사람의 파장과 仙인의 파장은 차이가 있습니다. 보통 사람의 파장은 굉장히 복잡합니다. 여러 가지가 복합적으로 섞여 잡다하고 종잡을 수가 없습니다. 반면 仙인의 파장은 한 가닥으로 정리된 파장입니다. 길고 가는 알파 파장입니다.

어떤 사람이 仙인인지 아닌지는 그 사람의 파장을 느껴보면 알 수 있습니다. 그분을 떠올리면서 느껴봤을 때 알파파장이 느껴지면 '아, 仙인이시구나' 하고 아는 것입니다. 제가 황진이 仙인님께 대화를 청한 것도 그 이유입니다. 그분의 시조가 아주 뛰어난데다가 거기에 또 仙계의 파장이 섞여 있었기 때문입니다.

파장연결은 수련의 시작이자 끝

어떤 분이 파장을 받아 뛰어난 글을 쓰기 시작하는 것을 보았습니다. 다른 한 분은 파장이 연결된 상태에서 그림을 그리고 있고요. 이분들이 받는 파장은 1% 미만에 지나지 않습니다. 仙계 파장의 1% 미만이 연결된 상태인데도 뛰어난 글을 쓰고 뛰어난 그림을 그리고 있습니다.

수련을 시작하여 처음 기운을 받는 것은 갓난아기가 엄마 뱃속에서 나와 숨을 쉬기 시작하는 것에 비유할 수 있습니다. 수련이 진전되어 파장을 받는 것은 그 아기가 성장하여 엄마, 아빠 하고 말을 배우기 시작하는 것에 견줄 수 있고요. 뭔가 메시지를 받는 단계에 들어선 것입니다.

파장이 연결되었다는 것은 중간 매개 없이 기운을 바로 받을 수 있다는 얘기입니다. 저나 팔문원을 의지하지 않고 仙계의 기운이나 파장을 그대로 가져다 쓸 수 있는 상태입니다.

파장이 연결되었다는 것은 엉켜있는 실타래의 실 끝을 찾았다는 뜻입니다. 그 실의 다른 한끝은 우주와 연결되어 있어서 알려고 마음만 먹는다면 우주의 비밀이 술술 풀려나옵니다.

仙계수련은 우주의 파장의 힘으로 자신을 변화시켜 끝내는 우주와 하나되고자 하는 수련입니다. 하나가 되려면 상대방인 우주에 대해 알아야 하는데 우주에 관한 모든 것은 仙계의 파장에 몽땅 실려 있습니다.

그러므로 仙계수련에서 파장연결은 수련의 시작이자 끝입니다. 파장연결은 수련의 첫 번째 관문으로서 파장을 받아야 수련이 다음 단계로 넘어갈 수 있습니다.

천서란 파장을 받는 것(허준 仙인과의 대화)

천서를 잘 받으려면 어떠한 방법이 좋겠는지요?
천서란 파장을 받는 것입니다. 파장은 우주의 모든 것과 교류할 수 있는 방법이며, 이 파장을 통하여 인간이 仙인이 될 수 있는 것입니다.

仙인이란 파장으로 대화를 하며 파장으로 만물을 다스려 나가는 것입니다. 파장이란 모든 것과 통할 수 있는 방법이며 만물의 근원이기도 한 것입니다.

이 파장으로 색깔이 구분되며 동물과 식물과 무생물과 생물이 구분되는 것입니다. 인간이 다른 동물과 다른 이유 역시 파장을 사용할 줄 아는 것에서 연유하며 파장을 사용할 줄 앎으로 인하여 仙인이 될 수 있는 것입니다.

仙인이란 다름 아닌 파장으로 모든 것을 행하는 진화된 인류이며 진화의 단계에서 몸을 가진 최후의 것이 바로 인간인 것입니다. 물론 우주에는 수많은 인류가 있습니다. 이 인류들은 전부 파장을 사용하며 파장의 사용 정도에 따라 진화의 종류가 구분되는 것입니다.

인간이 우주에서 받은 혜택 중 가장 큰 혜택이 바로 파장을 사용할 수 있는 경지에 오른 것이며 이러한 이유로 仙인들에게 선택되어 수련을 할 수 있도록 되는 것입니다.

仙인들과 교류할 수 있는 가장 기본적인 것이 천서를 받는 것이며 천서를 받음으로써 인간의 파장 대역이 넓어지고 세밀해져서 仙인들의 파장을 받을 수 있도록 되는 것입니다.

仙인들이 사용하는 파장은 아주 굵고 긴 파장에서 아주 가늘고 긴 파장에 이르기까지 다양합니다. 굵은 파장은 굵기가 은하계가 속한 우주를 통째로 집어넣어도 차지 않을 만큼 굵으며 가는 파장은 인간의 머리카락을 수천만 가닥으로 갈라놓은 것을 다시 수천만 가닥으로 갈라놓아도 또 수천만 가닥으로 갈라놓을 수 있을 만큼 미세한 것입니다.

이중 천서를 받음으로써 인간이 다가설 수 있는 파장은 굵은 손가락 굵기에서 명주실의 1/1,000 정도에 이를 만큼 가는 파장이라고 할 수 있습니다. 이 정도의 파장은 仙인들과 기본적인 대화를 나눌 수 있는 파장으로서 이 파장만 익혀도 어느 정도는 대화가 가능한 것입니다.

기본적인 대화 수단을 익히고 나면 점차 대화의 길이 강화되면서 가느다란 파장으로 연결되도록 되어 있습니다. 이 파장을 받는 방법은 처음이 어렵지 나중에는 쉽게 되는 것이며 파장을 받는 방법을 알고 나면 그 외의 모든 것이 가능한 것입니다.

파장이란 수련의 처음이자 끝이며 파장을 받게 되고 나서 인간으로서의 수련은 제2단계로 들어가는 것입니다. 2단계에서 천서를 받고 나면 천서의 다음 단계인 仙인과의 대화로 옮겨가게 됩니다.

최초의 천서는 자신과의 대화이며 여기서의 자신은 금생의 바로 전의 자신이 됩니다. 따라서 아주 깊은 지식을 가진 仙인들과는 통하지 아니하는 것이며, 일차원적이고 주변적인 것들을 읽을 수 있도록 되는 것입니다. 이러한 과정이 끝나고 나면 이차원적, 삼차원적, 사차원적인 것들을 읽을 수 있도록 되는 것이며 이러한 과정을 거쳐서 우주와 만나는 것입니다.

-『천서 0.0001』2권에서

파장을 통한 공부

어느 분이 주변 도반에 대해 글을 썼는데 참 눈물이 나오더군요. 그 도반을 이해하고 사랑하려는 마음이 가득 담겨 있는데 전 같으면 있을 수 없는 일이었습니다. 깍쟁이 기질이 있어서 용모가 추레한 사람은 쳐다보지도 않는 분이었는데 듬뿍 애정을 갖고 썼더군요.

파장이 연결되신 분의 글을 보면 사랑이 있습니다. 읽어보면 괜히 눈물이 나오는데 그게 사랑입니다. 얘기할 때 보면 눈물이 글썽글썽하고요. 사랑이 듬뿍 담긴 마음입니다.

마음이란 것이 인간의 힘으로 바뀐다는 게 쉽지가 않습니다. 아무리 바꾸고 싶어 몸부림쳐도 잘 안 바뀝니다. 그러나 파장의 힘이면 바뀔 수 있습니다. 우주기운에 실린 파장의 힘으로 자기도 모르게 바뀝니다.

수련생이 仙인들과 파장이 연결되면 그분들의 수백만 년의 공부 경지를 그대로 전수받게 됩니다. 수십 년을 수련에만 전념해도 얻기 힘든 수준의 파장을 얻게 되어 단번에 수준(격)이 달라집니다. 세상에서의 공부로 말하면 수 생生, 수천만 년, 수억 년의 공부를 뛰어넘게 되는 것입니다.

합당한 파장에 연결되기 위한 노력

파장이란 무작정 받아서는 안 되는 것입니다. 우주에는 너무나 많은 가짓수와 분야의 파장이 있기 때문에 그중에서 꼭 필요한 파장을 선별해서 받아야 합니다.

예를 들어 인간 창조에 관해서는 조물주님만이 이야기해 줄 수 있습니다. 그런 본질적인 주제에 대해서는 다른 어떤 仙인도 답변할 수 없습니다. 과학 기술이니 피라미드니 하는 주제에 대해서는 그 분야의 仙인이나 우주인이 답변해 주는 게 적절하고요. 회원님들이 고민거리를 상담해오는 경우에는 그분에 대해 가장 애정을 갖고 얘기해 줄 수 있는 분을 찾아서 대화합니다. 노력이 들더라도 가장 합당한 파장을 내려줄 수 있는 분을 찾는 것입니다.

특정 대역의 파장을 열어놓는 경우가 있습니다. 예를 들어 수련생들이 '나는 누구인가'를 주제로 글을 쓸 경우 일정 기간 동안 사람에 관한 파장을 열어놓습니다. 우주에 흐르는 수억만 가닥의 파장 중에 사람에 관한 내용만을 감독 하에 집중적으로 열어놓는 것입니다. 그러면 수련생들이 자신이나 타인에 관한 글을 쓸 때 그 파장을 받아 쓸 수 있게 됩니다. 仙계의 파장을 받을 수 있는 기회가 되는 것입니다.

준비된 수련생에게는 특정한 仙인님의 파장과 연결해 드리기도 합니다. 율곡 仙인, 이지함 仙인, 서경덕 仙인 등의 대仙인님과 파장이 연결되도록 해 드리는 것입니다.

仙인과 파장이 연결되려면 본인이 그에 합당한 정성과 노력을 들여야 합니다. 그러나 대단한 정성을 들인다고 하더라도 본인 스스로 대仙인과 파장이 연결될 수는 없습니다. 저나 지도 仙인께서 실 끝을 찾아 안테나에 연결시켜 주어야 가능한 일입니다.

우주에서 사용하는 파장은 40~50만여 종(남사고仙인과의 대화)

이들이 대화를 하지 않고 오므로 아무 말도 들리지 않는 것이 아니었습니다. 외관상으로는 아무런 움직임이 없는 것처럼 보였으나 자신들끼리 부지런히 파장을 주고받으며 대화를 하고 있었던 것입니다. 자신들끼리 대화를 하고 있었으나 저한테는 들리지 않았던 것입니다. 제가 들을 수 없는, 또 다른 파장이었던 것입니다.

우주의 파장은 너무나 다양하여 제가 지구에서 한 수련으로는 들을 수 없는 파장이 너무나 많이 있었습니다. 이들이 사용하는 파장은 영계의 파장으로서 일반적인 수련으로써는 청취가 불가능한 파장이었던 것입니다.

우주에서 사용되는 파장은 약 40만~50만여 종이 있으며 이중 인간이 청취 가능한 파장은 최대한 약 10~20% 정도입니다. 인간의 귀로는 들을 수 없는 수많은 파장이 우주를 움직이고 있는 것입니다.

가청 주파수 이외의 파장은 귀 이외의 다른 감각으로 들어야 하는데, 이 것은 어떠한 감각도 발휘할 수 있는 상단전과 사람의 마음을 움직임으로 써 세상의 변화를 이끌어 내는 중단전에서 수신하는 것입니다.

상단전은 보다 세밀한 기법에 관련된 파장을 송수신하며, 중단전은 보 다 근본적인 면에 가까운 파장을 송수신합니다. 인간의 수련 정도가 어떠 한 단계에 도달했는가 하는 것은 중단전에서 발생되는 파장을 수신함으 로써 확인이 가능합니다.

우주에서 이 수많은 파장을 수신하고 해독하기 위하여는 너무나 많은 세월을 수련으로 일관하여야 했습니다. 수신 시 아주 미세한 파장도 전혀 이상 없이 수신할 정도의 감도를 지니려면 상·중단전은 물론 온몸의 세 포가 청각 세포화하여야 되며, 청각 세포화하는 중에도 아주 미세한 파장 까지 수신할 정도의 고감도 세포가 되어야 하는 것입니다.

이러한 수신 내용이 상단전과 중단전으로 연결되는 것입니다. 어느 방 향에서 오는 파장이든 전부 수신하고 이 파장을 분석하여 필요한 장소에 기억시키고, 다른 사람에게 전송하며, 자신에게 불필요한 내용은 필요한 사람에게 파장을 반사시키는 고도의 기법이 상용되는 곳, 仙계의 한계는 끝을 모를 정도였습니다.

- 『다큐멘터리 한국의 仙인들』 1권에서

비워야 받을 수 있다

仙계의 파장을 받으려면 비어 있어야 합니다. 비어 있으면 비어 있을수록 파장을 잘 받을 수 있습니다.

지금 저한테 피라미드가 뭐냐고 물으면 당연히 저는 모릅니다. 그런데 지금부터 생각하기 시작하면 뭔가가 떠오릅니다. 제 생각이 아니라 파장을 받아 떠올리는 것입니다.

'지식'은 남의 것을 가져온 것이고 '지혜'는 내가 직접 터득한 것이라고 할 수 있는데 지혜는 어딘가에 기억되어 있지 않고 그때그때 떠오르는 것입니다. 이게 뭘까 하고 궁리할 때 떠오르는 것, 특히 수련에 들었을 때 떠오르는 것, 그것이 지혜입니다.

그러니 모르면 모를수록 파장을 잘 받을 수 있는 것입니다. 내 것이 쌓여 있으면 파장이 안 들어옵니다. 자기도 모르게 자꾸 생각이 나서, 파장을 받아서 전달해야 하는데 그러려면 내 것이 쌓여 있어서는 안 됩니다. 하늘의 입장에서도 자기 것이 없는 사람을 통해서 전달하고자 하시고요. 그러니까 자꾸 비우라고 하는 것입니다.

지식뿐 아니라 감정적인 면에서도 군더더기가 없어야 합니다. 仙인들이 사용하는 파장은 명주실의 천분의 일 정도의 섬세한 파장인데 마음 어딘가에 걸리고 맺힌 부분이 있으면 그런 파장과 연결될 수가 없습니다. 이 사람이 이래서 좋고, 저 사람은 저래서 좋고, 그렇게 한없이 열린 마음이어야 합니다.

3. 우주선

우주선宇宙線이란 무엇인가?

우주선이란 우주공간에 존재하는 기로 연결된 라인Line으로서 다양한 기운의 보급은 물론 기를 통한 우주공간의 균형과 질서를 이룸에 있어 가장 근본적인 역할을 하는 것이다.

모든 별들이 인력引力으로 거리를 유지하고 상호간의 균형을 유지하는 것이나 각 별들이 각자의 위치에서 벗어나지 않으면서 자신의 역할을 하는 것 등이 바로 우주선의 역할에 의한 것이다. 또한 우주에서의 순간이동 역시 우주선을 통하여 이루어진다.

인간의 능력으로는 물질을 동반한 순간이동이 불가능하나 우주에서는 얼마든지 순간이동이 가능하며 그 양도 한 은하계까지도 이동이 가능한 것이다. 우주 전체에서 은하란 지상에서 먼지 한 톨에 불과한 정도이니 그보다 큰 것도 순간에 이동이 가능한 힘을 지닌 것이 바로 우주선으로 일컬어지는 우주의 힘인 것이다.

우주의 모든 질서는 우주선을 통하여 통제되고 조정된다. 우주에서 우주선의 역할은 절대적이니 우주선이 없다면 지구에서 물과 공기가 없어지는 것과 같아 즉시 그 존재 자체가 유지될 수 없게 되어 버리고 마는 것이다.

생물성과 무생물성의 구별, 태양과 같은 중심별과 다양한 위성으로 이루어진 주변 별의 존재, 해당 별마다 인간과 같은 시한부 생명체가 아닌 영생의 생명체가 존재하며 이들은 바로 仙인들에 의해 그 임무를 부여받은 영체이기도 하고 준仙인이기도 하며, 仙인이기도 한 것이다.

인간의 능력으로 우주선에 연결된다 함은 바로 이러한 우주의 절대적인 존재이자 진리에 연결되는 것이니 이러한 것이 바로 수련의 목적이기도 한 것이다.

우주선에는 본선本線과 지선支線이 있으며, 본선은 각 우주 간을 연결하는 선이며 지선은 각 은하를 연결하는 선이다. 각 은하의 내부를 연결하는 선은 다시 세선細線으로 연결되어 각 별 간의 기능과 역할을 조정하게 된다.

이러한 우주선의 구조와 작동원리는 우주의 모든 물체에 미치고 있으며 지구의 강물이 실개천에서 개천으로, 개울에서 강으로 흘러내리는 것과 산도 큰 산에서 작은 산으로 줄기를 이루면서 기운을 받아 흘러내리는 것, 인체 내부에서 모세혈관과 동맥, 정맥의 구분 등이 바로 이러한 질서를 말해주고 있는 것이다. 생물과 무생물 등 우주의 모든 물체는 이러한 질서에서 벗어날 수 없으며 이러한 질서에 의해 모든 것이 유지된다.

인간은 이러한 우주선의 본선에 어느 지점에서 연결될 수 있는가에 따라 자신의 등급이 결정된다. 우주의 본선은 인간의 격을 심사하여 연결 시 우주기운의 순도에 긍정적 영향을 미칠 수 있는 인간만을 연결시켜 주는 것이다.

우주선의 존재와 입증 방법은 바로 지금까지 배웠던 모든 과학적 지식으로 검증될 수 있는 것이니 이것이 바로 仙인들이 노력한 결과라고 할 수 있다.

- 『천서 0.0001』 3권에서

5절 | 성명정과 음양오행의 원리

성性 · 명命 · 정情

'성性'은 우주의 근본자리, 변하지 않는 자리입니다. 팔문원의 가운데 원미색 부위가 바로 성입니다.

거기에 의사意思가 들어가면 분리되기 시작합니다. 성 즉, 근본자리에 의사가 들어가면 "인간이 되어라, 생명이 되어라" 하는 '명命'을 받게 되는데, 거기서부터 움직임과 분리가 시작되는 것입니다. 『仙계에 가고 싶다』에서는 이것을 "여기에서부터 시작이 되는 고로 동動이라고도 한다"라고 표현했습니다.

우주의 근본자리는 아무 느낌이 없고 분자로만 채워져 있습니다. 단지 생명이 태동할 수 있는 가능성만 지니고 있습니다. 그러다가 거기에 의사가 들어가면, 즉 명의 단계가 되면 음과 양 중 어느 쪽이 될지 의사를 정해서 분리가 시작됩니다. 그래서 나오는 것이 음양陰陽입니다. 우주만물은 모두 음과 양으로 구분되어 있으므로 음이 될 것이냐 양이 될 것이냐를 정하는 것입니다.

생명이 태동되어야겠다고 결정이 나면 그때부터는 구체적으로 형체를 띠게 되는데, 그렇게 물질화되어 나타난 것은 또 '정精'이라고 합니다.

정리하면 성은 근본자리, 명은 움직임이 시작된 상태, 음양으로 나뉜 상태이고, 정은 그것이 구체화되어 물질로 나타난 상태입니다.

성性과 명命

性

　모든 것이 그것에서 시작된다. 하늘, 땅의 구분과 사람의 호흡, 생명의
태동이 여기에서 비롯되었으며 모든 살아 움직이는 것 또한 여기에서 시
작됐다. 공부의 시작도 여기이며 하나하나의 모든 것을 추적해 들어가면
이것이 나온다. 이것의 내용을 파악하면 생명의 시초가 나오는데 이것은
비물질로 이루어져 있다.

　비물질에서 물질, 물질에서 생명으로 이루어지는 사슬은 마침내 우리
와 같은 생명이 탄생되게 하였고 성은 그 뿌리로서 나무에 잎이 피고 열매
가 맺기까지 땅속에서 씨앗에 물이 배어 들어가는 과정이라고 할 수 있다.
물이 배어 들어간 후 차츰 씨앗에서 생명의 탄생을 예고하는 움직임이 나
타나는 것이니 그 이전에는 정지된 상태로서 살아 있으나 생명이 있다고
보기에는 무리인 단계에 있다.

　한낱 먼지에도 수많은 생명의 보고寶庫인 상태의 것들이 있고 이 상태
에서 조건이 맞추어지면 생명이 되는 것들이니 그 미묘한 움직임은 말이
나 글로써 이루 설명치 못하는 것들이다. 이 단계의 시작은 기로써만 가능
한 것이며 기로써만 발전시킬 수 있는 것이다. 기의 존재 상태의 한 설명
이기도 한 이 부분은 언제나 수련 시에는 가장 먼저 느껴야 하는 것임에도
인간의 무뎌진 감각으로는 훑어 들어와야 파악이 가능한 부분이 되었다.

　기 상태의 인류나 처음 지상에 뿌리박았던 인류의 단계에서도 성의 느
낌을 확실히 파악함은 수련의 근본이었다. 성을 알고 수련에 들어가면 수
련의 방향이 한 계단 내려가 근본을 확인하는 작업부터 시작하는 것이니
지하 동굴 속의 문화재를 탐정하는 기분으로 공부하게 될 것이다.

성에서 바로 부처를 뵙게 되는 경우도 있으며 어디에나 지름길은 열려 있고 그 지름길을 찾아내는 방법조차도 이 성에서 비롯되고 있으며 성은 수련의 시작이자 끝이라고 할 수 있다.

만물의 모든 부호와 그 부호의 사용, 사용 후의 처리, 그 후의 절차 등도 모두 여기에서 비롯되며 이 성에 대한 공부만도 3개월여를 부지런히 하면 기초 부분은 떼게 될 것이다.

성은 첫째 진眞이며, 둘째 실實이고, 셋째 묵默이니, 모든 것이 소리 없는 가운데 진행되며 이 성의 의미를 제대로 파악한 사람은 인류 역사를 통틀어 서너 명에 불과하다. 성의 의미가 확인되면 그 다음 단계가 있는바 그 것이 명이다. 성의 부호는 ○○이다.

命

여기에서부터 움직이는 것의 시작이다. 어떠한 움직임도 여기에서부터 시작이 되는 고로 '동動'이라고도 한다. 이 명의 이치를 깨달으면 가히 생명의 창조가 가능하며 생명의 창조가 끝난 후에 그 실체를 다스리고 관리하는 것은 다음 단계에서의 일이다.

명은 인간의 호흡에서, 공기 중의 바람에서, 나뭇잎의 흔들림, 물의 흐름, 먼지 한 알의 공기 속에서 날아다니는 것까지 모두 명에 해당되는 것인바 천지간의 조화는 모두 명을 거치지 않는 것이 없다. 성性에서 명命으로 옮겨온 후에야 비로소 그 움직임이 눈에 뜨이는 것이니 그 성에서 명으로의 이동 등은 모두 기의 눈으로 판별해야지 육안으로 판단하기에는 상당히 부족함이 나타날 것이다.

이 명의 단계에서는 만물이 비로소 싹트고 그 움직임을 시작하니 한낱 미물도 이 과정을 거치지 않고는 어떤 이동이나 변화도 불가하다.

명을 알면 생의 길이가 조절 가능하니 살아 있게 보이는 것은 생명이라 하고 살아 있지 않은 물건의 이동은 그냥 명이라고 한다. 살아도 움직이지 않으면 생명이 아니고 살아서 움직여야 생명이 되는 것이다.

명의 상태에 가면 수련이 큰 2단계로 접어들게 되는데 이 단계에서 확실히 공부하면 작은 생명 정도는 조작이 가능하다 할 것이다. 인간의 생명은 너무 큰 것이라 그 안에 수억의 생명이 있는 것이니 그 창조에 드는 노력은 가히 전 우주가 내포된 소우주라고 할 수 있다.

이 소우주를 가지고 태어난 우리 인간이 이 명의 단계에 접근할 수 있는 길은 성을 통해서 와야 하며 성을 통하지 않고 명으로 들어오면 그 수련의 끝이 길지 못하다.

명은 다음 단계로 넘어가게 되는바 발發과 성成과 료了와 종終이다. 종 후엔 다시 성의 상태로 가나, 한 단계 넘어서 정精이 된다. 명의 부호는 ○○이다.

-『仙계에 가고 싶다』에서

저울의 좌우는 음양, 저울추는 오행

모든 지식에는 가지가 있다. 이 가지는 줄기가 확립되고 나서 의미가 있는 것이지, 줄기가 없이 가지만으로는 그 의미를 찾을 수 없는 것이다. 이 가지에서 머무는 가지적 지식이나 더 가지 끝으로 나가는 지식은, 줄기를 인식하지 못했을 때 근본이 약해지므로, 근거를 잃어 지식의 세계에서 위치의 확보가 어렵게 된다.

인간의 지식의 모든 뿌리는 '무'이며, 이 무에서 유로 창조되는 과정에서 태극이며, 음양이며, 오행이 나오게 되었다. 태극까지는 둘이 아닌 하나이며 음양으로 나뉘고서야 둘이 되는 것이다.

둘에서 비로소 생성이 시작되는 것이니 생성은 상호작용의 결과인 까닭이다. 이러한 상호작용은 그 작용이 원활치 못함에 따라 오행으로 그 양을 조절할 수 있게 되었는바, 저울이 그 자체가 완벽한 무게 중심이 있는 것은 아니로되 추가 있으므로 정확히 자신의 위치를 유지하듯, 저울의 좌와 우는 음과 양이요 추의 무게가 곧 오행의 역할인 것이다.

오행은 자체에 무궁한 조화가 있으니 음양과 어우러졌을 때 천지창조가 가능한 것이다.

－『본성과의 대화』3권에서

오행은 다섯 가지 기운의 유형

오행五行이란 우주의 모든 곳에 존재하는 다섯 가지 기운의 유형으로서 이 다섯 가지의 완벽한 균형이 상호 조화를 이루어 합일된 것이 우주기운이며, 그전 단계에서는 다섯 가지 기운이 별개로 구분이 되어 있으므로 오행이라 불리는 것이다.

완벽한 기운은 그 자체가 모든 방향성과 에너지가 갖추어진 상태로서 상하, 좌우로 360도보다 훨씬 세밀한 36,000도의 전방위적 조망이 가능하며 따라서 완전구형으로 뻗친다. 허나 오행의 하나하나를 구성하고 있는 목, 화, 토, 금, 수의 불균형적인 기운은 향하는 방향이 스스로 나가고자 하는 방향으로만 향하므로 나름의 운동특성을 지니게 되는 것이다.

오행五行이라 불리는 이유는 각기 나가고자 하는 방향이 다름에서 연유된 것이며, 천수체나 지수체 등 미완의 상태로 태어난 이상 다섯 가지 기운이 균형을 이루지 못한 상태로 구성되어 있음으로 인하여 부족한 방향으로 기울어지는 운동에너지가 부여되는 것이다.

인간은 생명 과정의 특성상 필연적으로 불균형을 내포하기 마련이며, 이 불균형이 바로 인간의 진화에 기여하는 가장 결정적 요인이 되는 것이다. 이 불균형을 균형상태로 변화시킴으로써 인간이 하늘과 우주에 가까워지게 되는 것이며, 마음으로 가든, 수련으로 가든 오행의 균형 달성은 仙인화의 과정에서 가장 중요한 목표 중의 하나가 되는 것이다.

따라서 출생 시 자신이 받은 기운을 분석하여 부족한 기운을 채우고, 남는 기운을 내보내어 나름의 균형을 이루어 가는 상태가 수련생들이 걸어가는 과정인 것이다.

〈오행 조견표〉

오행五行	목木	화火	토土	금金	수水
방향方向	동東	남南	중앙中央	서西	북北
계절季節	춘春	하夏	사계四季	추秋	동冬
색깔	청靑	적赤	황黃	백白	흑黑
맛	신맛	쓴맛	단맛	매운맛	짠맛
성질	인仁	예禮	신信	의義	지智
수리數理	3,8	2,7	5,10	4,9	1,6
오장五臟	간장肝臟	심장心臟	비장脾臟	폐장肺臟	신장腎臟
동물	청룡	주작	구진, 등사	백호	현무
오음五音	각角	치徵	궁宮	상商	우羽

〈 오행을 담당하는 仙인 〉

오행	담당 仙인	기색
목	허준 仙인	청색

화	와우 仙인	적색
토	장계 仙인	황색
금	기원 仙인	백색
수	정려 仙인	흑색
상화	장인 仙인	무지개색

　　仙계에서 토금수목화, 오행의 기운을 관장하시는 책임을 맡고 계시며 모두 仙계 9등급이신 분들입니다.

- 『천서 0.0001』 3권에서

2장

지구

1절 | 지구 창조 목적

지구 창조 목적

생물성은 등급이 높은 별들이다. 전체 10등급 중 7등급 이상이 지능이 있는 생물체가 거주하는 별이며, 이러한 별들은 무생물성에 비하여 다양한 요소로 구성되어 있다. 이 구성 요소 중 가장 중요한 것이 바로 기氣에 생명을 불어넣는 기운으로서 일명 생기生氣이다.

아무리 물物이 많이 있어도 이것에 생기가 불어넣어지지 않는다면 단순히 물物일 뿐이며 이것에 생기가 불어넣어짐으로 인하여 생물이 되는 것이다. 이러한 생물은 처음에는 단순한 세포 하나에서 시작되나 생기의 존재량에 의해 점차 진화를 거듭하면서 동물로, 인간으로 진화되어 가는 것이다.

이러한 과정은 수백억 년이 걸린다. 수백억 년이 긴 시간으로 생각될 것이나 빅뱅Big Bang이 우주의 입장에서는 한순간의 불꽃놀이와 같음을 안다면 한 개의 세포가 발아되어 영장류로 성장하기까지의 수백 억 년은 불꽃놀이의 불 가루 하나가 타는 시간과 같으니 조물주의 입장에서는 한순간에 만들어 내는 것과 다름없는 것이다.

이러한 과정에서 생물성의 배치는 이미 기를 분배할 당시에 조정된 것이며 이 기적인 상태 여하에 따라 발전 정도가 정해지게 되는 것이다.

별에도 등급이 있어 1~4등급까지는 무생물성으로서 생기가 전혀 없는 별이며 5~6등급은 생기가 있기는 하나 잠재되어 있어 생기의 보따리를 풀지 않은 별이고, 7등급 이상은 생기가 있어 물物만 있으면 생물이 탄생 가능한 별이다.

이러한 생물체가 탄생하여 거주한다고 해도 7~9등급성에서 존재하는 것이며, 10등급성은 仙인들이 거주하는 곳이다. 이 별은 모든 조건을 완벽하게 갖추고 있으며 인근 성단의 생기 배분 기능과 별간의 기능 조정 역할을 하는 곳이다.

9단계에 가면 모든 기적 요소가 없는 것이 없으며 여기에 거주하는 인류들은 이미 신의 영역에 거의 다가간 존재들로서 인간들이 신의 영역이라고 생각하는 부분이 일부 가능하다.

헤로도토스는 9.6등급 성이며 헤드로포보스는 9.2등급 성이다. 북극성은 8.6등급 성이며 안드로메다 성운 내에는 8등급 성이 8개 정도 있다. 이러한 별무리 중에는 고난도의 수련을 할 수 있는 별들이 혼합되어 있다.

군에 비유한다면 특수 부대 훈련장 같은 곳으로서 이러한 과정을 수료하고 나면 이후의 과정에서 특혜를 받는 것과 같은 것이다.

현재 지구는 7,8등급 성이나 생기의 배치가 8,9등급과 같아 9등급 성에 육박할 정도로 생기가 센 속성수련성速性修鍊星이며 따라서 많은 仙인들이 이용하는 곳이다. 속성수련성은 난도 높은 문제들이 출제되는 곳이며, 인간의 기준으로 본다면 도박판과 같은 성격이 일부 존재하는 곳이나 모든 것이 정법으로 풀리는 곳이므로 다른 여지가 없다.

지구에 생기가 많이 배치된 이유는 특수 부대의 경우 매일 특식이 나오는 것에 비유할 수 있는 것이다.

다른 성단에도 역시 지구와 같은 별이 많이 있다. 이러한 별들은 대부분 등급은 달라도 초등학교, 중학교, 고등학교와 대학교에 비유할 수 있으며, 각기 임무가 다르고 중요성이 있으므로 동일한 기준으로 설명할 수는 없는 것이다.

지구는 상당한 난도를 지녔으며 이 별에서 문제를 정확히 푼다면 8등성 이상의 별로 승격이 가능함은 물론 10등성으로도 승격이 가능하다. 10등성은 물론 전원이 仙인들이나 9등성만 해도 仙인이 아닌 고급 수련생들이 공존하는 곳이므로 이러한 별로 승격한다는 것은 그것만으로도 상당한 진전이라고 할 수 있다.

허나 수선인들의 경우에는 전원이 헤로도토스나 헤드로포보스의 단계를 뛰어넘어 10등성으로 감을 목표로 하여야 하며, 잠시 쉬었다 간다고 하였을 때라도 8등성이나 9등성으로 가도록 목표를 설정하여야 한다.

우주에서 이러한 생기 등급이 높은 별은 상당한 혜택을 받은 곳이라고 할 수 있으며 이 정도의 별에서 태어난 것만 해도 우주 전체로 보아서도

운이 좋은 것이라고 할 수 있다.

대학에 입학하여 수학하지 않으면 절대로 대학생활의 전체를 알 수 없다. 대학 내에 근무하는 직원들이라고 해도 직접 대학생은 아닌 것이다. 수련생이 되어야 대학생이 되는 것과 같다.

한번 시기가 지나가면 그것으로 자신이 가지고 있던 티켓의 유효기간이 지난 것과 같다. 유급은 다시 기회가 없음과도 같은 것이니 일단 입학한 이상 졸업을 목표로 매진하여 仙인모仙人帽를 쓰도록 하라.

仙계는 수백억 년에 한 번 정도 수련을 위해 창조된 별에 집중적으로 기운을 보내어 우주의 진화에 동참할 다수의 仙인을 만들어내고 있으며 금번은 지구가 맞은 기회이다.

仙계가 지구에 수선재의 문을 연 것은 조물주의 스케줄에 의한 것이며 우주의 나이로 보면 5백억 년 만에 있는, 지구로서는 처음 맞이하는 기회이다.

명심토록 하라.

-『천서 0,0001』1권에서

다양한 것이 특징인 별

지구는 수련별이면서 속성수련성이라고 말씀드렸습니다. 때문에 전 우주를 통틀어 흔치 않은 면모를 가지고 있습니다. 너무도 다양한 요소들을 한꺼번에 갖추고 있습니다. 공부를 많이 시키기 위해 그렇게 다양하게 갖추어 놓은 것입니다. 우주의 모든 엑기스를 뽑아 놓은 별이라고도 볼 수 있습니다.

우선 지구는 생물성 중에서도 흔치 않은 생물성입니다. 우주에서는 생물성 자체가 흔하지 않아서 대부분의 별들은 무생물성입니다. 생물성이 있다 하더라도 대부분 곤충이면 곤충, 식물이면 식물, 이렇게 특정한 생물끼리 모여 사는 별들입니다. 지구처럼 아주 하등생물체에서부터 인간과 같은 고등생물체까지 어우러져 살고 있는 생물성은 극히 드물다고 할 수 있습니다.

생물의 종류도 다양합니다. 한 생물학자가 아마존 강의 큰 나무를 조사해 봤더니 거기 2만여 종의 곤충이 살고 있더랍니다. 나무 한 그루에 달라붙은 곤충이 2만여 종일 정도니 엄청나게 다양한 것입니다. 지구는 그렇게 다양한 생물들이 한꺼번에 살고 있는 별인 것입니다.

인간도 다양합니다. 크게 보면 황인종, 백인종, 흑인종이지만 그 안에서 다시 차이가 있습니다. 지구에서 자생적으로 진화해온 경우가 있는가 하면 우주에서 이주해온 경우가 있습니다. 우주에서 이주해온 경우도 사람마다 각기 다른 별을 대표해서 왔다고 해도 과언이 아닐 만큼 다양한 곳에서 왔습니다.

우주에서는 각 종족은 각기 자기 은하에 모여 사는 게 일반적입니다. 우주가 워낙 크다 보니 매우 다양한 인류가 있는데 서로 다른 사람들이 한곳에서 같이 지내기가 힘들기 때문입니다. 그래서 같은 은하에 속한 사람들은 생김새와 지니고 있는 요소가 비슷하지만 다른 은하로 가면 많이 달라집니다. 그러나 지구는 이처럼 다양한 종족이 한꺼번에 모여 살고 있습니다.

윤회가 있는 별

지구에는 '윤회'라는 법칙이 있어서 지구에 일단 몸을 받아 나오면 수련을 마치기 전까지는 떠나온 곳으로 돌아갈 수 없습니다. 윤회는 지구를 포함하여 수련을 위해 창조된 별에만 특별히 있는 법칙입니다.

지구라는 별이 오고 싶다고 쉽게 올 수 있는 곳이 아닙니다. 심사를 거쳐야 합니다. 그리고 지구에 올 때는 모든 것을 지우고 와야 합니다. 아무리 전에 다른 별에서 높은 등급이었던 분일지라도 지구에 태어날 때는 다 버리고 무無등급으로 와야 합니다. 기억도 다 지우고 백지상태에서 출발해야 합니다.

그리고 일단 지구에 오면 자기가 온 자리보다 더 진화를 해야만 떠날 수 있습니다. 자신의 공부를 해내지 못하면 계속 지구에서 돌아야 합니다. 죽으면 영계에서 대기하고 있다가 다시 태어나고 다시 태어나고를 반복하는 것이지요. 그렇게 몇 생을 거듭하다 보면 자신이 떠나온 곳을 점차 잊어버리게 됩니다.

지구에서의 수련이 어려운 것은 바로 이런 이유 때문입니다. 올 때는 모든 것을 다 버리고 와야 하고, 떠날 때는 자기가 온 차원보다 높아져야만 떠날 수 있는 고난도의 스케줄이기 때문입니다. 심한 경우, 등급이 현저히 하강하여 떠나온 곳으로 복귀하지 못하기도 합니다. 지구에서도 다른 곳에 유학하여 성공하는 경우와 실패하는 경우가 있는 것과 같은 이치입니다.

감정의 기복이 극단을 달리는 별

지구는 감정의 기복이 큰 별입니다. 지구에서의 한평생을 가장 고난도 수련 과정으로 간주하는 이유는 감정의 기복이 극단을 달리기 때문입니다.

이 과정에서 깨달음을 얻을 수만 있다면 상당히 빠른 시일 내에 해탈이 가능합니다. 허나 감정의 기복에서 빠져나가지 못하거나 그 달콤함에 안주한다면 수없이 많은 세월을 끝없이 밀려오는 극단적인 괴로움 속에서 보내야할 수도 있습니다. 일명 '지옥'이라고 말하기도 하는 것으로서 인간의 몸으로 있으면서 받는다면 생지옥이라 할 수 있습니다.

극단적인 감정의 기복이란 무엇을 말하는가? 우선 외로움을 들 수가 있습니다. 인간들로 하여금 방황하고 죄를 짓게 만드는 원초적인 문제가 바로 이 외로움입니다. 인간은 외롭게 태어났습니다. 원래부터 불완전하게 창조되었기에 외롭고, 본성을 잃어버린 상태로 태어났기에 외롭습니다. 거기다가 남녀가 분리가 되어 반쪽으로 태어났기에 외롭습니다. 불륜, 범죄, 마약…, 모두 외로움을 잊고자 하는 몸부림들입니다.

다음으로 사랑을 들 수 있습니다. 인간으로서 가장 강한 정신적 동기라는 사랑은 선악의 양면적인 속성을 가지고 있어서 온전하고 깊은 사랑은 진화에 긍정적인 영향을 미치지만 그렇지 않을 경우 사람을 파멸시킵니다.

로댕의 애인으로 알려진 까미유 끌로델이 그러한 예라고 할 수 있습니다. 로댕의 작품을 거의 다 만들었을 정도로 재능이 뛰어난 여자였습니다. 그런데 로댕이 계속 까미유 끌로델과 다른 여자 사이를 왔다 갔다 하니까 점점 불행해져서 말년에는 정신 병원에서 삼십 몇 년을 살다 죽었습니다.

2절 ┃ 지구의 위치

우주에서 지구의 위치

우주 전체에서 봤을 때 지구의 위치에 대해 말씀드리겠습니다.

우주의 정점인 仙계에서 보면 지구는 우주의 북서쪽 끝에 위치하고 있습니다. 주소를 말하자면 '마린 성단, 아류 은하계, 아루이 은하, 태양계의 제4성인 지구'입니다.●

지구가 속한 은하는 우주에서 부르는 호칭으로 하면 '아루이 은하'입니다. 아루이란 '항상 솟아오르는 샘물'을 뜻하는 말로서 우주에서도 기운이 항상

● 우주에서 볼 때 지구는 태양, 수성, 금성에 이은 네 번째 별이기에 제4성이 됨

솟아오르는 곳, 즉 타 성단과 기운이 교류되는 곳입니다. 아루이 은하는 이렇게 기운을 받아들여서 나누어주는 역할을 하는 은하입니다.

아루이 은하의 모양은 사람의 모양과 비슷합니다. 사람이 팔과 다리를 각각 45도 정도로 벌려서 오각형(팔다리와 머리를 각 꼭짓점으로 한 오각형)을 이룬 모양입니다. 지구는 아루이 은하의 단전丹田에 해당하는 별이며, 아루이 은하에 생기生氣를 조달하는 역할을 합니다. 북극성은 아루이 은하의 백회 자리로서 정점에 해당하고요.

아루이 은하가 속한 곳은 아류 은하계입니다. 아류 은하계는 '항상 빛이 비치고 있는 별'이라는 뜻입니다. 아류 은하계와 같은 은하가 500여 개(항상 새로 생기고 사라지므로 숫자는 유동적입니다) 모여서 이루어진 성단은 마린 성단입니다. 마린은 말 그대로 '바다'라는 뜻입니다.

지구의 관리 仙인

우주에서 통치자라는 개념은 타당치 않다. 각 단위별로 관리자가 있을 뿐이다. 지구와 관련이 있는 관리자들은 등급별로 다양하다.

최상위는 물론 조물주이나 그 아래 은하계가 속해 있는 단위별로 관리자가 있는바 이러한 관리자들이 업무를 처리하는 관점은 자신이 관리하는 별들의 무리, 즉 성단, 은하계, 은하, 각 계, 각 별에서 조물주의 뜻과 어긋나는 일이 발생하는 경우는 없는가 하는 것이며 이러한 일이 발생할 우려가 있을 경우 사전에 조치함으로써 전체 별들간의 기적 균형상태를 지속하면서 각 개체가 진화하도록 하는 것이다.

마린 성단, 아류 은하계, 아루이 은하, 태양계의 제4성인 지구의 경우 위의 등급별로 관리 仙인이 있다.

관리 仙인을 보면,
*이때 네 분 仙인이 저만치 앞에 나오셔서 한 줄로 서신다.
모두 도포를 입고 계신다. 가장 편안한 복장인 것 같다. 걸치고 허리띠만 두르면 된다. 전원 10등급이시며 따라서 수직적인 관계가 아닌 수평적인 관계이다.

마린 성단 : 천단 仙인(호칭을 하자 가벼이 인사를 하심), 180cm 정도의 키에 건장한 체구이며 온화하고 엄격한 성품이시다. 옛 고구려인이 아닌가 하니 아니라고 하신다.
아류 은하계 : 아산 仙인(〃), 167cm 정도의 키에 땅땅한 체구이며 빈틈없는 업무 스타일이시다. 농담이 통하지 않을 정도로 엄한 표정이나 내부적으로는 따뜻한 분이시다.
아루이 은하 : 목단 仙인(〃), 173cm 정도의 키에 마른 체구이며 인상이 좋고 편안한 스타일이시다. 다른 사람의 평에 신경 쓰지 않으시는 분이시다.
태양계 : 관림 仙인(허리까지 숙여서 인사를 하심), 165cm 정도의 키에 배가 나온 형상이시다.(이렇게 묘사하자 약간 어색하게 웃으시다가 손을 내저으시며 괜찮다고 하심)

인심이 후할 것으로 보이는 분도 사실은 모두 상벌이 엄격한 우주의 규율을 적용하고 계시다. 매일 붙어서 보는 관리가 아니라 인근에 계시면서 이상유무를 살피시다가 조치하시는 편이므로 여유가 있으며 어떠한 조치를 함에 있어서도 가벼이 톡 치는 정도로 가능하다.

　지구를 담당하는 仙인은 '아스'라는 仙인이시다. 오랜 옛날 지구의 한 부분에서 태어나 지구의 일부로 존재하여 왔으며, 이 지구를 관리하여 왔다. 지구는 우주에서 가장 오래된 별 중의 하나로서 우리가 보는 바와는 다른 별이다. 태양계의 다른 별보다 우수한 위치를 점하였다는 것은 지구의 수준이 그만큼 높다는 것을 의미한다.

　지구를 관리하는 仙인은 태양계를 사실상 지배하여 왔으며, 지구를 지배하는 仙인이 태양계를 지배하여 왔다. 지배한다는 것은 기운의 주된 보급을 할 수 있다는 뜻이다. 태양계에서 생물이 거주하고 있는 곳은 지구뿐이라는 것은 지구의 위치가 그만큼 우주에서도 서열이 높음을 의미한다. 생물은 자신의 파장을 마음으로 이용할 수 있는 단계에 가면 어떠한 방법도 가능하다고 할 수 있다. 이 가능하다는 것은 어떠한 일도 할 수 있음을 의미한다.

　지구에서 태어나서 본성을 만날 수 있음 역시 이 '아스'의 역할이 그만큼 지대하다는 것을 말해주는 것이다. 좋은 학교를 졸업하면 취업이 잘되는 것과 마찬가지로 지구에서 태어나서 수련을 하면 잘 깨달아지는 것은 같은 이치로 보면 된다.

　지구를 관장하는 仙인인 '아스'는 은하계의 서열로 보아서도 상당한 위치에, 즉 조물주의 반열인 10등급에 올라 계시는 仙인이시다. 외모는 작은 체격에 동안童顔이시며, 지구라는 극성스러운 별에 어울리지 않는 천진난만한 표정이시다.

- 『천서 0.0001』 1권에서

3절 | 인류와 인종

인류의 역사

지구에 인간의 씨앗을 뿌린 역사는 수백억 년 전입니다. 바로 인간의 씨앗을 뿌린 것이 아니며 생명의 씨앗을 뿌린 것이 점차 진화를 거듭해가며 인간이 된 것이지요. 따라서 세포 단계로 보면 수백억 년 전이라고 할 수 있습니다.

처음에는 뿌려놓고 뿌린 사실을 잊은 적도 있었으며(무작위로 파종을 하므로 반드시 기억하는 것은 아닙니다), 그 뿌린 별이 너무 많아 미처 거두지 못한 적도 많았습니다.

초기의 仙계 역시 세팅Setting 중에 해당 별에서 다소 시행착오가 있었으며 그 와중에서 성공적으로 파종되어 발아한 곳이 바로 지구입니다. 이 시행착오는 우주의 원리상 일부가 정상적인 오차로 인정되는 범위 내의 것이라고 할 수 있습니다. 지구의 인간들이 각종 불의의 사고를 당하는 등으로 운명이 바뀌는 것 역시 오차의 범주에 드는 것이지요.

지구의 생명체가 인간으로 진화한 정확한 전환점은 한 마리의 유인원이 우주의 파장을 받으면서부터입니다. 이때가 8백만 년 전쯤이라고 볼 수 있습니다. 이 유인원은 밤하늘의 별을 쳐다보다가 우주의 파장을 받게 되었으며 매일 밤하늘을 바라보고 우주의 파장을 받는 것이 일과가 되었고, 그 파장을 동료들에게 전달하면서 나름대로 조직체계가 서게 되고 우주의 법리를 지상에 펴기 시작하였습니다.

이렇게 유인원이 파장을 받아서 어느 정도 영격 상승을 이루고 나자, 타 은하계의 영이 그 몸을 빌려 태어나게 되었습니다. 유인원의 몸이 어느 정도 진화하고 난 후 그 몸과 접합하여 씨를 뿌리게 된 것입니다.

지구 인류는 그 이후 번성했다가, 폐허가 되었다가, 다시 번성했다가 하는 과정을 반복했습니다. 현존 인류는 지금으로부터 약 일만 이천 년 정도 전에 중국 황하의 중상류에 있는 '기상起床'이라는 곳에서 발원하였습니다.

동이족은 현 인류의 시원

지구에는 크게는 3인종(흑, 백, 황), 작게는 80여 종족이 살고 있는데 각 종족의 창조자는 각기 다르다 할 수 있습니다. 조물주님이 창조한 종족이 있는가 하면 우주인이 창조한 종족이 있습니다. 인간 창조 프로그램 자체는 조물주님의 작품이지만 그것을 가져와서 자기 나름대로 활용할 수 있기 때문입니다.

우주에서는 어느 정도 정신문명을 이루고 나면 '창조' 할 수가 있습니다. 우주에는 창조할 수 있는 능력을 가진 우주인들이 꽤 됩니다. 그동안 그분들이 지구에서 많은 실험을 했습니다. 이렇게도 변형해 보고 저렇게도 변형해 봤습니다. 오늘날 과학자들이 종자 개량 실험하는 것과 비슷합니다. 그러다 보니 인종이 이렇게 많아졌습니다.

지구의 80여 종족 중에 조물주님의 오리지널 작품은 동이족입니다. 동이족이 황인종이고 몸집도 크지 않고 해서 별 볼일 없어 보이는데 알고 보면 유일하게 조물주님의 작품인 것입니다.

동이족은 현 인류의 시원입니다. 조물주님께서 동이족의 형질을 만들어 앞서 말씀드린 '기상'이라는 곳에 이식移植하셨는데 거기서부터 현 인류의 역사가 시작되었습니다.

동이족의 역사 (환인仙인과의 대화)

동이족의 역사는 어떻게 되는지요?

동이족은 아시아의 중앙 지역에서 출현한 인류의 시원이라고 할 수 있다. 동이족이라고 불린 것은 근래의 일이었으며 최초에는 모두 인간이었다. 지구의 환경이 고등생물의 진화에 적합한 상태이다 보니 지구의 여기저기에서 고등생물이 나타나게 되었으며 이들의 유형이 각각의 지형과 기후 풍토에 따라 다르게 되었다.

인류의 시원이 각기 물질 방향으로 발달한 경우와 정신 쪽으로 발달한 경우가 있었는바 서양은 물질문명 쪽으로, 동양은 정신문명 쪽으로 발달하였다. 서양이 물질문명화한 이유는 신체적 우위를 통한 목표달성이 비교적 쉬웠으므로 물질적인 방향으로 흘러간 것이다.

동양의 경우 신체적 열세를 두뇌를 활용하여 해결하는 방향으로 발전한 것이다. 이 양자는 물질의 경우 기록문화를 남겼으나 정신의 경우 정신을 통하여 즉시 습득이 가능하므로 비교적 기록이 적은 결과를 초래하였다. 허나 기록이 없음은 전혀 다른 방법으로 진화를 할 수 있는 의외의 가능성을 열어 놓음으로써 도약이 가능한 기반이 되었다.

동이족은 우랄 산맥 이남의 광대한 지역을 기반으로 남북으로 확산되었으나 아주 덥거나 아주 추운 지역을 제외한 지역에서 문명을 이룩하였다. 현재 아시아의 몽고, 중국 북부, 러시아 일부, 한국 등이 동이족이 거주하고 있는 곳이다.

물질적으로는 비교적 둔감하나 정신적으로는 언제든지 폭발할 수 있는 잠재력이 있어 불길을 제대로 댕긴다면 엄청난 폭발력으로 인류문명의 진화에 결정적 역할을 할 것이다.

태초의 지구인간은 누구이며, 동이족은 仙界에서 어떤 위치에 있는 지요?

태초의 지구인간은 따로 있는 것이 아니다. 다양한 인류 가운데서 진화한 것이며, 진화의 정도가 인간의 단계에 이른 것 역시 상당한 시간을 요한 것이다.

인간 정도의 생물로 진화되기 위해서는 수백만 년의 세월이 필요한 것이며, 이 세월은 우주의 시간으로 보면 짧은 것이나 지상에서 수십 년의 생명을 가진 인간의 입장에서 볼 때는 상상이 되지 않을 정도로 긴 시간이다.

동이족은 원래 파장을 받을 수 있는 가능성이 가장 많은 종족으로서 영적인 진화가 빨라 仙界 진입을 한 仙인이 많았다. 다양한 분야에서 仙界에 진입하였으며, 이러한 仙인들이 다양한 파장을 내려보내 줌으로 인하여 상승효과를 거두고 있는 것이다.

仙界에는 지구 출신의 인류와 타 별 출신의 인류가 혼재하는바 이곳에 오면 일정 단계 이상이므로 어느 별 출신인가에 대한 표면적인 구별은 없다. 허나 자신이 수련을 하고 귀계하였으므로 그 별에 대한 애정이 각별한 경우가 많다.

지구는 특별히 고생을 많이 하는 별 중의 하나이므로 이 별에서 수련을 한 仙인들의 경우 전선에서 생사고락을 함께 한 전우와 같이 지구에 대하여 각별한 애정을 가지고 있는 경우가 많다. 따라서 상호간에 파장을 교류하고 있으며 이러한 관심이 지구를 난도는 높으나 수련하기에는 좋은 별로 만들고 있는 것이다.

> 仙계에는 수백만 개의 수련별이 있으며 이중 지구를 한 번이라도 다녀
> 간 仙인이 약 1.3%에 육박한다. 이중 동이족으로 다녀간 仙인은 지구 역사
> 상 현재까지 살았던 소수민족까지 포함한 3만여 종족 중의 약 40%로서 많
> 은 편이다.
>
> — 『천서 0.0001』 1권에서

4절 | 천수체와 지수체

하늘 사람과 지구 사람

인간은 육신과 영으로 구성되어 있는 존재입니다. 육신은 영의 지배를 받으며 영은 육신을 통하여 나타난다고 할 수 있습니다.

그런데 그 '영靈'은 각기 온 곳이 다릅니다. 어디서 왔느냐에 따라 '천수체 天壽體'와 '지수체地壽體'로 나눌 수 있습니다.

천수체는 하늘 사람 즉 우주의 별들에서 이주해온 사람들입니다. 다양한 경우가 있어서 우주에서 씨앗의 형태로 존재하고 있다가 곧바로 지구 인간으로 태어난 분이 있는가 하면, 어느 별의 주민으로 생활하다가 지구에 내려온 분이 있습니다. 仙계에서 仙인으로 지내다가 내려온 분도 있고요. 지구에 처음 내려왔기에 지구 생활에 서툰 분이 있는가 하면 지구에서 윤회를 거듭하면서 많이 노련해진 분이 있습니다.

한편 지수체는 지구에서 자연 발생한 종족입니다. 아주 오래전에 지구에 심어진 생명의 씨앗이 진화를 거듭하여 인류가 된 경우입니다. 다윈Darwin의 진화론은 이걸 설명한 거라고 볼 수 있습니다. 다만 그분은 다른 별에서

이주해온 경우는 생각지 못했습니다. 영이 내려와서 지구의 기운으로 태어날 수 있다는 것은 미처 생각지 못했던 것입니다.

천수체와 지수체는 온 곳이 다르기에 명命을 주관하는 곳도 다릅니다. 천수체는 하늘에서 명을 결정하여 내려 보낸 사람들로서 이들의 명은 하늘이 관장합니다. 지수체는 태어난 곳의 기운으로 생명을 받아 살아가게 됩니다. 천수체의 명부는 仙계에 보관되어 있으며 지수체의 명부는 영계에 보관되어 있습니다.

수련 인연이 있는 천수체

지구 인류는 천수체 반, 지수체 반으로 구성되어 있습니다. 지구 인구 60억 중에서 30억은 천수체이고 30억은 지수체인 것입니다.

천수체 중에서도 수련 인연이 있는 천수체는 10% 정도라고 할 수 있습니다. 30억 천수체 중에서 10%인 3억 정도가 금생에 수련할 수 있는 인연이 있는 분이라는 얘기입니다. 종교인들은 포함하지 않고 하는 얘기이고요.

천수체는 어떻게 알아볼 수 있는가? 정신세계니 수련이니 하는 것에 관심이 있는 분들은 일단 천수체라고 봐야 합니다. 그런 쪽에 관심이 없으면 천수체가 아닌가 하면, 그렇지는 않아서 때가 되면 관심이 생길 수 있습니다. 그리고 천수체는 일단 말귀는 알아듣습니다. 관심은 없어도 그런 얘기를 하면 무슨 얘기인지는 압니다.

여기 계신 수련생은 전부 천수체입니다. 천수체가 아니면 仙계수련을 할 수가 없습니다.

물론 100% 절대적인 것은 아닙니다. 원래는 지수체인데 본인이나 주변의 공덕 때문에 수련 인연이 생겨서 오신 경우가 있습니다.

3장

인간

1절 │ 인간 창조 목적

인간 창조에 대하여

우주 만물의 모든 것은 조물주님의 작품이다. 어느 것 하나 조물주의 손이 가지 않은 것이 없으며 조물주가 만들지 않은 것이 없다. 모든 정보는 조물주에게 보관되어 있으며, 인간의 경우에는 이것이 바로 명부命簿이다. 명부는 인간이 겪어야 할 모든 것들이 프로그래밍되어 있으며 이 프로그램에 의해 인간의 일이 진행된다.

동식물과 무생물의 경우에도 이러한 것이 있으며 이러한 정보는 각기 필요한 장소에 보관되어 있다. 조물주의 뜻을 받들어 각개 仙인들이 제작하였다고 해도 역시 조물주의 작업 결과이다. 인간이 수련으로 천기와 연결되면서 조물주의 본체와 기가 유통되면 서서히 명부의 제약 조건이 풀리게 된다.

명부전命簿殿은 조물주의 서고書庫이므로 명부전을 관할하는 仙인이 조물주와 동일한 반열에 도달한 기체氣體에게만 개방을 하는바 수련으로 천기를 받아 대주천이 된 후 지속적인 수련으로 우아일체宇我一體가 되면 개방을 해도 무방한 까닭이다.

예전에 선배 仙인들이 인간의 명을 늘렸다느니 하는 일이 바로 여기에서 가능한 것이나 이러한 일은 함부로 하면 하늘의 질서를 어지럽히므로 극히 원칙적으로 운영하여야 하며 하늘의 질서에 위반하였을 경우 엄청난 처벌을 받을 수도 있는 것이다.

조물주가 창조하면서 가장 고민한 대상이 바로 인간이다. 그중에서도 인간의 형상을 어떻게 할 것인가와 인간의 기능을 어떻게 할 것인가에 대하여서이다.

조물주는 우주를 속성速成으로 진화시키기 위하여 다양한 개체를 준비하였으며, 이 우주의 진화는 자신의 진화와 직결되어 있고, 자신의 진화가 우주의 진화에 연결되어 있으므로 모든 것이 진화에 도움이 되도록 하기 위하여 노력하였다.

이 과정에서 조물주는 다양한 생태 서클Circle을 구성하였으며 이 서클을 구성하고 있는 것이 바로 물질(무기물, 공기, 물 등)→식물→동물→인간→무기물의 순서로 순환하면서 이러한 순환 사이클을 이용하여 스스로 진화하도록 한 것이다.

따라서 위에서 보면 동일한 원을 그리고 있는 것 같으나 옆에서 보면 스프링을 타고 올라가는 것과 같은 진화의 서클Circle을 그리고 있는 것이다. 식물도 진화하고 있으며 동물도 진화하고 있고, 다른 모든 것들도 진화하도록 되어 있다.

우주 자체가 진화하는 목적은 우주 본래의 모습으로, 즉 공空과 무無로 돌아가기 위한 것이다. 이 순환 서클Circle의 마지막 과정은 바로 무無에의 귀착이다.

이러한 과정을 밟아나가는 과정에서 가장 큰 역할을 할 수 있는 것이 생기生氣를 받아 자신의 영역을 넓히고 그 영역 내에서 자신의 의지를 관철시킬 수 있는 의사결정체인 영장류이며 이 영장류의 창조는 조물주의 능력으로도 손쉬운 일은 아니었다.

조물주는 형상이 없으며 그 의식만 살아 있어 어느 것으로도 나타날 수 있다. 인간의 경우에는 인간과의 친화도를 고려하여 인간과 유사한 모습으로 나타날 수도 있으나 다른 별에 있는 영장류의 앞에는 그들과 유사한 모습으로 나타나기도 하는 것이다.

인간은 피창조물임에도 불구하고 영적인 부분의 발달로 인하여 자신의 길에서조차 벗어나 신의 반열 및 그 이상의 조물주의 반열에도 동참할 수 있는 것이다.

수련이다. 수련으로 가능한 것이다.

-『천서 0.0001』 1권에서

다양한 만물 창조

우주만물을 창조하신 목적이 진화라고 말씀드렸습니다만, 조물주님은 진화를 위해 다양한 개체들을 창조하셨습니다. '만물萬物'이라고 하듯이 동물, 식물, 광물 등등 천차만별로 온갖 종류의 개체를 만드셨습니다.

인간도 차등을 두고 만드셨습니다. 곧바로 仙인이 될 수 있는 요소를 지닌 인간에서부터 수십만 회 윤회를 거듭해야 겨우 평균적인 인간의 계열에 도달할 수 있는 인간까지 천차만별로 다양하게 만드셨습니다.

왜 그렇게 다양하게 만드셨는가 하면, 우주를 만들었지만 에너지를 끊임없이 생성해야만 진화할 수 있기 때문입니다. 그 에너지를 어디서 끌어올까 생각하다가 '수많은 종족들이 서로 충돌하고 합의를 이루고 하는 상호작용의 힘으로 우주를 이끌어 나가야겠구나' 하고 판단하셨습니다.

가만히 있으면 에너지가 그냥 그 자리에 정체되어 있습니다. 그런데 서로 싸움이 붙으면 에너지가 나옵니다. 예를 들어 어떤 동물이 다른 동물과 싸우면 거기서 에너지가 나오는 것입니다. '그 힘으로 우주를 이끌어야겠다', '우주를 이끌어가는 원동력으로 삼아야겠다' 생각하셨습니다.

인간, 가장 나중에 창조된 종

조물주님께서 가장 먼저 창조하신 것은 조물주 자신입니다. 자신의 형상을 만든 다음에 우주를 만드셨습니다. 땅과 하늘, 수많은 별들을 만드셨습니다. 그리고 나서 만들기 쉬운 곤충에서부터 시작하여 수많은 종의 생명을 만드셨습니다.

파리 하나 창조하는데 DNA 도면이 트럭 몇 대분이 필요할 정도입니다. 다양한 종 사이의 상호작용, 먹이사슬 등 모든 것을 고려해서 창조하려면 그만큼 방대한 설계가 필요하기 때문입니다.

그렇게 쉬운 것부터 창조하다가 가장 나중에 창조하신 것이 '인간'입니다.

자신과 같은 반열에서 같이 우주를 이끌어 나갈 종으로서 인간을 만드셨습니다.

인간의 감정은 우주 운행의 에너지

인간을 창조해 놓았는데 그 인간이 생존하고 우주를 주관하려면 에너지가 필요했습니다. 그 에너지를 어떻게 끌어낼까 연구하다가 '감정'이라는 것을 생각해 내셨습니다. 백팔번뇌라는 말이 있듯이 희로애락애오욕을 비롯한 많은 감정적 요소를 인간에게 투입하여 서로 상호작용을 하고 관계를 이루면서 파장을 발생시키고자 했습니다. 그 파장을 동력화하여 우주를 이끌어 나가고자 하셨지요. 감정을 우주를 진화시키는 에너지원으로 삼고자 하셨던 것입니다. 이런 생각을 하면서 만들어 낸 것이 인간입니다.

만물 가운데 감정을 그렇게 많이 지닌 존재는 인간밖에 없습니다. 동물들은 싫고, 좋고, 배부르고 하는 몇 가지 감정밖에 없습니다. 인간처럼 싫으면서도 좋고, 좋으면서도 싫고, 미우면서도 사랑하고, 사랑하면서도 원수 같고, 이렇게 복잡다단한 감정은 부여받지 못했습니다.

지구 인간의 감정에서 나오는 다양하고 강력한 파장은 우주를 운행하는 에너지원, 원동력으로 쓰입니다. 지구별의 파워를 다른 별에서 많이들 이용합니다.

2절 | 인간의 불완전성과 진화

하느님의 다양한 모습

예전에 이런 우화를 들은 적 있습니다.

하느님께 그 모습을 한 번만 보여 달라고 매일 기도드린 사내가 있었습니다. 모습을 보여주셔야만 더 잘 믿을 수 있겠다고 했습니다.

그러던 어느 날, 하느님은 "오늘 네게 내 모습을 보여주겠다"고 하셨습니다.

너무 기쁜 사내는 정성 들여 준비를 끝내고 하루 종일 기다렸으나, 하느님은 좀처럼 나타나 주지 않으셨습니다.

눈 빠지게 하느님을 기다리는 동안 한 명의 거지가 동냥을 구걸했으나 쫓아 보냈고, 한 명의 소녀가 성냥을 팔아달라고 문을 두드렸으나 거절했고, 한 명의 술주정뱅이가 집 앞 벤치에서 고래고래 소리를 지르며 누워있기에 오늘 귀한 손님이 오시니까 제발 꺼져달라면서 호통을 쳐 쫓아버린 일이 있었지요.

밤이 되어도 나타나 주지 않으시는 하느님을 원망하며 사내는 울부짖었습니다. 왜 제게 거짓말을 하셨느냐고요.

하느님은 대답하셨습니다.

"아들아! 왜 나를 원망하느냐?

나는 오늘 네게 세 번이나 임했으나 네가 나를 알아보지 못하고 박정하게 쫓아내었다.

나는 몹시 슬프구나."

조물주님에 대해 설명할 때면 저는 이 이야기를 많이 인용합니다. 다른 무엇보다 그 표현이 참 좋기 때문입니다. 조물주님은 그냥 나타나고 싶은 모습으로 나타난다는 얘기입니다.

반드시 귀하고 그럴듯한 모습만 조물주님이지는 않다는 것입니다. 저같이 평범한 모습으로 나타날 수도 있고, 이 앞에 앉아계신 나이 어린 회원님의 모습으로 나타날 수도 있습니다.

조물주님의 씨앗을 부여받은 인간

조물주님은 하늘이기도 하고, 벌레이기도 하고, 땅이기도 하고, 흙이기도 합니다. 조물주님은 우주만물에 들어 있습니다. 그중에서도 인간은 조물주님의 분신인 '본성本性'을 지니고 태어났습니다.

가능성의 씨를 심어 놓으신 것입니다. 조물주의 반열에 오를 수도, 미물보다 못한 존재가 될 수도 있는 아주 신축성 있는 씨입니다. 그 씨가 제대로 발아하면 조물주가 될 수 있습니다. 영양분이니 햇볕이니 하는 조건이 좋으면 조물주의 자질을 드러낼 수 있는 것이지요. 어쩌다 보면 꽃도 못 피우고 쭉정이가 될 수도 있는 것이고요.

그렇게 부여받은 씨앗을 '신성神性'이라고 표현하기도 합니다. 이런 얘기가 있습니다. 하느님께서 인간에게 가장 귀한 보물을 주려고 하셨답니다. 원래는 그냥 주려고 하셨는데, 보니까 인간들이 너무 말썽을 일으키고 괘씸하더래요.

그래서 그 보물을 어딘가 찾을 수 없는 곳에 숨겨 놓으셨는데 바로 인간의 마음속이었답니다. 인간들이 마음을 들여다보지 않기 때문에 이건 절대로 찾을 수 없을 것이다, 마음을 들여다보는 인간만 찾아라 하고 그 귀한 보물을 마음속에 숨겨놓으셨답니다.

그 보물이 곧 신성입니다. 어떤 대단한 신도, 조물주님조차도 인간의 마음을 좌지우지할 수는 없는 것은 각자의 내부에 잠재되어 있는 신성 때문입니다. 조물주님이 인간을 마음대로 하시지 못합니다. 부모가 자기 아이를 마음대로 하지 못하는 것과 같습니다. 인간은 다 의사가 있습니다. 어린아이조차도 자기 의사가 있습니다. 이렇게 저렇게 하기를 바랄 수는 있지만 조정할 수는 없습니다.

그러기에 인간은 자기 마음에 있는 신성이 밝혀져야만 조물주의 뜻을 따릅니다. 신성을 밝히기 전에는 조물주님이 와도, 신들이 수백 명 와도 안 됩니다. 신성이 변화되어 스스로 알아서 하기 전에는 엉뚱한 곳으로 빠지는 인간을 어쩌지 못합니다. 바라볼 뿐이지요.

신성과 동물의 속성이 반반

인간은 반은 신神이고 반은 동물인 존재라 할 수 있습니다. 몸은 동물의 속성을, 마음은 신의 신성을 지니고 태어난 존재입니다. 마음을 담을 그릇이 필요하니까 동물과 같은 속성의 몸을 만드신 것입니다.

조물주님처럼 될 수 있는, 완벽해질 수 있는 자질을 부여하면서 그 내용 자체는 완벽하지 않은 인간을 만드셨습니다. 의도적으로 바람직한 것과 바람직하지 않은 것을 반반으로 창조하셨습니다. 우주의 스케줄은 모든 것을 반반으로 구성하는 것이기 때문입니다.

인간은 원래 불완전하게 창조되었다는 얘기입니다. 조물주가 만든 것 중 가장 완벽한 것은 바로 조물주 자신이며, 자신을 제외한 다른 모든 것들은 얼마나 부족한가의 차이가 있을 뿐 완벽한 것은 없습니다. 지구 인류보다 많이 앞선 우주인들도 진화를 거듭하여 그렇게 된 것이지 원래 완벽하게 창조된 것은 아닙니다.

인간이 원래는 완전하게 태어났는데 중간에 타락을 해서 불완전하게 되었다고 가르치는 종교도 있더군요. 인간이 죄를 저질러 불완전하게 되었으므로 후손들이 그 잘못을 대신 갚아야 한다고 주장하기도 합니다.

저는 그러한 가르침이 참 이상했습니다. 왜 부모가 지은 죄를 대신 갚아야 하는가? 만일 아버지가 도둑질을 했다면 아버지 잘못인데 왜 자식들이 대신 갚아야 하는가? 참 의문이었습니다.

그런데 수련을 통해 깨닫고 보니까 인간이 공통적으로 받아야 하는 불행은 조상이 잘못해서 그 죄를 뒤집어쓴 게 아니더군요. 인간은 원래 불완전하게 창조되었던 것입니다.

왜 인간을 불완전하게 창조하셨을까?

그럼 조물주님은 왜 인간을 불완전하게 만들었을까요? 왜 인간을 이 모양으로 만들어서 고통, 슬픔, 비애를 겪게 하는 것일까요? 조물주님은 인간을 어떻게 만들었으며 어디까지 관여한 것일까요?

조물주造物主라고 하면 '만들 조造' 자를 써서 '물건을 만든 분'이라는 뜻입니다. 그런데 우리가 물건을 만들 때는 항상 목적을 염두에 둡니다. 내가 물건을 만들 능력이 있는 사람이라면 이 물건을 어떤 목적으로 어떤 수준에서 만들 것인지 생각하지 않습니까?

화가가 그림을 그릴 때를 예로 들면 두 가지 경우가 있을 것입니다. 첫째, 능력이 부족해서 잘 그리고 싶어도 어느 정도로밖에 못 그리는 경우입니다. 둘째, 대상에 따라 초등학생 대상의 그림은 초등학생 수준에서, 박사 대상의 그림은 박사 수준에서 그리는 경우입니다. 능력 있는 화가라면 붓을 자유자재로 구사할 수 있는 것이지요.

그렇다면 조물주님은 어떻게 했을까요? 능력이 없어서 인간을 이 정도로 불완전하게 만들었을까요? 아니면 어떤 의도를 가지고 불완전하게 만들었을까요? 의도가 있었다면 어떤 의도였을까요? 어떤 의도로 인간을 이 정도 수준에서 창조했을까요?

각각 다른 수준에서 창조됐다

조물주님은 자신과 함께 우주를 끌고갈 수 있는 영장류를 만들고자 했습니다. 그렇게 하려면 어느 정도의 수준과 지능이 필요했지요.

그런데 처음부터 차등差等을 두고 만들었습니다. 어떤 인간은 처음부터 동물 수준으로, 어떤 인간은 처음부터 신의 수준으로 만들었습니다. 또 어떤 인간은 아이큐를 굉장히 높게 부여해서 만들었습니다. 천차만별로 만든 것입니다.

처음부터 진화할 수 있는 여지를 많이 부여받은 인간이 있고, 바닥부터 시작하여 아주 오랜 기간을 묵혀 지내야 하는 인간이 있습니다. 궁극적으로는 다 진화를 하는데 출발점이 다른 것입니다.

만일 출발점이 다 같다면?

그렇다면 왜 인간을 서로 다른 수준으로 만들었을까요? 인간이 다 조물주님의 작품이라면 왜 처음부터 다 같은 수준으로 만들지 않고 차등을 두어 만들었을까요?

이런 사람 저런 사람이 골고루 섞여 있지 않고 모든 사람이 일률적으로 출발점이 같다면 그것 또한 의미가 없을 것입니다. 출발점이 달라야 재미도 있고 살아가는 보람도 있습니다. 한참 뒤에서 출발했지만 더 멀리 가는 재미도 있고, 바로 진화할 수 있는 지점에서 시작했지만 시행착오를 거쳐서 한없이 돌고 돌아 나락으로 떨어지는 경우도 있습니다. 짐승만도 못한 인간이 되는 것입니다. 그렇게 될 수도 있는 곳이 인간 세상입니다.

만든 인간이 앞으로 어떻게 될 것인지는 조물주님조차 모릅니다. 예측은 할 수 있어도 실제로 어떻게 될지는 모릅니다. 그래서 이런 수준의 인간도 만들어보고 저런 수준의 인간도 만들어보고 해서 여러 종의 인간을 만들었습니다. 불완전한 인간들이 어떻게 성장하고 완전해지는지, 어떻게 조물주의 반열에 오르는지 보면서 계속 프로그램을 개선합니다.

'이 부분은 좀 고쳐야겠구나', '이 부분은 너무 많이 들어갔으니까 좀 빼야겠구나' 하면서 계속 보완합니다. 한 번 만들고 나면 끝나는 게 아니라 실험을 거듭하면서 계속 만들고 있는 것입니다.

그리고 우주에는 인간만 있는 게 아닙니다. 인간 이외에도 수만 종의 다른 종이 있으며 종마다 존재 이유와 역할이 다릅니다. 그렇게 다양성을 구비한 것은 조물주님의 창조 테크닉이라고 볼 수 있습니다. 처음부터 같은 수준으로 만들어 놓으면 정체되고 발전하지 못합니다. 서로 다르고 차등이 있을 때라야 부딪히고 충돌하여 없어지거나, 정반합正反合해서 다른 물질이 생기거나 하는 일들이 벌어집니다.

그러면서 인간에게는 조물주님과 가장 가까운 자질인 신성을 부여했습니다. 조물주님이 될 수 있는 씨앗, 기적이고 영적인 조건이 갖추어지면 발아할 수 있는 씨앗을 모든 인간에게 동등하게 줬습니다.

비워진 부분으로 인한 혜택

인간이 근본적으로 불완전한 존재라는 것은 채우지 못한 공백을 가지고 있다는 것인데 이러한 공백이 있다는 것은 가장 값진 혜택일 수 있습니다. 전부 채워져 있다면 그 안에 무엇인가를 더 채워 넣는 것은 불가능하기 때문입니다. 비워져 있기에 그곳에 자신이 원하는 바를 채워 넣을 수 있는 것입니다. 그렇게 함으로써 원래 존재하던 부분까지 변화시킬 수 있습니다. 불완전한 점이 있음으로써 오히려 발전할 수 있도록 만든 존재가 인간이라는 것입니다.

어느 분이 어려서부터 있어 온 열등감을 극복하려면 어떻게 해야 하느냐고 물어오셨습니다. 그런데 열등감이 없는 사람은 없습니다. 없는 것처럼 보일 뿐입니다. 부처님도 예수님도 인간의 모습으로 있을 때는 전부 가지고 있었던 것입니다.

극복하는 방법은 자신이 인간이며 불완전한 존재이고 아직 가야 할 길이 멀다는 것을 인정하는 것입니다. 그렇게 인정하고 나면 극복 방법이 생길 것입니다. 모든 것을 받아들일 수 있어야 합니다.

3절 | 영성의 개발과 그 동인

자신을 버리면 나오는 '그 무엇'

예전에 여행을 갔다가 우연히 활을 쏠 기회가 있었습니다. 어느 외국 관광지에서였는데 생각보다 활이 무겁더군요. 저는 그전에 한 번도 활을 쏴 본 적도, 관심을 가져본 적도 없었습니다.

그런데 열 발을 쏴서 다 10점대를 맞췄습니다. 그곳 코치가 제게 선수냐고 묻더군요. 처음 쏴 봤다고 하니까 도저히 못 믿겠다고 했습니다. 이어서 같이 간 제 큰딸이 활을 쐈는데 다시 대부분 10점대를 맞췄습니다. 그랬더니 혀를 내두르면서 말하기를 이제까지 관광객이 활을 쏴서 이런 적이 없었다고 합니다.

그 다음에는 사격을 해봤습니다. 진짜 권총으로 실탄을 쏘는 것이었는데 이번에도 거의 다 표적의 심장을 맞추었습니다. 제 딸도 또 그랬고요. 그곳 코치가 자기 눈을 의심하더군요. 그 관광지에 소문이 나서 지나가던 사람들이 다 쳐다볼 정도였습니다.

우리나라 선수들이 활을 참 잘 쏘지요. 누군가가 국가대표 코치에게 물었답니다.

"어떻게 하면 활을 그렇게 잘 쏠 수 있습니까?"
"자신으로부터 자신을 버려야만 잘 쏠 수 있다."
"자신을 버리면 누가 쏩니까?"
"자신을 버리면 '그 무엇'이 대신 쏘며 활 쏘는 수련이 깊어지면 '그 무엇'
이 무엇인지 알게 된다."

우리 수련 과정을 보는듯한 얘기였습니다.

본성으로 쏘다

제가 처음 활을 쐈는데도 그렇게 잘 쏠 수 있었던 것은 수련 덕분이었습니
다. 명상으로 얻어진 결과였지요. 저도 모르게 자연스럽게 호흡이 되고 어떻
게 쏴야 하는지 아는 것이었습니다. 과녁을 향하여 겨누는 순간 제 손과 손가
락, 뇌와 눈을 포함한 모든 것이, '그 무엇'이 발동하여 저절로 쏘았다는 생각
이 듭니다.

호흡을 하면서 맑은 우주기로 자신을 비우다 보면 '그 무엇'이 눈을 뜨고
드러나서 우리가 원하는 바를 해준다는 것입니다.

그리고 수련이 깊어지면 '그 무엇'이 무엇인지 알게 됩니다. 우리가 궁극
적으로 찾아가야 가는 길이 터득됩니다. 저는 '그 무엇'이 무언지 알고 있습
니다. 본성本性입니다.

아마 활쏘기를 이론적으로 습득하려면 상당히 오래 걸릴 겁니다. 여기서
부터 저기까지 몇 미터이고, 팔 자세는 이렇게 해야 하고, 눈은 어떻게 해야
하고, 호흡은 어떻게 해야 하고, 이렇게 하나하나 배워야 할 겁니다. 우리나
라 여자 양궁이 올림픽에서 6연패를 했는데 금메달을 딴 선수들도 순식간에

터득한 건 아닐 겁니다. 오랜 기간 숙련을 했기에 그렇게 잘 쏘는 것이겠지요.

그런데 우리 수련을 하고 나면 활쏘기는 순식간에 터득할 수 있습니다. 수련을 통해 본성을 드러내는 훈련을 자꾸 함으로써 활 쏘는 일뿐 아니라 우리가 가고자 하는 곳에 도달하는 방법을 저절로 알게 되고, 또 가게 됩니다. 본성을 드러내기만 하면 활쏘기나 사격뿐 아니라 다른 어떤 일도 유능하게 잘해낼 거라는 생각을 했습니다.

조물주님의 다른 이름

노자의 『도덕경道德經』을 보면 맨 처음 '도'에 대해 얘기합니다. 도는 도라고 이름 붙일 수 있지만 반드시 도라고 하지 않아도 좋다, 설명을 해야 하니까 설명하기 위해 도라는 이름을 붙였는데 다른 어떤 이름이라도 좋다, 이렇게 얘기합니다道可道非常道 名可名非常名.

저 또한 도, 조물주, 본성, 이렇게 많은 단어를 사용하는데 그래도 저는 '본성'이라는 단어가 제일 좋더군요. 그래서 본성이라는 단어를 즐겨 씁니다. 그러나 알고 보면 조물주가 곧 본성이고, 본성이 곧 조물주입니다.

영력과 성력

'영력靈力'은 지능지수와 비슷한 의미가 있습니다. 관직에 오르고 금전적인 성취를 하고 명예를 취할 수 있는 능력입니다.

'성력性力'은 사람이 바르게 사는 것을 말합니다. 영력이 높은 것보다 더 중요한 것이 성력이며 영력만 높고 성력이 함께 하지 않으면 빗나갈 우려가 많습니다. 영의 꼬임에 이끌려 헛되이 부나 권력, 명예 등을 추구하게 되는 것이지요.

영력은 '성(性, 본성)'을 갈고 닦기 위한 방편으로서 어느 정도 가지고 태어나야 수련이 가능합니다. 궁극적으로는 성을 깨야 하는데 영력이 어느 정도 있지 않으면 도저히 성을 깰 수가 없는 것입니다.

진화의 정도는 기적인 수준(기력氣力), 영적인 수준(영력靈力), 성적인 수준(성력性力)을 다 포함하는 종합적인 것입니다.

영성이란 무엇인가?

'영靈'과 '성性'을 합쳐서 '영성'이라고 합니다. 우리가 도달해야 하는 곳은 성입니다. 영 다음에 성입니다. 영성을 높이고 진화시키는 것이 수련의 가장 큰 목적입니다.

"그 사람은 탁월한 영성을 지녔다"라고 표현하기도 하는데 대체 영성이란 무엇일까요? 영성은 4가지로서, 첫 번째는 '사고', 두 번째는 '감각', 세 번째는 '감정', 그리고 마지막은 '행동'입니다. 4가지를 다 포함해서 영성이라고 합니다. 영성이 탁월하다는 것은 그 사람의 사고와 감각과 감정과 행동이 통일되고 발달돼 있다는 뜻입니다.

사고, 감각, 감정, 행동

영성의 첫 번째는 사고입니다. 사고에는 지식과 지혜가 있습니다. 지식은 다른 사람이 만들어 놓은 학설 같은 것이고, 지혜는 그 학설을 소화하여 내 것으로 만든 깨달음이라고 할 수 있습니다.

지혜는 다시 두 가지가 있는데 첫 번째는 통찰력이고 두 번째는 각성입니다. 첫 번째, 통찰력이 있다는 것은 사물을 보는 눈이 있다는 것입니다. 나름의 깨달음을 통해 지식을 내 것으로 만들었고, 그로 인해 사물을 치우치지 않게 바라보고, 정확하게 '그것이 무엇이다'라고 알아내고 발견해내는 것을 통찰력이라고 합니다. 두 번째, 각성은 내가 가지고 있는 지식과 지혜와 통찰력을 모두 동원하여 나 자신에 대해 알고 판단하고 개선하는 힘입니다.

결국 사고에는 지식과 지혜, 지혜 중에서 통찰력과 각성, 이렇게 4가지가 들어 있는 것입니다.

어떤 사람은 지식은 있는데 그걸 내 것으로 소화하지 못해서 '누가 이렇게 말했다', '어떤 책에 이렇게 적혀 있다'라고 나열하는 수준에 그칩니다. 또 어떤 사람은 지식을 내 것으로 소화하여 지혜가 있기는 한데 겉돕니다. 알긴 아는데 자신과는 상관이 없는 것이지요. '그것은 그것이고 나는 나다' 하고 분리되어 있습니다.

지혜가 뛰어나신 분들은 통찰력이 있습니다. 세상의 모든 것, 만물의 움직임을 볼 때 '이것은 이래서 이런 것이고 저것은 저래서 저런 것이다' 하고 알아챕니다. 또 각성이 있는 분들은 스스로에게 대입해서 '나는 이것이 문제이고 이런 부분을 개선하고 닦아야 한다' 하고 압니다. 이치만 아는 데 그치지 않고 나와 결부시킬 수 있는 것입니다.

우리가 궁극적으로 도달해야 하는 것은 각성입니다. 세상 돌아가는 이치를 다 안다 할지라도 그것이 나와 별개라면, 나를 모른다면 큰 의미가 없습니다. 결론적으로 사고가 뛰어나다는 것은 이러한 과정을 거쳐 나에 대해서 안다는 것입니다. 모든 것을 동원하여 자신을 알고자 하는 것이 사고입니다.

두 번째는 감각입니다. 감각에는 우선 오관五關이 있습니다. 눈, 코, 입, 귀 그리고 피부인데 말초신경에서 지각하고 느끼는 것입니다. 또 하나는 직관直觀이라고 합니다. 직관은 느낌이라고도 하는데 눈, 코, 입, 귀, 피부를 동원하지 않고 그냥 아는 것입니다. 직관력이 뛰어나다, 느낌이 정확하다 하는 것은 오관이 아닌 온몸으로 느끼는 것입니다. 어떤 근거가 있는지 정확하게 말할 수는 없지만 온몸으로 아는 것입니다.

수련하시는 분들은 눈도 밝고, 귀도 밝고, 맛도 잘 느끼고, 피부도 민감합니다. 모든 것을 다 알고 아주 민감합니다.

그중에서도 가장 발달한 것은 직관입니다. 느낌이 정확한 것입니다. 직관으로 판단하는 것은 0.1초 걸린다고 하더군요. 어떤 사물이나 사람을 볼 때 '아, 어떻다' 하고 0.1초 만에 판단을 해냅니다. 저 사람은 단정한 사람이다, 지저분한 사람이다, 음흉한 사람이다, 믿을 수 없는 사람이다, 이런 것을 0.1초 만에 판단해 내는 것입니다. 그것이 직관력입니다. 어디서부터 오는 것인지는 모르지만 자신의 모든 것을 동원한 총체적인 힘입니다. 그래서 아주 중요합니다. 수련은 직관력을 발달시키기 위해서 하는 것입니다.

세 번째는 감정입니다. 오욕칠정五慾七情이라고 하는데 오욕은 물욕·색욕·명예욕·이기심·나태하고 수면에 대한 욕심을 말하고, 칠정은 희로애락애오욕(喜怒哀樂愛惡慾, 기쁨·노여움·슬픔·즐거움·사랑·미움·욕심)을 말합니다. 오욕칠정은 다 감정의 소관이며 오장육부와 관계되어 있습니다.

네 번째는 행동입니다. 행동은 내가 지금까지 사고로 아는 내용, 감각으로 아는 내용, 또 감정으로 아는 내용을 온몸으로 행하고 실천하는 것입니다. 이것이 마지막 중요한 부분입니다. 이렇게 4가지가 다 갖춰졌을 때 "영성이 뛰어나다", "仙인이다"라고 얘기합니다.

영성에 들어가는 에너지의 분배

영성에 들어가는 에너지의 분배가 있습니다. 사고하는 데 드는 에너지 10%, 느끼고 직관하는 데 드는 에너지 20%, 오욕칠정에 소모되는 에너지 30%, 그리고 온몸으로 실천할 때 드는 에너지 40%입니다. 그렇게 해서 100%가 됩니다.

이것은 인간을 창조할 때 조물주님이 만들어놓은 공식입니다. 사고하는 데는 최대 10%의 에너지만 써라, 감각하는 데는 20%를 써라, 정서나 감정의 변화에는 30%를 할애해라, 행동하는 데 40%를 써라, 그렇게 해서 100%가 되도록 만들었습니다.

어떤 사람은 생각을 많이 하는 쪽으로 치우쳐 있습니다. 머리로 50% 정도를 다 합니다. 또 어떤 사람은 생각은 전혀 안 하고 몸으로 모든 것을 합니다. 에너지를 불균형하게 쓰는 것입니다.

사고 쪽으로 치우치신 분은 사고를 위한 10%의 에너지 중에서도 7~8%만 가지고 생각을 하세요. 다 쓰지 말고 조금 남겨 놓으라는 말씀입니다. 2, 3% 정도는 여분이 있도록 넉넉하게 사십시오.

감각, 말초신경이 너무 발달한 분 있지요? 모든 것을 그냥 느낌으로 해결해버린다, 한번 보면 안다, 지식 같은 것은 필요 없다 하는 분들은 감각에 너무 많은 에너지를 쓰지 마시고 20%만 할애하세요. 자신을 돌아보고 그렇게 에너지를 분배하세요.

감정 쪽으로 치우치신 분도 마찬가지입니다. 아무리 사랑 때문에 죽을 지경이어도 내가 우주로부터 받은 에너지의 30% 이상은 감정 상태에 할애를 하지 않아야 합니다. 너무 좋고, 너무 슬프고, 울고불고하고, 죽고 싶고…. 이 부분이 30%를 넘지 않도록 자신을 관리하십시오.

마지막으로 행동은 40%입니다. 총체적으로 드러나는 것이 행동이니까 제일 많이 분배를 했습니다. 행이 따라주지 않으면 부분적으로 알 뿐이지 총체적으로 드러나지는 않습니다.

이렇게 4가지가 다 갖춰지고, 균형이 잡히고, 조화롭게 가동이 될 때 우리가 지향하는 전인이자 仙인이자 영성이 높은 상태라는 말씀을 드립니다.

영성 개발의 세 가지 동인

그렇다면 영성은 어떻게 개발이 되는 것일까요? 영성을 개발하기 위한 동인動因에는 어떤 것이 있을까요?

첫째는 '고통'입니다. 고통을 받아야 영성을 개발하려는 생각이 듭니다. '너무나 고통스럽다' 할 때 뭔가를 생각합니다. 이 난국을 헤쳐나가려면 어떻게 해야 하나 하고 자신을 살피게 되는 것이지요.

그래서 인간은 마음에서건 몸에서건 많은 부분 고통을 받아 나옵니다. 마음이 고통스러운 분들은 "나는 차라리 다리병신이 낫겠다", "아주 죽을 지경이다"라고 얘기하지만 몸을 고통스럽게 타고난 분들은 누가 마음이 어쩌고 저쩌고하면 그건 사치스러운 얘기라고 생각합니다. 예를 들어 눈이 안 보이는 분은 어떤 사람이 사랑 때문에 너무 괴롭다 하면 "저렇게 배부른 소리 한다" 할 것입니다.

고통은 인간들이 만들어내는 것입니다. 행복한 사람은 그냥 행복합니다. 이유가 없습니다. 하지만 고통스러운 사람은 이유가 가지가지 많습니다.

그럼 왜 그렇게 고통스럽게 하는가? 그걸 통해서 진화하라는 것입니다. 고통을 통해서 뭔가를 발견해 내라, 행복한 것을 발견해 내라 하는 뜻이 있습니다. 눈이 안 보인다 해도 '내가 눈은 안 보이지만 걸어 다닐 수 있다는 것만으로도 너무나 행복하다' 하면 행복한 것입니다.

수필가인 장영희 교수가 그렇게 발견해 낸 분이셨지요. 다리가 불구인 분이셨는데 "의지하지 않고 두 발로 똑바로 설 수만 있다면 너무나 행복하다" 하셨습니다. 그래서 그분이 그렇게 아름다운 글들을 쏟아내신 것입니다. 고통의 산물입니다.

물론 '좀 더 고통스러웠으면 좋겠다' 하는 분은 안 계실 겁니다. 다들 '나는 이미 충분히 고통스럽다', '이제 그만 고통스러웠으면 좋겠다' 하실 겁니다. 하지만 수련과정에서는 고통을 사서 불러일으키기도 합니다. 편안하면 그냥 주저앉아 버리기 때문입니다. 영성이 오히려 퇴화합니다.

두 번째 동인은 '권태'입니다. 매일같이 아침에 눈 뜨고, 세수하고, 밥 먹고,

버스 타고 출근하고, 하루 종일 같은 일 하고, 전화 받고, 점심 먹고, 퇴근하고, 같은 얼굴 쳐다보면서 밥 먹고… 반복되는 일상입니다.

몇 번은 신선하고 재미있습니다. 하지만 몇 달, 몇 년 이렇게 세월이 지나면 시들해져서 아무런 의욕이 안 생깁니다. 수련도 처음 몇 년 동안은 신나서 열심히 하는데 매일 똑같이 되풀이되니까 재미가 없어집니다. 지루하다 하며 떠나고 싶어 합니다. 다른 사람을 만나고 싶어 하고 밖에서 헤맵니다.

권태 속에서 이로운 쪽으로 가면 영성이 개발되고 해로운 쪽으로 가면 퇴화됩니다. 시소 타는 것처럼 만들어 놓았습니다. 이로운 쪽으로 가는 것은 여행을 가거나 하면서 다른 걸 추구하는 것입니다. 더 좋은 게 없을까, 더 재미나는 게 없을까, 더 신나는 게 없을까 하면서요.

또 '나를 오래도록 영원히 붙잡아둘 수 있는 게 뭐 없을까' 하고 찾다 보면 예술을 접하게 됩니다. 예술은 여가의 산물이라는 말이 있잖습니까? 심심하고 권태로우면 뭘 만들어내게 되는데 그게 예술인 겁니다.

세 번째 동인은 '만남'입니다. 살다 보면 스승을 만나고, 자연을 만나고, 음악을 만나고, 사람을 만나고, 신을 만납니다. 그렇게 누군가를 만납니다. 자신에게 온갖 계기를 만들어주는 만남을 갖는 것입니다.

만남을 통해서 팍 하고 전기가 통할 수 있습니다. '내가 찾아 헤매던 것이 바로 이것이다! 저 사람이다!' 하고 스파크가 일어납니다. 어떤 '거리'를 찾게 되는 것이지요.

삶에는 예정된 만남이 있는데, 만나도 알아보지 못하기도 하고 열심히 살다 보면 보이지 않는 분들이 만나게 해주기도 합니다. 그런 만남을 통해서 영성을 개발합니다.

우리는 이미 만났습니다. 우주를 만났고, 팔문원을 만났고, 기운을 만났고, 말씀을 만났습니다. 그 만남이 계기가 되어 끝없이 다른 좋은 것들을 만나야겠지요. 만나고 만나고 또 만나서, 영성을 개발해서 仙인이 되시기를 당부드립니다.

4절 | 인간 창조 원리

생명 탄생의 과정

조물주님께서 어떤 원리에 의해 인간을 창조하셨는가, 인간 창조 프로그램을 어떻게 만들어 놓았는가 하는 것을 말씀드리겠습니다.

우선 생명이 탄생하는 과정을 말씀드리면 하늘이 나에게 베푸는 것을 '덕德'이라고 말합니다. 덕을 많이 지니고 계신 분들은 그만큼 베풂이 많았던 것인데 덕이라는 것은 원래 타고난 것이어서 후천적으로 만들기가 상당히 어렵습니다.

또 땅이 나에게 베푸는 것은 '기氣'라고 말합니다. 흔히들 기는 하늘에서 연결된다고 생각하기 쉬우나 알고 보면 땅이 베푸는 것입니다.

하늘에서 내려온 덕이 땅에서 베푸는 기와 결합해서 만들어진 상태를 '생生'이라고 합니다. 그렇게 생生이 되면 그때부터 구체적으로 '명命'을 받아서 '생명生命'이 탄생합니다.

영과 혼이 체내에 들어가는 시기

영과 혼이 들어가는 시기는 언제인지요?

영과 혼은 분리되어 있는 것이 아니다. 하는 일은 다르되 움직이는 것은 동시에 이루어진다. 태아에게는 예비적인 루트만 조성되어 있을 뿐 체외로 나오는 순간에 들어간다. 체내에 있을 때는 배정만 되어 있으므로 실제로 들어간 상태가 아니므로 확정적인 것은 아니다. 시각별로 각자의 인연에 따라 예비서열 명부가 정해져 있으며 한 번 차질이 생기면 뒤로 밀리는 것이 아니라 그 영혼만 뒤로 돌려져 동시각대의 인연을 기다리게 된다.

초음파 등으로 체내의 성별 여부를 확인함은 어찌 되는지요?

죄이다. 그걸 가려서 사전에 어떤 조치를 취한다면 그 자체가 하늘의 스케줄을 어긋나게 하는 것으로 큰 업이 되는 것이나 아직 영혼이 들어가기 전의 상태이므로 체외로 배출된 후 제거하는 것에 비해서는 적은 형벌로 그치게 된다. 심한 경우는 그것만으로도 짐승으로 태어남을 벗어날 수 없다. 금생의 작은 욕심으로 내생을 망치는 일이 없도록 해야 한다.

생명의 시기는 어떻게 보아야 하는지요?

체외로 배출된 때로 보아야 한다. 체내에 있는 기간은 생명의 준비 기간으로서 사실상 생명이 아닌 것은 아니되 확정된 생명과는 영계에서도 취급이 다르다. 영혼은 독자적인 활동이나 의사표시가 가능할 때 들어가는 것이므로 그 이전은 모체에 종속적인 의미만 있을 뿐이다.

－『仙계에 가고 싶다』에서

탄생 시 부여받는 10요소

탄생 시에는 다음 10가지 요소가 주어집니다. 적어도 이런 것들은 구비해야만 동물과 대비되는 인간이 될 수 있다고 해서 주는 요소들입니다.

맨 처음 주어지는 것은 정精입니다. 일단 몸이 있어야 합니다. 정은 생명의 근원이 되는 물질을 말합니다.

다음으로 주어지는 신神은, 영靈이라고도 부르는데, 남자의 정과 여자의 정이 만나 결합해서 만들어지는 생명력입니다. 음의 정과 양의 정이 결합해서 생성해 내는 생명력을 신이라고 하는 것입니다. '정신精神'은 인간의 근본이자 인간을 인간답게 만드는 첫 요소라 할 수 있습니다.

정신이 구비되면 혼魂과 백魄을 줍니다. 혼魂은 땅에서 연결되는 것이고 영은 하늘에서 오는 것이라고 말씀드린 바 있는데 혼은 영을 따라 왕래합니다. 백魄은 정精 즉 몸을 따라 드나들고요.

다음으로 마음 즉 심心을 줍니다. 마음이란 사물을 주재하는 힘입니다. 마음이 근본자리라는 말을 많이 하는데 사물을 주재하는 힘이기 때문입니다.

다음으로 의지意志가 주어집니다. 뜻 의意, 뜻 지志 자입니다. 의意라는 것은 심心 속에 기억하여 두는 것을 말합니다. 마음속에 많은 스쳐 가는 것들이 있을 때 그것을 기억하는 것이 바로 의입니다. 지志는 기억한 것을 오래 간직하는 것을 말하고요. 의는 마음속에 기억하는 것, 지는 그것을 오래 간직하는 것입니다.

다음으로 사려思慮를 줍니다. '사려 깊다' 할 때의 사려입니다. 의를 오래 유지하는 것이 지志라고 말씀드렸는데 사思는 지에 근거하여 사물의 변화를 관찰하는 것입니다. 려慮는 사에 근거하여 깊이, 멀리 내다보는 것이고요.

마지막으로 지智가 주어집니다. 지智 즉 지혜는 려慮에 근거하여 사물의 변화를 처리하는 것을 말합니다. 지혜와 지식은 어떻게 다르냐 하면, 지식은 남이 아는 것을 빌려오는 것이고 지혜는 나 스스로 터득하여 사물의 움직임을 주도하는 것입니다. 주도하다 보면 앎이 생기는데 그것을 지혜智慧라고 합니다.

이렇게 열 가지가 다 주어지면 그때서야 비로소 '사람'이라고 해서 내보냅니다.

10요소를 잘 발휘하려면

이 10가지 요소가 둥둥 떠다니면 역할을 잘 못할 것이기에 주무 부서를 정해놓았습니다. 오장육부五臟六腑에 넣어두어 각 장부가 관장하게끔 했습니다.

구체적으로 살펴보면 정精은 하단이 관장합니다. 영靈이라고도 하는 신神은 심장이 관장합니다. 혼魂은 간이, 백魄은 폐가, 심心은 중단이 관장합니다. 의意는 비장이, 지志는 신장이, 사려思慮는 좌우 뇌가, 지혜智慧는 상단이 관장합니다.

그런데 인간은 자신의 과거의 인과응보에 의해 오행을 불균형하게 타고 나기 마련입니다. 그 불균형에 따라 해당 장부가 강하기도 하고 약하기도 합니다. 예를 들어 목 기운을 약하게 타고났다 하면 간의 기능이 약하게 됩니다.

그리고 그 장부가 힘이 있고 없고에 따라 그 장부가 관장하는 10요소를 잘 관리할 수 있느냐 없느냐가 결정됩니다. 예를 들어 간이 부실하면 혼을 잘 관리하지 못해서 혼이 들락날락하게 됩니다. 심장이 부실하면 영을 잘 관리하지 못하게 됩니다. 하단이 부실하면 정을 잘 관리하지 못하고요.

그래서 오장육부와 상중하단을 고루 건강하고 균형 있게 관리함으로써 10요소의 기능을 제대로 발휘시키자는 것이 仙계수련입니다. 특히 상단, 중단, 하단의 관리를 중요하게 여기는데, 이 3가지가 잘 발달하면 그것들이 관장하는 지혜와 마음과 정精을 잘 운용할 수 있기 때문입니다. 하단이 잘 발달하면 정을 흘려버리지 않고 기화시켜 수련에만 사용할 수 있습니다. 중단이 잘 발달하면 마음이 이랬다저랬다 흩어지지 않습니다. 마음이 딱 중심을 잡고 있습니다. 상단이 잘 발달하면 생각이 바로 서서 어떤 말을 들어도 흔들리지 않습니다.

이런 식으로 각 주무 부서를 잘 관리함으로써 주어진 10요소의 기능을 잘 발휘하시기 바랍니다.

인간 창조 시 부여받는 10요소

구분	의미	주관장부
정精	생명의 근원이 되는 물질	하단
신神 (=영靈)	남자의 정과 여자의 정이 만나 결합해서 만들어지는 생명력 ▶ 하늘에서 오는 것	심장
혼魂	신神을 따라서 왕래하는 것 ▶ 땅에서 연결되는 것	간장
백魄	정精을 따라 드나드는 것	폐장
심心	사물을 주재하는 힘	중단
의意	심心 속에 기억하여 두는 것	비장
지志	기억한 것을 오래 간직하는 것	신장
사思	지志에 근거하여 사물의 변화를 관찰하는 것	좌뇌
려慮	사思에 근거하여 깊이, 멀리 내다보는 것	우뇌
지혜智慧	려慮에 근거하여 사물의 변화를 주관하는 것	상단

육기, 몸을 유지하기 위한 기능

육기란 무엇인가? 기운인가? 기능인가? 의견이 분분한데 육기는 여섯 가지 기능입니다. 앞서 말씀드린 10가지 요소가 정신적인 영역에 대해서라면 육기는 몸을 유지하기 위한 기능으로서 주어진 것입니다.

첫째는 정精·기氣, 두 번째는 진津·액液, 세 번째는 혈血·맥脈, 이렇게 세 가지입니다.

정精이라고 하면 보통 '몸'을 얘기하는데 여기서 말하는 정은 좁은 의미의 정입니다. 남녀가 교합해서 물체를 만들어 내기 이전에 형성되는 것 즉 '정자'라고 말씀드릴 수 있습니다. 기氣 역시 좁은 의미의 기입니다. 음식물을 섭취해서 영양분이 고루 몸에 퍼지게 하는, 마치 안개이슬이 만물을 적시듯 형체를 빛나게 하고 원활하게 하는 기능을 말합니다.

진津은 땀을 배출함으로써 체온 조절을 하는 것을 말합니다. 땀이 없으면 체온 조절이 안 돼서 건강을 유지하기가 어려울 것입니다. 액液은 뼈와 관절과 뇌의 활동을 원활하게 하는 기능인데, 인체가 영양분을 흡수하면 뼈, 관절, 뇌수에서 액이 나옵니다.

혈血은 음식물을 섭취하여 그 영양분이 몸 안에 골고루 퍼지게 하는 기능이며, 맥脈은 마치 제방처럼 몸의 정기가 몸 밖으로 흐트러지지 않도록 조절하는 기능입니다.

육기의 작용이 원활치 못하면 당장 큰 병증은 아니어서 병원에 안 갑니다. 그러나 방치하면 몸이 서서히 시들어서 나중에는 병에 걸리게 됩니다.

그럼 육기에 병이 난 것은 어떻게 아는가? 몸에 여러 가지 신호가 옵니다. 정精이 많이 소진되면 귀가 먹먹해집니다. 청력이 떨어지고 귀가 먹먹해지는데 심해지면 이명까지 연결됩니다. 기氣가 많이 빠져나가면 눈이 침침해지고 시력이 떨어집니다.

진津에 고장이 나면 주체할 수 없이 땀을 흘립니다. 조절 능력이 없어서 시도 때도 없이 식은땀을 흘립니다. 액液에 이상이 있으면 뼈 부딪히는 소리가 납니다. 뚝뚝뚝뚝 소리나면서 관절에 이상이 옵니다. 잘 넘어지고 잘 삐고요.

액은 기름칠과 같습니다. 기름칠이 부족하면 찍찍찍찍 소리가 나면서 기계가 잘 돌아가지 않듯이 몸에도 그런 증세가 나타납니다. 뇌수가 부족하면 누가 뭘 물어보면 한참 생각한 후 대답하게 됩니다.

혈血에 이상이 있으면 얼굴색이 누렇고 초췌해집니다. 입속이나 눈 안쪽의 점막을 보면 허옇게 핏기가 가셔 있습니다. 맥脈에 이상이 있으면 맥이 뛰는 것이 공허해집니다. 한의사들이 진맥했을 때 '이런 맥 가지고 어떻게 사셨어요' 하는 그런 맥이 나옵니다. 이런 증상들이 다 신호이니만큼 관심 갖고 살피시기 바랍니다.

그럼 육기는 어디에 저장되어 기능을 담당하는가? 각기 담당하는 장부가 있습니다. 정精을 저장하는 곳은 신장입니다. 신장 기능이 원활하면 정을 잘 보전할 수 있습니다. 기氣를 저장하는 곳은 폐입니다. 진津, 땀을 관리하는 장부는 심포삼초입니다. 시도 때도 없이 땀 흘리는 분은 심포삼초 기능을 강화해야 합니다. 액液을 관리하는 곳은 비장입니다. 뇌수, 골수 등 액이 원활하지 않은 분은 비장을 잘 관리해야 합니다. 혈血을 저장하는 곳은 간입니다. 혈이 만들어지는 곳은 비장이지만 저장하는 곳은 간이기 때문에 간을 잘 보호해야 합니다.

맥脈을 저장하는 곳은 심장입니다. 혈관을 짚었을 때 벌떡벌떡 뛰는 것이 맥인데 피가 흐르는 것만으로는 그렇게 뛰지 못합니다. '기혈氣血'이라고 얘기하듯이 기가 도와줘야만 하며 그럴 때 피도 두루 온몸에 흐를 수 있습니다.

육기

구분	의미	저장장부	오행	이상 증세
정精	정자 (=좁은 의미의 정)	신장	수	귀가 먹먹해지고 청력이 떨어짐

기氣	형체를 원활하게 하는 기능 (=좁은 의미의 기)	폐	금	눈이 침침해지고 시력이 떨어짐
진津	땀을 배출하는 기능	심포삼초	상화	땀을 많이 흘림
액液	뼈, 관절, 뇌의 활동을 원활하게 하는 기능	비장	토	뼈가 부딪히는 소리가 나고 관절에 이상이 생김
혈血	영양분을 몸 안에 골고루 퍼지게 하는 기능	간	목	얼굴색이 누렇게 되고 핏기가 없음
맥脈	온몸의 정기가 몸 밖으로 흐트러지지 않도록 조절하는 기능	심장	화	맥이 뛰는 것이 공허함

정精 72근

사람이 태어날 때 몸을 에너지화 할 수 있는 자원을 무한정 부여받지는 않습니다. 에너지는 유한하기에 인간이라고 해서 마냥 받을 수는 없습니다.

그래서 받는 것이 72근의 정精입니다. 72근 정도 정을 주어서 내보내면 인간이 60 또는 70 평생 동안 지구에 살면서 깨달음에 이를 수 있겠다 해서 정해진 것입니다. 따라서 인간은 태어날 때 받은 72근을 잘 활용하면 사는 동안 깨달음까지 갈 수 있습니다.

72근 중에 7근은 무덤 속에 가지고 갑니다. 인간의 시체는 땅에 묻히고 나서 100년 정도 흐르면 기화氣化하는데 다 기화할 때까지 7근 정도가 남아 있습니다. 시체 속에 100년 동안 최소한의 에너지가 남아 있는 것입니다.

결론적으로 인간은 72근에서 7근을 뺀 65근을 가지고 살아가는 것인데 아껴야 합니다. 정을 다 배출하면 죽게 됩니다. 수명을 90살을 타고났어도 살아갈 에너지인 정精이 없으면 몸져누워 지내거나 명을 다하지 못하고 죽게 되는 것입니다.

제일 많이 분출되는 것은 정자精子입니다. 그냥 다 빠져나가는 것입니다. 여자의 경우 난자를 통해 빠져나가는데 난자 안에 생명이 탄생할 수 있는 모든 에너지가 들어있습니다.

이미 많이 썼는데 어떡하느냐는 분도 계시는데 다시 주워 담을 수는 없습니다. 남아 있는 것만이라도 잘 보전해야 합니다. 가장 좋은 방법은 안 쓰는 것입니다. 정을 기화하여 살기보다는 천기, 우주기를 받아서 써야 합니다.

5절 | 불균형에서 균형으로의 진화

인간은 불균형하게 태어난 존재

인간은 근본적으로 오행(목화토금수)을 가지고 태어난 존재인데, 출생 시부터 일정 부분 오행상의 불균형을 가지고 있습니다.

오행을 모두 가지고 태어나긴 했으되 목화토금수의 비율이 각기 다릅니다. 과거 생의 인연에 따라 4가지 인자(핵인자, 시간인자, 환경인자, 영성인자)를 다르게 부여받았고 그에 따라 오행의 기운을 불균형한 비율로 타고났습니다.

오행의 기운이 불균형하기에 몸 안의 오장육부 또한 불균형한 상태일 수밖에 없습니다. 예컨대 태어날 때부터 목 기운이 약하면 간·담이 부실합니다. 화 기운이 약하면 심장·소장이 부실합니다.

불균형을 해결해주는 용신의 기운

마음으로 가든 수련으로 가든 오행의 균형 달성은 仙인화의 과정에서 가장 중요한 목표 중의 하나입니다. 오행의 불균형을 균형상태로 변화시킴으로써 인간이 하늘과 우주에 가까워지게 되는 것입니다.

따라서 출생 시 자신이 받은 기운을 분석하여 부족한 기운을 채우고, 남는 기운을 내보내어 나름의 균형을 이루어 가는 상태가 수련생들이 걸어가는 과정이라 하겠습니다.

'용신用神'은 오행 중 불균형이 있는 부분을 해결해 주는 기운입니다. 수련은 자신의 용신을 찾아가는 과정이라고도 볼 수 있으며, 이것을 알면 자신의 약점을 보완할 수 있습니다. 즉 수련의 열쇠를 구하는 것과 같아 많은 진전을 이룰 수 있는 것입니다.

용신은 때로는 드러나 있기도 하고 때로는 숨어 있기도 합니다. 또한 한 가지 기운만 부족한 경우도 있으며, 두 가지 기운이 병행하여 부족한 경우도 있습니다. 이러한 경우 대개는 7:3이나 6:4로서 두 가지 기운이 합하여 용신을 구성하게 되나 대개 가장 결정적인 한 가지를 갖춤으로써 보충될 수 있는 여건을 구비하게 됩니다.

수련이 어느 정도 경지에 오르면 현재의 상태만으로는 진화가 힘겨우므로 자신의 부족한 점을 알아서 이 부분을 보충할 수 있는 방법을 알아야 하는 바, 학생들이 특별 개인교습을 받는 것과 같은 효과가 나타나게 됩니다.

따라서 각기 자신에게 결핍된 기운을 찾아서 수련 시나 평상시에 끌어당기는 것을 습관화하면 많은 부분에서 진화에 도움이 될 것입니다.

수련의 요체는 불균형에서 균형으로의 진화

수련의 요체는 불균형에서 균형으로의 진화이다.

인간이 원래 가지고 있는 불균형을 완화시켜 균형으로 가는 것이 수련인 것이다. 불균형은 우주의 만물이 대부분 내포하고 있는 문제점이며, 균형은 우주의 만물이 가장 원하고 있는 지향점이다. 생물이라고 해서 의견이 있고 무생물이라고 해서 의견이 없는 것이 아니다.

모든 의견이 모여서 종합적인 의견이 수렴되는 것이며, 이러한 종합적인 의견이 해당 계의 진행 방향을 결정하는 것이다. 이러한 의견이 불균형상태에 있을 때 모든 사태는 불균형상태로 진행되는 것이며, 균형상태에 있을 때 모든 사태는 균형상태로 진행되는 것이다.

수련생들은 불균형을 균형상태로 이끄는 역할을 담당하여야 하며, 이러한 균형상태로의 진행을 위하여는 자신이 먼저 균형상태를 이루어야 한다. 균형상태를 이루기 위하여는 자신의 내부에 존재하는 기적 상태가 균형을 이루어야 한다.

균형이란 음양의 균형과 오행의 균형을 말함인바 음양의 균형이란 남녀 간의 균형을 말하며 오행의 균형이란 개개인의 내부에 존재하는 오장육부의 균형을 기반으로 하되 장차 마음의 균형까지를 이룩함을 말한다.

인간의 내적인 균형은 육체적인 균형을 시초로 하되 점차적으로 마음의 균형을 이루어 나가는 것으로서 이러한 균형상태를 이룸으로 인하여 정신적으로 깊은 안정상태를 이루게 되며 이러한 균형상태가 바로 仙인의 파장을 받아들일 수 있는 조건이 되는 것이다.

즉 우주의 파장은 균형파장이며, 어느 쪽으로도 치우치지 않는 파장이다. 이러한 균형의 파장은 수련생들이 균형의 파장을 받을 수 있는 조건을 갖춤으로써만이 진화에 동참하도록 프로그램 되어 있는 것이다.

어떠한 파장이든 항상 자신과 동일한 파장에 동조하도록 되어 있으며, 주파수가 다른 파장과는 동조가 불가능하므로 우주의 파장을 받기 위하여는 자신의 내부에 우주의 파장을 받을 수 있는 안테나를 가지고 있어야 하는 것이다.

이것은 우주의 기운을 받는 안테나와는 기능이 다른 것으로서 그 기운이 원료라면 이 안테나는 원료를 가지고 제작한 산물인 것이다.

우주에 접근하는 방법 중 가장 신속하고 정확한 방법이 바로 이러한 균형상태를 통한 仙인화이며, 이러한 仙인화는 그 성취는 물론 유지에 드는 힘겨움이 비교적 적은 방법인 것이다.

이렇게 되기 위하여는 수선재에 입회 시 스승이 설치해 준 안테나로부터 들어오는 기운을 받아들임에 소홀함이 없어야 하며, 수기受氣에 있어서도 자신의 내부에서 우주의 기운을 받아들일 수 있는 기반을 갖추어야 하는 것이다.

이 기반은 바로 평정을 이룬 마음이며, 이 마음을 기초로 하여 수련이 진행되는 것이다.

-『천서 0.0001』 3권에서

어떻게 하면 자신의 용신을 알 수 있을까?

용신은 현용신과 잠용신으로 구분되며, 현용신(現用神, 드러나 보이는 용신)은 사주를 봄으로써 초보자도 쉽게 알아낼 수 있으나 잠용신(潛用神, 숨어 있는 용신)은 본래의 구성상 존재하는 것으로 그냥 보아서는 알 수 없는 경우가 많습니다.

사주는 태어날 때 부여받은 기운으로서 25%를 차지합니다. 그러나 일정한 기운을 타고났다 해서 그 기운을 계속 가지고 있는 것은 아니라 후천적으로 변합니다. 유전, 체질, 기후, 환경, 이름, 습관, 질병, 수련 등에 의해 점차 용신이 변하는 것입니다. 특히 수련하시는 분들은 사주를 초월해 있습니다. 그렇게 타고났다는 정도일 뿐이지 사주에서 많이 떠나 있습니다.

그러므로 역학을 통하여 용신을 확인하는 것은 오류에 빠질 위험이 있습니다. 부분적인 것으로 전체를 가늠하므로 오류가 생기는 것입니다. 예를 들어 이 사람은 수 기운을 받아야 빛을 발할 수 있는데 사주로만 판단하여 토 기운이 용신이라고 얘기해 주면 그 사람은 평생 어긋난 정보에 의해 살게 됩니다. 잘못된 기운을 계속 받아 운이나 건강 등이 오히려 악화될 수 있는 것입니다.

정확한 용신을 알려면 기를 볼 수 있는 안목이 필요합니다. 기적으로 판단해야만 현재까지의 기운을 총망라한 정확한 용신을 알 수 있습니다.

기적인 판단은 아주 정밀할 필요가 있으며 색으로 판별해 보면 대체로 오행의 색깔 중 미색米色에 가까운 기운이 용신이 됩니다. 이 색 역시 수련에 들어서 보면 사람에 따라 금이 미색으로 나타나는 경우도 있고, 수가 미색으로 나타나는 경우도 있으며, 화가 미색으로 보이는 경우도 있습니다. 집중하여 살펴봄으로써 분별해 내야 합니다.

정확한 용신은 수련이 점차 깊어지면서 알아지는 것입니다. 용신을 알면 수련의 절반은 안 것이나 마찬가지라고 할 수 있습니다.

용신을 이용하는 두 가지 방법

용신은 두 가지 방법으로 이용합니다. 첫 번째는 부족한 것을 구해서 채우는 것입니다. 순리로 대하는 방법으로 일반적인 경우입니다. 보통 사람의 경우에 사용 가능합니다.

두 번째는 남는 것을 더욱 많이 채움으로써 충충이 되어 사라지게 하는 방법입니다. 역으로 치는 방법으로 이 방법을 사용하면 많이 남는 것이 더욱 많게 되어 스스로 줄어들게 됩니다. 수련에 들어 나름의 기적 운용 방법을 안 경우에 이용할 수 있으며 신속한 방법 중의 하나입니다. 용신은 이렇게 두 가지 방법을 사용하여 각 개인에게 도움이 되도록 함으로써 인간을 균형으로 이끕니다. 우리 수련생들을 보면 다 그렇지는 않지만, 부족한 기운을 보충해주는 경우가 많더군요.

부족한 기운을 보충하든, 남는 것을 더욱 많이 채워서 충이 되든 용신의 기운은 가급적 많이 취해서 극으로 가야 합니다. 극에 달해야만 변하기 때문입니다. 기운이란 보통 상태에서는 변하지 않으며 극에 달해야만 변합니다. 물이 액체에서 기체로 변하려면 끓어야만 하는 것과 같은 이치입니다. 그래서 극에 달할 때까지 계속 지글지글 불을 땝니다. 육체적으로든 정신적으로든 극에 달할 때까지 지글지글 끓입니다.

인생이란 용신의 일을 행하는 것

용신을 찾아서 용신의 일을 행하는 것이 우리 인생입니다. 용신이라는 것은 자신에게 부족한 기운이잖습니까? 자신에게 부족한 면을 찾아서 그 부족한 면을 채울 수 있는 일을 해내는 것이 우리 인생의 목표라는 얘기입니다.

예를 들어 용신이 목이라면 내게 목의 기운이 부족한 것입니다. 목 기운은 학문적이고 온화하고 예술적인 기운인데 이런 부분에서 부족함이 있는 것입니다.

나무의 뻗어 나가는 기운이 부족하다고도 볼 수 있습니다. 목에는 두 종류가 있는데 갑목과 을목입니다. 갑목甲木은 스스로 우뚝 서서 재목이 되는 기운입니다. 을목乙木은 꼬불꼬불한 덩굴과 같아서 별로 쓰임이 없는 것 같지만 끊임없는 생명력으로 뭔가를 추구하는 기운입니다. 그래서 목 기운이 부족한 사람은 싫증을 잘 냅니다. 뭔가 하다가 싫증내면서 대충 끝냅니다. 동량棟梁으로 우뚝 서지 못하고 자라다 맙니다.

내 용신이 목이라는 것을 알았다면, 즉 내가 목 기운을 부족하게 타고났다는 것을 알았다면 그것을 보충해야 합니다. 부족함을 보충해서 결국 목의 기운으로 쓰이는 것이 그 사람의 인생입니다. 그렇게 할 수만 있다면 금생의 숙제는 한 것입니다.

어떤 일을 해야 하는가?

토 기운은 사람과 사람 사이를 이어주는 기운입니다. 용신이 토인 사람은 자신이 직접 뭔가를 안 해도 되는 사람입니다. 다리를 놓아주고 연결해 주는 일만 하면 됩니다.

용신이 수인 사람은 몸을 움직여서 뭘 하기보다는 머리로 아이디어를 내는 일을 하면 됩니다. 굳이 자기가 통반장을 할 것이 아니라 기획부서 같은 곳에서 일하면서 아이디어를 내고 사람을 잘 쓰면 됩니다.

화 기운의 가장 큰 특징은 예술적이라는 것입니다. 화 기운이 많은 사람은 1+1이 갑자기 10이 될 수도 있는 사람입니다. 생각이 날아다니는 사람들, 예술가나 종교에 열광하는 사람들, 이런 사람들이 화 기운이 많습니다.

반면 화 기운이 부족하면 돌다리도 두드려 보고 건너느라 세월 다 갑니다. 열정이 부족해서 책임을 맡았으니까 할 뿐 스스로 신바람이 나서 하지는 않습니다. 그러니까 용신이 화인 분들은 자꾸 열정을 부추겨야 합니다. 신바람 나는 일을 찾아서 해야 합니다. 취미도 가만히 앉아서 바둑을 두기보다는 사물놀이패에 들어가 북을 치거나, 무술을 배우거나, 이렇게 몸을 움직이는 일을 해야 합니다.

금 기운이 부족한 사람은 과단성이 없습니다. 과단성이 없으니까 순간순간 판단하고 결정하는 것을 잘 못합니다. 자꾸 미적거리다가 기회를 놓치는데 기운이 달려서입니다. 기운이 세야 낚아채는데 기운이 없다 보니 다 지나보내는 것입니다. 금 기운이 부족하면 또 큰돈이 없습니다. 돈이라는 것은 관리할 기운이 있어야 큰돈이 들어오는 것인데 기운이 없으니까 못 들어옵니다. 그러니까 금 기운이 부족하다 하면 일단 기운부터 보충을 해야 합니다. 그래야 판단력도 나오고 과단성도 나옵니다.

仙인이란 균형을 이룩한 사람

균형이란 한가운데를 의미한다. 한가운데는 흔들림이 거의 없으며, 주변부로 갈수록 바빠지는 것이다. 균형이란 바로 중심의 다른 표현이며, 따라서 어느 쪽으로도 치우침이 없고 흔들림이 없는 가운데 인간의 마음에 복을 불러들이는 역할을 하고 있는 것이다. 마음이 평온한 사람의 얼굴을 보면 복이 깃들어 있음을 알 수 있다.

마음에 균형이 잡혔다고 함은 바로 모든 사안에 대하여 정상적인 시각을 가지고 바라볼 수 있음을 의미하는 것이며, 정상적인 시각을 가지고 바라볼 수 있음은 오차가 없음을 뜻하는 것이다.

오차가 없음은 에너지의 낭비가 없어 정확하게 멀리 갈 수 있음을 의미하며, 이러한 균형상태에서 이루어지는 모든 것들은 완벽에 가까울 수밖에 없는 것이다.

仙인이란 바로 이 균형을 이룩한 사람이자 따라서 완성된 사람이므로 이러한 사람의 파장은 온건하게 나타나도록 되어 있다.

균형을 갖추지 못한 사람이 바로 수련생이며, 균형을 갖추었다면 이미 수련생이 아닌 것이다. 균형은 그 자체가 완성으로서 더 이상 그 무엇을 받아들임보다 이제는 자신의 파장에서 나오는 절대의 힘만 나누어 줄 수 있음을 뜻하는 것이다.

인간이 불균형상태로 태어나 균형에 가까워지려 함은 그것이 바로 수련을 하려는 의지가 있음을 말해주는 것이며, 수련의 진행 사항은 불균형이 균형에 가까워지는 정도인 것이다.

완전균형은 바로 더 이상 대적할 상대가 없는 무파장이며 이 대역에 도달하면 전혀 파장을 내보내는 법이 없어 천하제일의 능력을 가진 귀신도 그 존재를 확인함이 불가능하다.

허나 무파장 대역의 仙인들은 세상의 어떠한 움직임도 읽어내지 못함이 없으므로 불균형으로 인한 모든 문제점에 대한 대책까지도 알고 있어 전지전능한 '仙인'이 될 수밖에 없는 것이다.

수련 중 명상 시에 나타나는 α파 중에서 가장 낮은 α1은 완전균형상태의 파장을 내포하고 있어 이 파장 대역에서는 자연스레 인체의 문제점이 자각되고 자각된 문제점에 대한 대응작용이 일어나므로 현대의 모든 불치병들까지도 명상으로 치유가 가능한 근거가 되는 것이다.

인간의 노력으로 무파장 대역에 도달할 수 있다면 치유가 불가능한 질병이 없으나 이러한 결과는 모든 수련이 완료된 이후에 가능한 것이며, 인간으로서 수련 중인 경우에는 무파장 대역으로의 진입이 용이하지 않다.

허나 명상에 들어 잠시 무파장을 경험하는 것은 가능하니 그것만으로도 많은 힘이 되는 것이다. 불균형상태인 인간의 몸으로 경험할 수 있는 것이며 무파장의 힘을 경험한다 함은 바로 우주를 체감하는 방법이니 무심으로 들어야 하는 이유는 이 길이 바로 仙인화의 첩경이기 때문이다.

- 『천서 0.0001』 3권에서

그동안 많은 仙서가 책으로 출간되었습니다.

말씀을 편집한 책도 있었고, 천서를 모아서 출간한 책도 있었습니다. 한 권 한 권 정성이 들어가지 않은 책이 없었지만 『선仙인류의 삶과 수련』이 특별한 의미를 가지는 것은 단지 15년 역사의 결산이라는 의미만은 아닐 것입니다.

다가올 문명의 전환기는 이미 극에 달한 물질문명이 정신문명으로 전환하는 시기입니다. 지금의 물질문명으로는 더 이상 지구와 인류의 삶이 지속 가능하지 않음을 경고한 선각자들이 많았지만, 현 인류의 욕심과 이기심, 그것을 끊임없이 재생산하는 자본주의적 시스템 속에서는 인류가 자신의 라이프스타일을 바꾸어 지구와 공존하는 것이 거의 불가능해 보입니다. 결국 물질문명이 극에 달하여 정신문명으로 전환하는 것은 많은 고통을 수반할 수밖에 없는 것이 안타깝지만 피할 수 없는 현실일 것입니다.

물질적, 정신적 고통 속에서 새로운 대안을 모색하는 시기가 이어질 것입니다. 자본주의적 물질문명에 머물러 있는 의식을 넓혀서 내가 누구이며 왜 이생에 태어났는지, 삶과 죽음의 이유는 무엇인지를 돌아보고, 우주적 차원으로 인식을 확장하기 위해서는 그것을 인도해 줄 수 있는 안내자가 절실할 것입니다.

길을 찾는 이들에게 안내자가 되어줄 수 있기를 바라는 마음으로 책을 엮었습니다.

이 책에서 제시하는 대안은 仙인류적 삶을 통해 먼저 자신이 새로운 인간인 仙인류가 되는 것입니다. 하늘, 자연, 인간을 알고 사랑하는 과정을 통해 맑고 밝고 따뜻해지는 것이며, 그것을 위한 仙계수련 과정은 '비워지고 낮아져서 하늘을 알고, 마침내 하늘이 되는 것'입니다.

하늘을 아는 것은 하늘과 우주를 아는 것뿐만 아니라 하늘이 만드신 만물과 인간을 아는 것이 포함되는 것이며, 그 과정에 이르기 위해서는 부단히 비워지고 낮아져야 한다는 것입니다. 그래서 얻은 깨달음은 특별한 것이 아니라 웬만해선 흔들리지 않는 마음의 평화, 즉 '평상심'이며, '오늘 하루 탁기 풍기지 않고 타인의 힘을 빌리지 않으면서도 자신에게 주어진 일을 거뜬히 해내는 것'입니다. 그것을 가능하게 하는 힘은 깊은 호흡과 仙서를 통해 상, 중, 하단을 깨우는 것으로 가능하다는 것입니다.

그런 삶을 위한 세세한 지침은 본문에 있는 '인생에서 중요한 일 8가지', '수선인의 행동지침', '건강지침'에 모두 들어 있습니다.

지난 15년의 수선재 역사는 仙계에서 전해주는 맑은 우주기운으로 스스로의 기운을 바꾸고, 말씀을 통해 영을 깨우는 과정이었습니다. 그 기운과 말씀 속에 충분히 젖어들어 자신을 바꾸고 세상을 바꾸기에는 제자들이 많이 부족했고 시간은 너무 짧았습니다.

하지만 이제 긴 '말씀의 역사'를 넘어 '실천의 역사'를 새로 써나가기 시작했습니다. 선애빌이라는 선한 공동체를 통해 스스로 거듭나기 위한 날갯짓을 힘차게 시작했습니다. 걸어온 길보다 가야 할 길이 훨씬 많지만 즐겁고 행복한 길이 될 것임을 알기에 기쁜 마음으로 한 걸음씩 내딛고 있습니다.

이 시점에 그동안의 말씀과 역사를 [仙서학]이라는 이름으로 정리하게 된 것은 참으로 뜻깊고 감격스러운 일입니다. 제일 먼저 『선仙인류의 삶과 수련』을 펴내게 되었고 앞으로 수선재 역사서를 출간하게 되면 仙서 역사의 한 시대를 마무리하게 될 것입니다. 아직 '학문'이라고 표현하기에는 턱없이 부족하지만 첫발을 내디딘 만큼 계속 진화하여 본격적인 학문으로 정립될 수 있기를 기대합니다.

지구에 처음 문을 열어주신 仙계와 온몸과 마음을 다하여 그 뜻을 전해주신 선생님의 노고가 역사에 뚜렷한 한 획으로 남을 것을 확신합니다. 작지만 특별한 별 지구에서, 하늘의 말씀을 읽고 함께 공부하며 살다간 기록이 앞으로 우주 어느 곳에선가는 유용하게 쓰일 수 있기를 소망합니다.

[仙서학]이 마무리되면 이제 본격적으로 제자들의 천서를 중심으로 하는 [천서학]의 시대가 올 것입니다. 우주만물과의 대화에 이어, 『다큐멘터리 한국의 仙인들』의 후속편으로 시도되고 있는 '대仙인님들과의 대화'를 통해 [천서학] 역시 많은 진전을 이루고 있습니다. 하루빨리 세상 속에 빛을 볼 수 있게 되기를 바랍니다.

이 책이 세상에 나올 수 있도록 이끌어주신 선생님께 다시 한 번 깊은 감사의 말씀을 올립니다.

더불어 우주의 특별한 선물로 이 시대에 나오신 많은 분들의 진화를 진심으로 기원합니다.

선인류의 삶과 수련 2

1판 1쇄 | 2012년 11월 12일
기　획 | 仙서연구실
엮은이 | 이종민
펴낸곳 | (주)도서출판 수선재
펴낸이 | 서대완
편집팀 | 윤양순, 최경아, 김영숙
마케팅팀 | 김대만, 정원재, 김부연
디자인 | 김지선, 박정은
출판등록 | 1999년 3월 22일 (제 1-2469호)
주소 | 서울시 관악구 은천동 905-27 1층
전화 | 02)737-9455 | 팩스 02)6918-6789
홈페이지 | www.suseonjae.org
전자우편 | ssjbooks@gmail.com

ISBN 978-89-6727-048-3　04100
ISBN 978-89-6727-046-9　04100(세트)